언어정보처리를 위한

PROLOG

PROgramming in LOGic

권민재 · 이해윤

한국외국어대학교 출판부

서 문

21세기의 가장 중요한 화두로 대두되고 있는 '지식기반 사회' 또는 '정보화 사회'에서 지식은 단순히 어떠한 사실을 아는 것만을 의미하는 것이 아니다. 알고 있는 사실을 바탕으로 새로운 지식을 창출하고 조직하고 체계화할 수 있는 기술과 정보까지도 포괄하는 개념이다. 이러한 지식은 본질적으로 언어로 표현되므로 컴퓨터의 뛰어난 연산능력을 이용하여 방대한 언어자료를 빠르고 정확하게 처리할 수 있다면 인간의 지적 활동은 그만큼 효율적으로 진행될 수 있을 것이다. 언어정보처리는 지식기반 사회에서 핵심적인 분야 가운데 하나이다.

언어정보처리에 관한 연구는 인간의 언어를 컴퓨터가 이해하고 생성할 수 있도록 함으로써 인간과 컴퓨터 사이의 의사소통을 가능하게 하는 데 궁극적인 목표를 둔다. 그러나 인간의 신체구조만큼이나 복잡하고 다양한 언어구조를 컴퓨터가 자유자재로 이해하고 구사할 수 있도록 구현한다는 것은 비행기가 갓 개발되었던 시기에 우주왕복선을 꿈꾸는 것만큼이나 요원하고 어려운 일일 수도 있다. 그러나 지난 수 십 년간의 컴퓨터와 관련된 기술발전은 이러한 꿈이 전혀 비현실적인 것만은 아니라는 것을 분명히 보여주고 있다. 우리의 일상생활의 한 부분을 차지하고 있는 인터넷 정보검색 기술이나 자동번역기, 전사사전, 인공지능과 관련된 기술의 발전에서 그 가능성을 확인할 수 있다.

언어정보처리에 관한 연구는 초창기에는 전산학과에서 '자연언어처리(Natural Language Processing)'라는 분야에서 다루어졌다. 그러나 분야의 특성상 언어학의 연구 방법론 및 결과의 도움 없이는 체계적이고 효율적인 언어처리 시스템을 개발하는 것이 불가능했다. 효율적인 언어정보처리 시스템의 개발을 위해 전산학과 언어학이 결합되어 만들어진 연계학문이 바로 전산언어학(Computational Linguistics)이다. 지금까지 해외에서는 언어학자들이 중심이 되어 대용량 말뭉치의 구축 및 활용, 텍스트 분류, 정보검색 및 추출, 기계번역, 전자사전 등의 전산언어학 분야들이 활발히 연구되어 왔다. 국내에서는 최근 언어학에서 출발한 전산언어학자들이 많이 배출되고, 이들의 활발한 연구활동과 후진양성의 노력에 힘입어 점차로 전산언어학의 토대가 탄탄해지고 있는 것으로 보인다. 특히 이전과는 달리 국내 대학의 언어학 관련 학과들에서는 다양한 전산언어학 과목들이 개설되어 전산언어학을 체계적으로 공부할 수 있는 여건이 조성되고 있다.

전산언어학을 전공하기 위해서는 가장 먼저 인간의 언어가 가지는 형태, 구조, 의미에 대한 이해가 필수적이다. 또한 언어학 이론들을 실제로 구현할 수 있는 도구로서 프로그래밍 언어들을 습득해야 한다. 뛰어난 성능을 가진 자동번역기나 정보검색엔진 등의 개발은 언어학적 지식과 전산학적 기술뿐만 아니라 깊이 있는 인문학적 소양까지도 필요로 하는 고난이도의 연구과제이다. 이러한 이유에서 언어학을 공부하는 학생들에게 두 학문영역의 지식을 전달하는 일은 결코 쉽지 않은 일이다. 인문학을 전공하는 학생들에게 있어서 전산언어학 과목들은 매우 낯설고 어려운 영역인 것이 사실이다. 특히 프로그래밍 언어를 습득하고 활용하기까지는 장기간의 적응기간이 필요하기 때문에 결코 쉽지 않은 일인 것으로 보인다. 그럼에도 불구하고 프로그래밍언어의 습득은 전산언어학 전공자에게 필수불가결한 부분이어서 건너뛸 수는 없다.

PROLOG는 'PROgramming in LOGic'의 축약형으로서 1970년대 초반에 언어현상 기술을 위해 개발되어 유럽을 중심으로 자연언어처리 및 인공지능 분야에서 주로 사용되어 왔다. 이 언어는 새로운 차원의 제 5세대 프로그래밍 언어로서 자연적이고 논리적인 구성으로 되어 있어서 처음으로 프로그래밍을 공부하는 사람도 쉽게 접근할 수 있다는 장점이 있다. 특히 절차적 언어인 C나 JAVA 등의 언어와는 달리 술어논리에 기반한 선언적 언어이기 때문에 일반적인 프로그래밍 기반이 없어도 논리적 사고력만 갖고 있으면 손쉽게 습득할 수 있다. 또한 이 언어가 언어이론을 구현하고 테스트하는 데에 효율적인 많은 모듈을 제공한다는 점에서 언어학도에게 필수적인 프로그래밍 언어 가운데 하나이다. PROLOG는 최근 시멘틱 웹의 등장으로 추론엔진의 개발이 필수적인 여러 분야에서 관심을 받고 있으며 향후 더 많은 주목을 받게 될 것이다.

본 저서는 필자들이 한국외국어대학교 언어인지과학과에서의 PROLOG 강의 경험과 자료를 바탕으로 학부수준의 학생들이 전산언어학에 대한 기본 지식을 습득하는데 도움을 주기 위하여 집필하였다. 본서는 3장으로 구성되어 있는데, 1장과 2장은 권민재가, 3장은 이해윤이 담당하였다. 1장에서는 PROLOG의 기본적인 특성들과, 본서에서 사용하고 있는 SWI-Prolog에 대한 설치 및 기본적인 조작법을 설명하고 있다. 2장에서는 PROLOG 통사론을 다루고 있다. 여기에서는 자연언어처리에 필요한 기본적인 프로그래밍 원리와 기법을 설명하고 있으며, 각 소절 끝에는 이해점검을 위한 연습문제를 제시하고 있다. 마지막 3장에서는 2장까지의 PROLOG 통사론을 바탕으로 한국어 정보처리과정을 보여주고 있다. 특히 형태분석, 구문분석, 의미분석 등의 한국어

처리 전반을 소개하고 있다.

끝으로 본 교재 출판은 한국외국어대학교 언어인지과학과가 2007년도에 수행한 'IT 접목학과 지원사업' (정보통신연구진흥원)의 일환으로서 재정적 지원을 받았음을 밝혀두는 바이다. 그리고 수요가 한정되어 있는 전산언어학 분야의 책을 기꺼이 출판해주신 한국외국어대학교 출판부와 탁경구 팀장님께도 감사드립니다.

2008년 1월

권민재, 이해윤

차례

2.4 리스트 • 79

2.5 리스트와 산술연산 • 110

2.6 역추적과 컷 • 131

2.7 입출력 • 154

2.8 한정절문법 • 169

1장. PROLOG와 언어정보처리

1장. PROLOG와 언어정보처리

Prolog는 1970년대 프랑스 Marseilles대학의 Alan Colmerauer에 의해서 개발된 프로그래밍 언어이다. 이 언어의 명칭인 "Prolog"는 Philippe Roussel이 "PROgrammation en LOGique(programming in logic; 논리로 프로그래밍하기)"에 대한 축약형으로 선택한 것이다. 이 표현은 인간과 기계 사이의 자연언어 기반 의사소통 시스템을 구현하기 위하여 고안한 소프트웨어 툴을 지칭하기 위한 것이었다. 자연언어를 추론과정에 이용하고 컴퓨터와 직접적인 소통이 가능하도록 하기 위해서 Prolog에서는 1차 술어 논리를 이용한다. Bratko(2001)는 그의 서문에서 이러한 아이디어의 초기 개발자로서 이론적 분야에서는 Edinburgh의 Robert Kowalski를, 실험적 증명 분야에서는 같은 대학의 Maarten van Emden을, 프로그램 구현 분야에서는 Alain Colmerauer를 들고 있다. 그의 설명에 따르면 1970년대 중반에 Edinburgh 대학에서 개발한 David Warren의 프로그램이 Prolog를 대중화하는데 중요한 기여를 한 것으로 알려져 있다. 보다 최근의 개발은 CLP(=constraint logic programming)인데 이것은 일반적으로 Prolog 시스템의 일부분으로서 구현되었다. CLP는 Prolog에 제약처리(constraint processing) 부분을 확장해 줌으로써 일정관리와 운송계획과 같은 문제를 해결하는 데에 적용성이 뛰어난 도구로 인정받게 되었다. Prolog는 특히 유럽에서 실용적인 프로그래밍 언어로서 잘 알려져 있다. 일본에서는 1983년에 제5세대 컴퓨터를 개발하기 위한 연구 프로젝트가 계획되었을 때 연구를 위한 기초적인 시스템 언어로서 Prolog가 채택되기도 했다. 이 연구 프로젝트에서 운영체제를 위한 커널언어로서 다양한 Prolog 프로그램이 개발되었다. Prolog는 본래 자연언어 처리를 위해 개발되었지만, 오늘날에는 이외에도 인공지능 응용 프로그램을 작성하거나 전문가 시스템(expert system)을 개발하는 데 있어서 매우 중요한 도구로 사용되고 있다.

프로그래밍 언어로서 Prolog가 가지는 몇 가지 특성에 대하여 언급하면 아래와 같다.

1. PROLOG는 선언적(declarative) 언어이다.

Prolog는 선언적 언어로서 필요한 사실과 규칙이 주어졌을 때 이를 기반으로 연역적 추론을 함으로써 문제에 대한 답을 제공해주는 언어이다. 반면에 Pascal, BASIC, C++, Java 등과 같은 종래의 언어는 절차적(procedural) 언어이다. 절차적 언어에서는 프로그래머가 실행과정을 단계적으로 기술하여 컴퓨터로 하여금 문제를 해결하도록 하는데 반하여, Prolog에서는 프로그래머가 문제상황과 그것을 해결하는 기초적인 규칙만 기술하고 문제해결은 Prolog 시스템이 자체적으로 처리하도록 한다는 점에서 차이가 있다.

2. PROLOG 프로그램은 사실(facts)과 관계(relations)로 구성된다.

절차적 언어에서는 함수(function)가 중요한 역할을 수행한다. 함수는 일종의 명령어로서 프로그램이 수행해야하는 작업내용을 단계적으로 서술하는 데에 활용된다. 그에 반하여 Prolog에서는 사실과 관계가 중요한 역할을 수행한다. Prolog 프로그램은 도메인 내에 존재하는 객체와 그들 사이의 관계에 대한 사실, 그리고 이러한 사실들 간에 어떠한 추론관계가 존재하는지에 대한 정의들로 구성된다. 절차적 프로그래밍 언어에서 이용하는 함수호출이 Prolog에서는 특정한 관계가 성립하는지, 성립한다면 어떠한 조건 하에서 성립하는지에 대한 질의문으로 나타난다.

3. PROLOG는 통합을 기반으로 한다.

Prolog에서 문제해결을 위해서 수행하는 탐색과정은 통합(unification) 또는 패턴일치(pattern matching)를 기반으로 이루어진다. 통합은 질의문에 주어진 개별 목표문과 일치되는 사실이 지식베이스에 있는지를 탐색하는 과정을 말한다. 두 사실이 일치하기 위해서는 대상 객체의 유형 및 수가 일치하고 객체가 가지고 있는 속성 또는 관계도 또한 일치해야 한다. 즉 질의에 대한 답은 Prolog 인터프리터의 통합기반 추론엔진에 의하여 구해지는 것이다.

4. PROLOG는 '논리로 프로그래밍하기'이다.

이미 언급한 바와 같이 Prolog는 자연언어처리를 위한 형식체계를 마련하기 위하여 고안되었고, 1차 술어 논리를 기반으로 한다. 이에 대한 기본적인 이해를 얻기 위해서 간단한 예를 살펴보도록 하자. (1)은 그리스 신화에 나오는 신 가운데 Uranus, Gaea, Cronus, Zeus에 관한 사실을 모아 놓은 것이다.

(1) a. Uranus is the father of Cronus
    b. Gaea is the mother of Cronus.
    c. Cronus is the father of Zeus.

우리는 (1)에 주어진 사실과 가족관계에 대한 일반적 정의를 기초로 아래의 사실 (2)를 추론해낼 수 있다.

(2) Uranus and Gaea are the grandparents of Zeus.

이러한 추론과정에서 사용된 사실과 규칙을 '선언적 지식(declarative knowledge)'이라고 부른다. (1)에서 선언적 지식은 세 가지 사실에 대한 선언내용일 뿐이다. 그러나 이러한 사실과 규칙에는 '절차적 지식(procedural knowledge)'도 포함되어 있다. 이 지식은 누가 Zeus의 조부모가 되는지를 말해준다. 즉 Cronus의 부모가 Uranus와 Gaea이고 Cronus가 Zeus의 아버지이므로 Uranus와 Gaea가 Zeus의 조부모가 된다는 지식이다. 이러한 절차적 지식에 의하여 (2)와 같은 추론이 가능해진 것이다. 이러한 절차적 추론과정에서 사용되는 추론규칙은 아래와 같다. (3a)는 부모와 자식간의 관계에 대한 정의이고 (3b)는 조부모와 손자, 손녀와의 관계에 대한 정의이다.

(3) a. For all X and for all Y, X is a parent of Y if X is Y's mother or X is Y's father.
    b. For all X and for all Y and for all Z, X is a grandparent of Y if X is a parent of Z and Z is a parent of Y.

Prolog는 사실과 규칙으로 구성되는 선언적 지식을 절차적 지식으로 해석하고 주어진 사실과 규칙으로부터 결과를 추론해준다. 앞에서 논의한 (1)과 (3)의 사실 및 규칙은 Prolog의 표현법을 이용하여 각각 아래와 같이 구현할 수 있다.

(1a') father(uranus, cronus).

(1b') mother(gaea, cronus).

(1c') father(cronus, zeus).

(3a') parent(X, Y) :- father(X, Y) ; mother(X, Y).

(3b') grandparent(X, Y) :- parent(X, Z), parent(Z, Y).

위의 표현법은 1차 술어논리의 표현법과 매우 유사하다. 다만 술어논리에서 사용되는 →이 Prolog에서는 if의 의미를 가진 :- 으로, 이접연산자 ∨는 세미콜론으로, 연접연산자 ∧은 콤마로 표기된다는 점에서만 차이가 있다.

여기에 정의된 선언적 지식은 모두 특정한 객체들과 관련된 사실과 객제 일반에 적용되는 규칙이다. 이러한 선언적 지식에 기반하여 누가 Cronus의 조부모인지를 묻기 위해서는 아래와 같이 질문을 하게 된다. 아래에서 Who는 변수이고 질문은 누가 Zeus의 조부모인가를 묻는 것이다.

(4) ?- grandparent(Who, zeus).

이 질문에 대하여 Prolog의 추론엔진은 정의된 선언적 지식들을 절차적으로 해석하여 일련의 추론과정을 거치게 된다. 그 결과 변수 Who의 값은 Uranus와 Gaea임을 찾아 준다. 이와 같이 Prolog 프로그램은 1차 술어논리에 기반한 선언적 지식표현이다. 그리고 질의에 대한 답을 구하는 과정은 통합과 추론과정을 통한 선언적 지식표현의 절차적 해석에 기초하고 있다고 할 수 있다.

Prolog는 자연언어 처리 분야, 특히 전산언어학에서 문법이론의 구현 및 검증에 이용되는 주요 프로그램이다. 특히 Prolog의 한정절문법 (Definite Clause Grammar)은 자연언어 분석을 위한 문법모형을 손쉽게 작성할 수 있는 편리한 도구를 제공하고 있다. 한정절문법은 Pereira & Warren(1980)에 의해 제안된 문법형식으로 문맥자유문법(Context Free Grammar)이 Prolog에 의해 해석됨으로써 언어분석이 이루어지도록 고안되었다.

현재 소개되어 있는 Prolog 인터프리터의 종류는 수십 가지가 있다. 본서에서는 그 가운데 SWI-Prolog를 이용한다. 이 프로그램은 www.swi-prolog.org에서 다운로드 하여 무료로 사용할 수 있는 프리웨어이다. 본서에서 소개하는 Prolog 예제들을 테스트해보려면 반드시 Prolog를 독자의 컴퓨터에 설치하고 Prolog 콘솔 상에서 연습해보아야 한다. 아래에서는 SWI-Prolog의 설치 및 사용과 관련한 중요한 몇 가지 사항에 대하여 간략히 소개하기로 한다.

SWI-Prolog를 설치할 때 별도의 수정 없이 설치했다면 SWI-Prolog 실행파일을 비롯한 모든 프로그램은 로컬 컴퓨터의 "Program Files" 아래에 "pl"이라는 이름의 폴더 안에 설치된다. SWI-Prolog의 실행파일은 "pl \ bin" 폴더 아래에 있는 plwin.exe와 plcon.exe이다. plwin.exe는 윈도우즈 버전이고 plcon.exe는 도스 버전이다. Prolog 프로그램을 구동하기 위해서는 일반적으로 SWI-Prolog를 설치한 후 바탕화면에 생성되는 아이콘을 더블클릭하거나 "시작 → 모든 프로그램 → SWI-Prolog → Prolog"를 선택하면 된다.

Prolog 프로그램이 어떻게 구동되는지를 확인해보기 위하여 SWI-Prolog 설치 프로그램과 함께 제공되는 데모용 소스파일인 likes.pl을 살펴보자. 이 파일은 pl \ demo에 저장되어 있다.

(5) /* likes.pl */

```
likes(sam,Food) :- indian(Food), mild(Food).
likes(sam,Food) :- chinese(Food).
```

```
likes(sam,Food) :- italian(Food).
likes(sam,chips).

indian(curry).
indian(dahl).
indian(tandoori).
indian(kurma).

mild(dahl).
mild(tandoori)
mild(kurma).

chinese(chow_mein).
chinese(chop_suey).
chinese(sweet_and_sour).

italian(pizza).
italian(spaghetti).
```

가장 먼저 이 소스파일을 Prolog 인터프리터로 하여금 인식하게 하려면 파일 내용을 불러오는 과정이 필요하다. Prolog 인터프리터에서 소스 파일을 불러오는 가장 일반적인 방법은 아래와 같이 consult 명령어를 이용하는 것이다.

(6) ?- consult(swi(demo/likes)).

일반적으로 consult 명령어 다음에 오는 괄호 안에 로딩하고자 하는 소스파일의 이름을 쓴다. 그러나 파일이 디폴트 폴더가 아닌 특정한 폴더에 들어있다면 파일경로를 절대경로로 표시해야 한다. 위에서 swi는 Prolog 인터프리터가 설치된 폴더를 말한다. 현재 디폴트 폴더에 있는 likes.pl을 불러올 때는 경로표현 없이 아래와 같이 파일 이름만 지정해도 된다.

(7) ?- consult(likes).

소스 파일이 디폴트 폴더가 아닌 다른 곳에 있을 경우에는 파일의 경로를 아래와 같이 명시적으로 지정해주어야 한다. 폴더를 구분할 때 MS Windows에서는 '\'[1]를 사용하지만, Prolog에서는 일반적으로 '/'로 대치하여 사용한다.

```
(8) ?- consult('c:/prolog/my_prolog').
    % c:/prolog/my_prolog compiled into apply 0.00 sec, 3,900 bytes
    Yes
```

MS Windows방식을 선호한다면 폴더 구분자를 '\\'로 바꾸어 아래와 같이 하면 된다.

```
(9) ?- consult('c:\\prolog\\my_prolog').
    % c:/prolog/my_prolog compiled into apply 0.00 sec, 3,900 bytes
    Yes
```

아래 그림은 앞의 (6)의 명령을 실행한 결과를 보여준다. Prolog 인터프리터는 소스 파일을 메모리로 불러 읽어 들인 후 사용자가 다

---

1) "\"는 영문 Windows에서는 백슬래시 "\"로 표현되지만 한글 Windows에서는 백슬래시 대신 "₩"로 표현된다. 의미는 동일하다.

음 명령을 입력하기를 기다린다. 인터프리터가 대기상태에 있다는 것은 아래 그림에서 "2 ?-" 다음에서 커서가 깜빡이는 것을 통해서 알 수 있다.

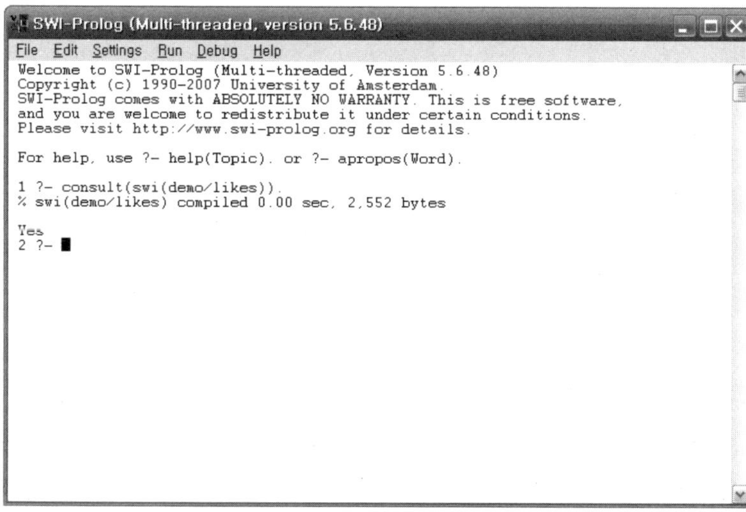

Prolog 소스 파일은 consult/1대신 대괄호 [ ]를 이용하여 아래와 같이 불러올 수도 있다.

(10) ?- ['c:/prolog/my_prolog'].

% c:/prolog/my_prolog compiled into apply 0.00 sec, 3,900 bytes

Yes

이와 같이 소스 파일이 Prolog 인터프리터로 로딩되면 Prolog 인터프리터는 사용자의 질문에 응답할 준비가 되어 있는 것이다. 이제 사용자는 Prolog 인터프리터에게 현재 로딩된 소스 파일의 내용에 대하여 질문할 수 있는데, 이때 사용자가 입력하는 질문들을 '질의

(query)' 또는 '질의문'이라고 부른다. 입력라인에 아래와 같이 질의문을 입력하고 엔터키를 눌러 보라. 그러면 Prolog 인터프리터는 현재 작업 메모리에 올라와 있는 소스 파일의 전체 내용을 보여줄 것이다.

```
(11) ?- listing.
```

이제는 아래와 같이 질의를 해보라. "likes(sam, X)."는 sam이 좋아하는 X가 무엇인지를 묻는 것이다.

```
(12) ?- likes(sam, X).
     X = dahl ;                        % line 1
     X = tandoori ;                    % line 2
     X = kurma ;                       % line 3
     X = chow_mein ;                   % line 4
     X = chop_suey ;                   % line 5
     X = sweet_and_sour ;              % line 6
     X = pizza ;                       % line 7
     X = spaghetti ;                   % line 8
     X = chips                         % line 9
```

"likes(sam, X)." 라고 하는 질의에 대하여 Prolog는 가장 먼저 "X = dahl"이라고 하는 대답을 제시하고 사용자의 입력을 기다린다. 위의 line 1에서 세미콜론(;)은 "또는(or)"의 의미로서 "X = dahl"이외의 또 다른 답이 있는지를 묻는 것이다. 따라서 사용자가 세미콜론을 입력하면 dahl이외에 sam이 좋아하는 어떤 것이 있는지를 찾아서 순차적으로 하나씩 보여주게 된다.

불러온 소스파일이 질의문을 어떻게 처리하는지를 확인하기 위해서는 일반적으로 trace/0을 이용한 대화식 디버거(debugger)를 사용한다. 이 디버거를 사용하는 방법에는 세 가지가 있다. 가장 먼저 최상위 레벨에서 아래와 같이 trace를 실행하면 다음 번 질의부터 프로그램의 처리 내용을 단계적으로 추적할 수 있다. trace 모드를 종료하려면 notrace를 입력하면 된다.

(13) ?- trace.

```
Yes
[ trace ] ?-
```

두 번째 사용 방법은 추적할 목표문(goal)과 함께 사용하는 것이다. 앞에서 소개한 likes.pl을 컨설트한 후 추적할 목표문이 likes(sam,dahl)이라면 아래와 같이 질의하면 된다.

(14) ?- trace, likes(sam,dahl).

```
    Call: (8) likes(sam, dahl) ? creep
    Call: (9) indian(dahl) ? creep
    Exit: (9) indian(dahl) ? creep
    Call: (9) mild(dahl) ? creep
    Exit: (9) mild(dahl) ? creep
    Exit: (8) likes(sam, dahl) ? creep
Yes
```

마지막으로 trace를 소스 프로그램의 특정한 위치에서 사용하는 것이다. 아래의 표현은 X가 변수이면 trace를 이용하여 처리과정을 추적하고 그렇지 않으면 성공한다는 의미이다.

(15) (var(X) -> trace ; true)

기타 Prolog 프로그래밍을 하는 과정에서 도움말이 필요한 경우에는 콘솔 입력창에 'help.'라고 입력하거나 'help(trace).'와 같이 도움말이 필요한 항목을 괄호 안에 넣어 입력하면 매뉴얼에서 관련 내용을 찾아 볼 수 있다.

2장. PROLOG 통사론

2장. PROLOG 통사론

Prolog는 객체(object)의 속성(property) 및 객체와 객체 사이의 관계(relations)에서 발생하는 문제들을 해결하기 위하여 사용되는 프로그래밍 언어이다. 우리가 "John owns the book."이라고 말한다면 John이라고 하는 객체와 the book이라고 하는 객체 사이에 소유관계(ownership)가 있다는 것을 선언하는 것이다. 그리고 이 소유관계에는 방향성이 내포되어있다. 즉 "John owns the book."은 성립하지만 "The book owns John."은 성립하지 않는다는 것이다. 만약 "Does John own the book?"이라고 묻는다면 John과 the book 사이에 특정한 방향의 소유관계가 존재하는지를 묻는 것이다. 이와 같이 우리는 실제 세계의 많은 현상들을 객체와 객체들 간의 관계표현으로 묘사할 수 있다. Prolog는 우리가 주목하고 있는 세계에 존재하는 사실과 그들 사이에 존재하는 특정한 관계를 서술하고 문제를 해결하는 데에 적합한 도구를 제공한다. 2장 Prolog 통사론에서는 Prolog를 이용하여 프로그램을 작성하는 데에 기본적인 도구 및 원리에 대하여 단계적으로 서술한다.

2.1 기본 구조

"Prolog로 프로그래밍을 한다"는 것은 아래와 같은 세 가지 요소로 구성되어 있다고 본다.

① 객체 및 객체들 간의 관계에 관한 사실(fact)의 규정
② 객체 및 객체들 간의 관계에 관한 규칙(rule)의 정의
③ 객체 및 객체들 간의 관계에 관한 질의(query)의 작성

우리가 Prolog로 프로그래밍을 한다고 하면 관심의 대상이 되고 있는 객체와 그들 사이의 관계에 관한 사실 또는 규칙들의 집합을 작성한다는 것을 의미한다. 그에 반하여 질의는 이미 작성된 Prolog 프로그램에 정의된 세계에는 어떠한 속성을 가진 객체들이 존재하는지, 이들 사이에는 어떠한 관계들이 존재하는지, 또는 그러한 사실들로부터 어떠한 새로운 사실을 추론해 낼 수 있는지 등에 관하여 조회하는 것을 의미한다.

2.1.1 사실

사실(facts)은 객체의 속성 및 객체들 간에 존재하는 관계에 관한 정보를 의미한다. 가령 그리스 신화에 나오는 신들의 계보에서 Cronus와 Rhea의 가계도를 관찰하고 있다고 해보자. 각 신들의 관계에 기초하여 우리는 아래 (1)과 같은 사실들의 집합, 즉 지식베이스(knowledge base)를 만들 수 있다.

```
(1) /* pro_01.pl */                          % line 1
    man(cronus).                             % line 2
    woman(rhea).                             % line 3
    is_married_to(cronus, rhea).             % line 4
```

먼저 위의 지식베이스에서 line 1의 "/* pro_01.pl */"는 주석부분이다. 그리고 "% line 1" 역시 주석부분이다. "/*"는 주석의 시작 지점 표시이고 "*/"는 주석의 종료 지점 표시이다. 이 주석표시는 소스 프로그램에서 여러 줄에 걸친 주석을 표현할 때 주로 사용한다. 이에 반하여 "%"는 이것이 놓인 위치부터 해당 라인의 끝까지만 주석처리가 되므로 주식의 끝부분 표시는 필요하지 않다. 주석 처리된 영역은 Prolog 인터프리터에 의해서 해석되지 않고 순전히 프로그래머 또는 소스 프로그램을 읽는 제삼자를 위한 일종의 메모이다. 주석표현을 활용하면 어느 부분이 어떠한 작업을 위한 코드인지를 손쉽게 읽고 관리할 수 있다. line 2부터 line 4까지가 이 프로그램 소스의 지식베이스이며 모두 세 개의 사실로 구성되어 있다. 각 사실들이 의미하는 바는 아래의 표에 설명되어 있다.

사 실	의 미
man(cronus).	cronus는 man이다.
woman(rhea).	rhea는 woman이다.
is_married_to(cronus, rhea)	coronus는 rhea와 is_married_to의 관계에 있다.

첫 번째 사실 "man(cronus)."가 의미하는 바는 cronus라고 하는 객체가 man이라고 하는 속성을 가지고 있다는 것이다. 두 번째 사실 "woman(rhea)."는 rhea라고 하는 객체가 woman이라고 하는 속성을 가지고 있다는 것이다. 이와는 달리 세 번째 사실 "is_married_to(cronus, rhea)."는 두 객체 cronus와 rhea 사이에 is_married_to의 관계가 존재한다는 것을 말한다. 이 지식베이스에서 man, woman, is_married_to를 '술어(predicate)'라고 부르고 cronus, rhea는 이 술어가 가지는 '논항(argument)'이라고 부른다. 술어가 취할 수 있는 논항에는 객체 뿐만 아니라 숫자, 변수 등도 있으므로 객체와 논항을 같은 개념으로 생각해서는 안 된다. 논항은 술어-논항의 측면에서의 개념이고 객체는 객체-속성-관계의 측면에서의 개념이다. 위와 같이 지식베이스를 작성할 때는 항상 아래의 사항에 주의해야한다.

- 객체와 술어의 이름은 항상 영문 소문자로 시작해야한다.
- 술어가 취하는 논항들은 소괄호 ( ) 안에 순차적으로 나열하되 콤마(,)로 구분한다.
- 술어 이름과 소괄호는 항상 붙여 쓴다.
- 사실은 항상 마침표로 끝나야 한다.

여기에서 한 가지 더 주의해야 할 것은 객체들 사이의 관계를 사실로서 표현할 때 괄호 안에 나열되는 객체들의 순서이다. 앞에서 "is_married_to(cronus, rhea)."는 cronus가 rhea와 혼인관계에 있다는 사실을 말하므로, 직관적으로 두 객체의 순서를 바꾸어 "is_married_to(rhea, cronus)."로 표현해도 될 것 같지만 Prolog는 이를 서로 다른 사실로서 해석한다. 이를 확인해보기 위하여 위의 pro_01.pl을 컨설트하고 (2)와 같이 질의해 보자.

```
(2) ?- is_married_to(cronus, rhea).
    Yes
```

위의 질의에 대하여 Prolog 인터프리터가 Yes라고 대답하는 것은 위의 지식베이스에 이 사실이 정의되어 있기 때문이다. 그러나 아래의 질의에 대해서는 No라고 대답한다.

```
(3) ?- is_married_to(rhea, cronus).
    No
```

이 질의가 실패하는 이유는 술어 "is_married_to"가 가지는 논항의 순서가 달라 (2)와는 다른 사실로서 인식되기 때문이다. 만약 이 질의에도 Yes라는 대답을 얻고 싶다면 한 가지 방법으로서 위의 지식베이스에 새로운 사실 "is_married_to(rhea, cronus)."를 추가해 주어야 할 것이다.

술어가 몇 개의 논항을 가지는지는 프로그래머가 스스로 결정할 수 있다. 위에서는 "is_married_to"라고 하는 관계를 정의하기 위하여 두 개의 논항을 설정하였지만, 수여동사 give의 관계를 표현하기 위해서는 아래와 같이 정의할 수 있을 것이다.

```
(4) who_gives_what_to_whom(zeus, flower, hera).
```

(4)는 "Zeus가 Hera에게 flower를 준다"라는 사실을 표현하기 위한 한 가지 방법일 뿐이다. 프로그래머의 편의에 따라 아래와 같이 다양하게 표현할 수도 있다.

```
(5) give(zeus, hera, flower).
    give(flower, zeus, hera).
    ...
```

다만 술어가 가지는 논항들의 순서는 항상 의미가 있기 때문에 술어를 한번 정의하여 사용하면 정의된 순서에 주의해야 한다.

관습적으로 Prolog에서 술어를 지칭할 때는 술어 이름 다음에 "/숫자"와 같은 형식의 태그를 붙인다. 이것이 의미하는 바는 해당 술어가 주어진 숫자만큼의 논항을 가진다는 것이다. 따라서 위의 지식베이스에는 "man/1", "woman/1", "is_married_to/2" 등과 같은 세 개의 술어가 정의되어 있다고 말할 수 있다. 이외에도 다음 절에서 소개하는 listing/0처럼 논항을 필요로 하지 않는 술어도 있다. 이러한 표현방식은 술어를 지칭할 때만 사용하고 실제 프로그램을 작성할 때는 태그없이 이름만 사용한다는 점에 주의하기 바란다.

2.1.2 질의

위와 같이 지식베이스가 작성되면 그에 관하여 질의를 할 수 있다. 이를 위해서는 먼저 작성된 지식베이스를 저장하고 조회하는 과정이 필요하다. 이러한 조회과정을 Prolog에서는 "컨설트(consult)한다"라고 말한다. 먼저 위에서 작성한 pro_01.pl을 Prolog 인터프리터에서 아래와 같이 컨설트해보자.

```
(6) ?- consult('C:/prolog/pro_01.pl').
    % C:/prolog/pro_01.pl compiled 0.00 sec, 988 bytes
    Yes
```

소스 파일을 컨설트하면 소스 파일의 지식베이스 내용이 Prolog 인터프리터에 의해서 해석된 후 작업 메모리에 로딩된다. 현재 작업 메모리에 어떠한 지식베이스 내용이 올라와 있는지를 확인하는 방법은 아래와 같이 listing/0 명령을 이용하는 것이다.

```
(7) ?- listing.
    man(cronus).
    woman(rhea).
    is_married_to(cronus, rhea).
    Yes
```

(7)은 현재 읽어 들인 지식베이스의 모든 내용을 출력해 준 것이다. listing을 이용하면 특정한 술어가 지식베이스에 정의되어 있는지도 확인해 볼 수 있다. 이때에는 아래와 같이 listing/1을 이용하여 확인하고자 하는 술어를 논항으로 지정해주면 된다.

```
(8) ?- listing(man).
    man(cronus).
    Yes
```

지식베이스에 정의되어 있지 않은 술어를 질의하면 (9)와 같은 에러 메시지가 출력된다.

```
(9) ?- listing(father).
    ERROR: toplevel: procedure 'father' does not exist
    (DWIM could not correct goal)
```

이제 앞에서 정의한 지식베이스에서 cronus와 rhea가 혼인관계에 있는지를 확인하기 위하여 (10)과 같이 질의해보자. Prolog에서는 이와 같이 확인해야하는 사실을 "목표문(goal)"이라고 부른다.

```
(10) ?- is_married_to(cronus, rhea).
```

위의 질의를 받고 Prolog 인터프리터는 지정된 지식베이스에서 질의된 내용과 동일한 사실이 있는지를 검색하게 된다. 두 사실이 동일하다는 것은 그들의 술어가 서로 같고, 논항의 개수와 형태가 동일하다는 의미이다. 지식베이스에서 위의 질의와 동일한 사실이 발견되므로 Prolog는 Yes라는 대답을 줄 것이다. 그러나 두 번째 논항 rhea대신에 hera를 넣어 질의한다면 아래 (11)과 같이 No라고 대답할 것이다.

```
(11) ?- is_married_to(cronus, hera).
     No
```

여기에서 No라고 대답을 하는 것은 위의 질의와 일치되는 사실이 지식베이스에 정의되어 있지 않기 때문이다.

이번에는 Prolog가 그리스 신화에서 Cronus가 Uranus의 아들이라는 사실을 알고 있는지를 질문해보자.

```
(12) ?- is_son_of(cronus, uranus).
```

이 질의에 대해 Prolog는 아래와 같이 에러메시지를 출력해 줄 것이다.

```
(13) ERROR: toplevel: Undefined procedure: is_son_of/2
     (DWIM could not correct goal)
```

이것이 의미하는 바는 is_son_of/2라는 술어가 지식베이스에 정의되어 있지 않아서 작업을 진행할 수 없다는 것이다. 그렇다면 이미 정의되어 있는 is_married_to/2를 이용하여 (14)와 같이 질의할 수 있다.

```
(14) ?- is_married_to(uranus, gaea).
```

실제로 그리스 신화에서 하늘의 신 Uranus는 땅의 신 Gaea와 결혼한 사이이므로 그러한 지식에 기반한다면 이 질의에 대하여 Prolog가 Yes라고 답해야 하겠지만 Prolog는 No라고 대답한다.

```
(15) ?- is_married_to(uranus, gaea).
     No
```

Prolog가 이렇게 반응하는 이유는 Prolog에서 질의에 대하여 대답을 하는 근거는 실제의 세계에 주어진 사실이 아니라 지식베이스에 정의된 사실이기 때문이다. 따라서 지식베이스에 정의되어 있지 않은 사실에 대해 Prolog는 항상 No라고 대답을 하게 된다. 위에서 Prolog가 준 No라는 대답의 의미는 "질의 내용이 거짓이다"라는 것이 아니고 "지식베이스를 기반으로 할 때 질의된 내용을 참이라고 확인할 수 없다"는 것으로 보는 것이 더 적절하다. 실제의 세계에서 거짓인 내용이라고 할지라도 지식베이스에 정의되어 있다면 해당 질의에 대하여 Yes라고 대답할 것이기 때문이다. 가령 그리스 신화에서 Hestia는 Cronus의 딸이라는 것이 사실이지만 지식베이스에 "is_son_of(hestia, cronus)."라고 정의되어 있다면 아래와 같은 질의에 대하여 Prolog는 Yes라고 답할 것이다.

```
(16) ?- is_son_of(hestia, cronus).
     Yes
```

지금까지 우리는 pro_01.pl에 정의된 지식베이스에 기초하여 "Cronus가 남자인가?", "Rhea가 남자인가?", "Cronus가 Rhea와 결혼했는가?" 등과 같은 예/아니오 형식의 의문문을 질의해 보았다. 이제는 이 지식베이스를 기반으로 할 때 "누가 남자인가?", "누가 여자인가?"

또는 “Cronus는 누구와 결혼했는가?” 등과 같은 의문사를 포함하는 형식의 의문문으로 질의하는 방식에 대하여 논의하고자 한다. 이를 위하여 pro_01.pl에 몇 가지 사실들을 보충하여 아래와 같이 pro_02.pl을 작성해보자.

```
(17) /* pro_02.pl */                                % line 1
                                                    % line 2
     man(cronus).                                   % line 3
     woman(rhea).                                   % line 4
     is_married_to(cronus, rhea).                   % line 5
                                                    % line 6
     is_son_of(hades, cronus).                      % line 7
     is_son_of(poseidon, cronus).                   % line 8
     is_son_of(zeus, cronus).                       % line 9
     is_daughter_of(hestia, cronus).                % line 10
     is_daughter_of(hera, cronus).                  % line 11
     is_daughter_of(demeter, cronus).               % line 12
```

위의 지식베이스는 pro_01.pl에 line 7부터 line 12까지의 6개의 사실을 추가한 것이다. 새로이 추가된 사실들은 is_son_of/2와 is_daughter_of/2 두 개의 술어를 정의하여 Cronus의 아들과 딸들이 누구인지를 선언한 것이다. 이제 위의 소스 파일을 컨설트한 후 Cronus가 누구와 결혼했는지를 질의해보자. Prolog에서는 자연언어 의문문의 의문사에 해당하는 표현으로 변수(variable)를 사용하고 첫 글자는 항상 대문자로 써서 객체나 술어의 이름과 구분한다.

```
(18) ?- is_married_to(cronus, Whom).
     Whom = rhea
```

(18)에서 Whom은 의문문의 의문사에 해당하는 변수이다. 따라서 (18)의 질의문 "is_married_to(cronus, Whom)."은 "Who is Cronus married to?"의 의미로 해석할 수 있다. 이 질의에 대해 Prolog는 "Whom = rhea"라고 대답한 후 "?-"를 출력하고 사용자의 다음 질의를 기다린다. Prolog는 지식베이스에 "is_married_to(cronus, rhea)."라는 사실이 정의되어 있으므로 이 사실에 기초하여 Whom이 rhea라는 것을 확인해 준 것이다.

이제는 Cronus의 아들이 누구인지를 물어보기 위하여 아래와 같이 질의해보자.

(19) ?- is_son_of(Who, cronus).

이 질의에 대하여 Prolog는 가장 먼저 아래와 같이 "Who = hades"라고 대답하고 사용자의 반응을 기다릴 것이다.

(20) ?- is_son_of(Who, cronus).
 Who = hades

(18)에서 "?- is_married_to(cronus, Whom)."라고 질의했을 때는 "Whom = rhea"라고 대답하고 다음번 질의를 기다린다는 신호로서 "?-"를 출력했지만 이제는 대답만 출력하고 "?-"는 출력하지 않는다. 그 이유는 현재 기반으로 하고 있는 지식베이스에 hades이외에 다른 가능한 대답도 있기 때문이다. 즉 Prolog는 "Who = hades"이외의 답도 검색할 것인지에 대하여 묻는 것이다. 만약 여기에서 중단하고 싶으면 'a'(=abort)를 입력하면 된다. 그러나 또 다른 답을 계속하여 얻고 싶다면 세미콜론을 입력하면 된다. Prolog에서 세미콜론은 "또는(or)"을 의미한다. 즉 현재 주어진 답 이외에 또 다른 답이 있는지

를 묻는 것이다. 아래 (21)의 예는 세미콜론을 반복하여 눌러 가능한 모든 답을 찾은 경우이다. Prolog는 가능한 모든 답을 찾은 후 더 이상 가능한 답이 없으면 탐색을 중단하고 "?-"를 출력하고 다음 번 질의를 기다리게 된다.

```
(21) ?- is_son_of(Who, cronus).
     Who = hades ;
     Who = poseidon ;
     Who = zeus
```

지금까지 우리는 Prolog에게 한 번에 한 가지 사실만을 물어 보았지만 아래와 같이 동시에 두 개 이상의 질문도 할 수 있다.

```
(22) ?- is_son_of(hades, X), is_daughter_of(hestia, Y).
```

이 질의는 "Hades는 누구의 아들이고 Hestia는 누구의 딸인가?"의 의미이다. 이러한 질문에 대하여 Prolog는 먼저 첫 번째 목표문인 "is_son_of(hades, X)."를 만족시키는 사실이 있는지를 확인하여 X가 누구인지를 찾고, 이것이 성공하면 다음 목표문인 "is_daughter_of(hestia, Y)."를 만족시키는 사실이 있는지를 확인하여 Y가 누구인지를 찾아 성공하면 X가 누구이고 Y가 누구인지를 대답하고 탐색을 종료하게 된다. 위의 질의 내용은 두 목표문을 콤마로 서로 연결한 것이다. Prolog에서 두 술어 사이에 쓰이는 콤마는 'and'의 의미를 가진다. 따라서 위의 질의 전체 내용이 성공하려면 먼저 첫 번째 목표문이 성공해야하고 그 다음에는 두 번째 목표문도 성공해야 한다. (22)의 질의 내용에 대하여 Prolog는 아래와 같이 대답할 것이다.

(23) ?- is_son_of(hades, X), is_daughter_of(hestia, Y).
X = cronus,
Y = cronus

Prolog의 대답에서 “X = cronus” 다음에 콤마가 있다는 사실에 주목할 필요가 있다. 이미 언급한 바와 같이 Prolog에서 콤마는 연접(conjunction)의 의미를 가지고 있어서 두 술어가 콤마에 의해 연결된 전체 사실이 참이 되려면 두 개의 술어 모두 참이 되어야 한다. 따라서 Prolog의 대답은 X가 cronus이고 동시에 Y가 cronus이면 참이 된다는 것을 의미한다.

이제는 (23)의 질의문을 약간 변형하여 아래와 같이 질문해보자. 아래의 질의는 위의 실의에서 첫 번째 목표문의 X를 hestia로 대치한 것이다. 즉 Hades가 Hestia의 아들이고 Hestia는 누구의 딸인가를 물은 것이다.

(24) ?- is_son_of(hades, hestia), is_daughter_of(hestia, Y).
No

이 질문에 대하여 Prolog는 두 번째 목표문에서 변수 Y의 값을 말해 줄 수 있음에도 불구하고 no라는 대답으로 탐색을 끝내버린다. 그 이유는 Prolog가 이미 첫 번째 목표문을 지식베이스에서 확인하는 과정에서 실패하여 더 이상 탐색을 진행하지 않고 멈추어 버렸기 때문이다. 이를 확인하기 위하여 Prolog 내장술어 가운데 trace/0을 이용하여 어떠한 탐색과정이 이루어졌는지를 확인해보자. trace/0은 이 명령이 실행된 이후 Prolog가 입력하는 질의 내용에서 각 목표문을 추적하는 과정을 단계적으로 보여준다. trace/0을 입력하면 Prolog는 Yes라고 대답하고 다음 번 “?-” 앞에 [trace] 표시를 보여줌으로써 trace 모드가 실행 중임을 나타내준다.

```
(25) ?- trace.
     Yes
     [trace] ?-
```

아래 (26)은 trace 모드 상태에서 (24)의 질의문을 실행한 결과이다. Prolog는 탐색과정을 단계적으로 보여주는데 각 단계에서 다음 단계로 넘어가기 위해서는 c를 입력하고, 중단하기 위해서는 a를 입력하고, 도움말을 보기 위해서는 h를 입력하면 된다.

```
(26) [trace] ?- is_son_of(hades, hestia), is_daughter_of(hestia, Y).
             Call: (8) is_son_of(hades, hestia) ? creep
             Fail: (8) is_son_of(hades, hestia) ? creep
     No
```

위의 탐색과정에서 첫 번째 단계는 질의의 첫 번째 목표문 "is_son_of(hades, hestia)"를 호출(Call)하는 단계이다. 그런데 두 번째 단계에서 이 목표문이 지식베이스의 탐색결과 실패(Fail)하여 Prolog가 탐색을 중단하고 No라고 대답하고 있다. 즉 첫 번째 목표문이 성공하지 못했으므로 두 번째 목표문과는 상관없이 전체적인 탐색과정을 중단했다는 의미이다.

이번에는 첫 번째 목표문은 성공하지만 두 번째 목표문은 실패하게 되는 아래의 질의문을 입력해보자.

```
(27) [trace] ?- is_son_of(hades, X), is_daughter_of(hestia, hades).  % line 1
        Call: (8) is_son_of(hades, _G675) ? creep                    % line 2
        Exit: (8) is_son_of(hades, cronus) ? creep                   % line 3
```

```
    Call: (8) is_daughter_of(hestia, hades) ? creep          % line 4
    Fail: (8) is_daughter_of(hestia, hades) ? creep          % line 5
No
```

위의 질의 내용이 참이 되는지를 확인하기 위하여 Prolog는 첫 번째 단계에서 첫 번째 목표문의 변수 X를 내부 변수 "_G675"로 대치하여 호출한다. 두 번째 단계에서는 술어 "is_son_of(hades, _G675)"에서 변수 "_G675"가 cronus가 되면 첫 번째 목표문이 참이 되는 것을 확인했다. 세 번째 단계에서는 두 번째 목표문이 참이 되는지를 호출한다. 네 번째 단계에서는 두 번째 목표문이 성공하지 못했으므로 탐색과정을 중단하고 No라고 대답한다. 질의 내용의 두 개의 목표문이 동시에 참이 되는 것을 확인하지 못했기 때문에 전체 질의 내용이 참이 되는 것을 확인할 수 없었다는 것이다.

2.1.3 규칙

우리가 관찰하고 있는 세계에는 단순히 개별 객체에 관한 사실 또는 그들 사이의 관계에 관한 사실만 존재하는 것이 아니다. 우리는 주어진 사실들로부터 새로운 어떤 사실을 추론해 낼 수도 있다. 가령 위 (17)의 pro_02.pl에 있는 지식베이스에서 "is_son_of(hades, cronus)."는 "Hades는 Cronus의 아들이다"라는 사실을 말해준다. 이러한 사실로부터 우리는 "Cronus는 Hades의 부모이다"라는 사실을 추론해 낼 수 있다. 이것은 아래 (28a)가 의미하는 "X가 Y의 아들이면 Y는 X의 부모이다"라는 일반규칙에 기초한 것이다. 이것을 Prolog에서는 (28b)와 같이 표현한다.

(28) a. Y is the parent of X if X is the son of Y.
 b. is_parent_of(Y, X) :- is_son_of(X, Y).

논리학에서 조건문(conditional) "만약 p이면 q이다"(p → q)의 표현이 Prolog에서는 "q :- p."의 형태로 표현된다. 논리학에서의 "p → q"의 경우에는 전건(antecedent) p가 논리적 연결어 "→"의 왼쪽에 놓이고, 후건(subsequent)이 오른쪽에 놓인다. 반면에 Prolog에서는 후건 q가 연산자 ":-"의 왼쪽에 놓이고, 전건 p가 오른쪽에 놓인다. 이것은 연산자 ":-"의 의미가 "if"이기 때문이다. 이 연산자를 Prolog에서는 "목 연산자(neck operator)"라고 부른다. 이 연산자를 "목(neck)"이라고 부르는 이유는 규칙에서 왼쪽 부분을 "머리(head)"라고 부르고 오른쪽에 놓이는 부분을 "몸체(body)"라고 부르기 때문이다. 위의 규칙에서 머리는 "is_parent_of(Y, X)"이고, 몸체는 "is_son_of(X, Y)"이다. (28b)의 규칙이 의미하는 바는 규칙의 머리인 "is_parent_of(Y, X)"는 규칙의 몸체인 "is_son_of(X, Y)"가 참이 되면 참이 된다는 것이다. 바꿔 말하면 X가 Y의 아들이면 Y가 X의 부모라는 것이다. 이때 Prolog에서 동일한 규칙 안에 출현하는 같은 이름의 변수는 모두 동일한 객체를 가리킨다는 점에 유의해야 한다. 다시 말하면 가령 변수 X의 값이 정해지는 순간 규칙 내의 모든 X가 같은 값으로 정해진다는 것이다.

그런데 일반적으로 Y가 X의 부모라면 X는 아들일 수도 있고 딸일 수도 있다. 따라서 이러한 사실까지 고려한다면 "X가 Y의 아들이거나 딸이면 Y는 X의 부모이다"라고 말해야 더 맞을 것이다. 이러한 사실을 반영하기 위해서는 이 규칙의 몸체 부분에 '또는'의 의미가 들어가야 할 것이다. Prolog에서는 이 의미가 세미콜론에 의해 표현되므로 위의 규칙은 아래와 같이 바꿔 쓸 수 있다.

(29) is_parent_of(Y, X) :- is_son_of(X, Y); is_daughter_of(X, Y).

그러나 이렇게 규칙의 몸체부분에 세미콜론을 추가하면 소스 코드를 읽는 데에 불편할 수 있으므로 이러한 경우에는 아래와 같이 두 조건을 분리하여 쓰는 것이 더 좋다.

```
(30) is_parent_of(Y, X) :- is_son_of(X, Y).
     is_parent_of(Y, X) :- is_daughter_of(X, Y).
```

이제 이 규칙들을 위의 pro_02.pl에 추가하여 pro_03.pl을 만들어 보자.

```
(31) /* pro_03.pl */                                          % line 1
                                                              % line 2
        man(cronus).                                          % line 3
        woman(rhea).                                          % line 4
        is_married_to(cronus, rhea).                          % line 5
                                                              % line 6
        is_son_of(hades, cronus).                             % line 7
        is_son_of(poseidon, cronus).                          % line 8
        is_son_of(zeus, cronus).                              % line 9
        is_daughter_of(hestia, cronus).                       % line 10
        is_daughter_of(hera, cronus).                         % line 11
        is_daughter_of(demeter, cronus).                      % line 12
                                                              % line 13
        is_parent_of(Y, X) :- is_son_of(X, Y).                % line 14
        is_parent_of(Y, X) :- is_daughter_of(X, Y).           % line 15
```

이 소스를 컨설트한 후 아래와 같이 질의해보자.

```
(32) ?- is_parent_of(cronus, hades).
```

위의 질의에 대하여 Prolog 인터프리터는 pro_03.pl에 정의된 지식베이스에 기초할 때 "is_parent_of(cronus, hades)"가 참이라고 대답할 것이다. 술어 "is_parent_of(cronus, hades)"가 위의 지식베이스에 명시적으로 선언되어 있지 않았음에도 불구하고 이러한 대답이 가능한 것은 Prolog의 추론규칙 때문이다.

기본적으로 Prolog는 1차 술어논리를 기반으로 하기 때문에 추론과정에서 (33)의 긍정식(modus ponens)을 이용한다.

(33) 만약 p라면 q이다.
p이다.
———————
∴ q이다.

이러한 긍정식을 이용하여 Prolog는 먼저 규칙의 머리 부분의 목표문이 참이 되는지를 확인하기 위하여 몸체 부분의 목표문이 참이 되는지를 확인하려고 한다. trace를 이용하여 Prolog의 질의 해결과정을 탐색해보자.

(34)
```
[trace] ?- is_parent_of(cronus, hades).
   Call: (7) is_parent_of(cronus, hades) ? creep            % line 1
      Call: (8) is_son_of(hades, cronus) ? creep            % line 2
      Exit: (8) is_son_of(hades, cronus) ? creep            % line 3
   Exit: (7) is_parent_of(cronus, hades) ? creep            % line 4
Yes
```

Prolog는 가장 먼저 질의문을 가지고 지식베이스에서 일치되는 사실이 있는지를 확인하게 된다. 이것이 위의 line 1의 단계이다. pro_03.pl의 지식베이스에서 질의문과 형식이 일치되는 첫 번째 항목이 line 14에 선언된 규칙의 머리 부분에 있는 사실이다. 일치과정은 아래와 같은 방식에 의하여 이루어진다.

(35) 질의문의 목표문(사실) = 규칙의 머리 부분의 사실

is_parent_of(cronus, hades) = is_parent_of(X, Y)

X=cronus, Y=hades

두 사실이 일치하려면 규칙의 머리 부분에 있는 변수 X에는 cronus가 할당되고, 변수 Y에는 hades가 할당되면 된다. 규칙의 머리 부분에 있는 변수 X와 Y에 각기 변수값이 지정되면서 동시에 몸체 부분에 있는 변수들에도 동일한 값이 할당된다. 그 결과가 line 2에서 호출하고 있는 is_son_of(hades, cronus)이다. 이 사실은 pro_03.pl의 지식베이스 line 7에서 확인할 수 있다. 즉 규칙의 몸체 부분의 목표문이 참인 것으로 확인되었으므로 위의 긍정식에 기반하여 머리 부분의 목표문도 참인 것으로 확인할 수 있는 것이다.

2.1.4 연습문제

1 아래의 지식베이스는 Sterling & Shapiro(1994:23)에 소개된 것이다. 이 지식베이스에서 사실과 규칙은 각각 무엇인지 말해보시오. 그리고 각 규칙에서 머리와 몸체는 무엇인지 말해보시오.

```
father(abraham,isaac).
father(haran,lot).
father(haran,milcah).
father(haran,yiscah).
male(isaac).
male(lot).
```

```
female(milcah).
female(yiscah).
son(X, Y) :- father(Y, X), male(X).
daughter(X, Y) :- father(Y, X), female(X).
```

2 아래의 지식베이스에서 술어 has_played/2는 영화배우와 그가 출연한 영화의 이름을 알려주는 술어이다.

```
has_played(peter, titanic).
has_played(peter, hulk).
has_played(donald, titanic).
has_played(willy, matrix).
has_played(susan, titanic).
has_played(susan, matrix).
has_played(jane, highnoon).
```

위의 지식베이스가 주어져 있다고 할 때 아래의 각 질의문에 대하여 Prolog는 어떠한 대답을 하겠는지 말해보시오.

```
?- has_played(Who, matrix).
?- has_played(susan, Which_film).
?- has_played(Who, Which_film).
```

3 위의 지식베이스에 영화 matrix와 titanic에 동시에 출연한 배우를 알고 싶을 때는 어떻게 질의하면 되겠는가?

```
?-
```

4 위의 지식베이스를 기초로 하여 술어 played_in_the_same_film/2를 정의하시오. 이 술어는 아래와 같이 배우 A와 배우 B가 같은 영화에 출연했음을 표현해주는 술어이다.

```
?- played_in_the_same_film(peter, donald).
Yes
```

5 위의 지식베이스를 기초로 하여 술어 same_actor/2를 정의하시오. 이 술어는 영화 A와 영화 B에는 적어도 한 명의 배우가 공통적으로 출연했음을 표현해준다.

```
?- samc_actor(titanic, matrix).
Yes
```

6 아래의 각 문장을 PROLOG의 사실 또는 규칙으로 표현해 보시오.

a. Tom sleeps.
b. Tom loves Jane.
c. All animals eat apples.
d. Everyone loves korean foods.
e. Everybody who has a child is happy.
f. For all X, if X has a child who has a sister then X has two children.

7 자신의 가족관계에 관한 정보를 담은 지식베이스를 만들어 보시오. 그리고 X가 Y의 숙모이면 참이 되는 술어 aunt(X, Y)를 정의해 보시오. 기타의 가족관계를 위한 술어도 만들어 보시오.

2.2 데이터 유형

Prolog 프로그램을 구성하는 데이터 단위들을 일컬을 때 일반적으로 항(terms)이라는 표현을 사용한다. 항은 다시 단순항(simple terms)과 복합항(complex terms)으로 구분되고, 단순항은 상수(constants)와 변수(variables)로 구분되고, 상수는 원자(atoms)와 숫자(numbers)로 구분된다. 이것을 트리형식으로 표현하면 아래와 같다.

(1)

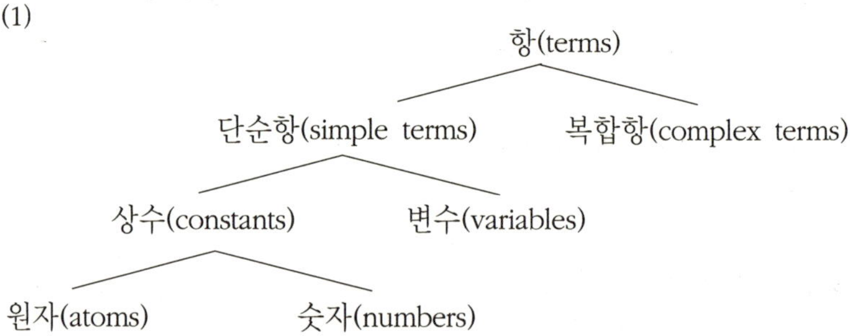

아래에서 각 항목에 대하여 자세히 논의하도록 하겠다.

2.2.1 데이터 구조

2.2.1.1 원자

원자(atoms)는 형태적으로 아래와 같이 정의된다.

1. 영문 대소문자, 숫자, 밑줄 부호 '_'(underscore)로 구성되는 문자열(string)이며 항상 영문 소문자로 시작하면 원자이다. 예를 들면 cronus, rhea, my_Father, my_book_01, my_book_02 등이다.

2. 이외에 작은 따옴표(‘ ’)로 묶여져 있는 임의의 문자열은 모두 원자이다. 따라서 작은 따옴표로 묶여 있다면 영문 소문자가 아닌 다른 문자로 시작한다고 하더라도 원자가 된다. 예를 들면 ‘Cronus’, ‘The God’, ‘_Rhea’, ‘3 Sons’ 등은 모두 원자이다.

3. 특수문자로 구성된 문자열도 원자이다. 다만 특수문자로 만들어지는 원자는 특수문자로만 구성된다는 제한이 있다. 예를 들어 @=, ====〉, ;, :-, ?- 등도 모두 원자이다.

2.2.1.2 숫자

숫자(numbers)는 산술연산을 수행할 수 있도록 제공되지만 전형적인 Prolog 프로그래밍에서 산술연산은 아주 단순한 경우에 제한적으로 사용된다. Prolog에서는 정수뿐만 아니라 부동 소수점 수(floating point number)까지 지원한다. 숫자라도 ‘1234’처럼 작은 따옴표로 묶여 있으면 원자가 된다는 점에 유의하라.

2.2.1.3 변수

변수(variables)는 영문 대문자나 밑줄 부호 ‘_’로 시작한다는 조건 이외에는 위의 원자에 대한 정의 1과 동일하게 정의된다. 예를 들면, 앞에서 보아왔던 것처럼 대문자 X, Y, Z와 같은 것도 모두 변수이고 Cronus와 Rhea도 작은 따옴표로 묶여 있지 않는 한 모두 변수이다. 밑줄 부호로 시작하는 _son, _daughter도 모두 변수이다.

변수에는 익명의 변수(anonymous variable)라고 부르는 특수 변수 ‘_’가 있다. 이 변수는 다른 문자없이 밑줄 부호 하나로 구성된다는 특징이 있다.

2.2.1.4 복합항

복합항(complex terms)은 앞에서 언급한 원자, 숫자, 변수 등의 조합으로 이루어지는 항이다. 때문에 복합항은 구조(structure)라고도 불리운다. 복합항은 아래와 같이 함수(functor)와 요소(component)의 구조로 만들어진다. 함수와 요소는 술어(predicate)와 논항(argument)이라고도 부른다.

(2) functor(component1, component2, ...)

함수 자리에 오는 것은 모두 원자이어야 한다. 따라서 변수는 함수로 쓰일 수 없다. 함수가 취하는 요소들은 소괄호 안에 콤마로 구분되어 나열된다. 함수가 취하는 요소는 항이면 모두 가능하다. 즉 원자, 숫자, 변수, 복합항 모두 함수의 요소로서 쓰일 수 있다는 것이다. 지금까지 우리가 보아왔던 man(cronus), woman(rhea), is_married_to(cronus, rhea), is_son_of(hades, cronus), is_daughter_of (hestia, cronus) 들은 모두 원자들을 요소로 취하는 복합항이었다. 숫자와 변수 Sum으로 구성된 sum_all(1, 2, 3, 4, Sum) 역시 복합항이다. 마지막으로 아래와 같이 요소의 자리에 복합항이 쓰인 경우도 복합항이다.

(3) ancestor(is_son_of(hades, cronus), is_daughter_of(hestia, cronus))

위의 복합항은 함수가 ancestor이고 is_son_of(hades, cronus)와 is_daughter_of(hestia, cronus)가 요소인 경우이다. 요소인 is_son_of(hades, cronus)는 다시 그 자체가 복합항으로서 is_son_of가 함수이고 hades와 cronus가 요소인 경우이다.

복합항이 취하는 요소의 개수를 Prolog에서는 해당 복합항의 '애러티(arity)' 또는 논항의 개수라고 부른다. 예를 들어 is_son_of(hades, cronus)는 애러티가 2인 복합항이고, man(cronus)는 애러티가 1인 복합항이다. Prolog에서는 애러티가 다른 복합항은 서로 다른 함수로 간주하기 때문에 술어를 정의할 때 항상 논항의 개수에 주의해야 한다. 가령 loves(cronus, rhea)와 loves(cronus, hestia, hades)는 술어는 loves로 동일하지만 논항의 개수, 즉 애러티가 서로 다르므로 각기 독립적인 복합항으로 간주된다. 따라서 Prolog와 관련된 문헌에서는 특정한 술어에 대하여 이야기할 때 해당 술어와 결합하는 논항의 개수를 같이 명시하는 것이 일반적이다. 예를 들어 man/1, woman/1, is_son_of/2와 같은 식이다.

2.2.2 내장술어

아래에서는 Prolog의 데이터들을 조작할 때 사용하는 내장술어를 소개한다. 여기에서 소개하는 내장술어들은 SWI-Prolog에서 제공하는 내장술어 가운데 빈번하게 사용하거나 언어처리를 하는데 있어서 유용하게 사용할 수 있는 것만을 간추린 것이다. 더 많은 내장술어에 대하여 알고 싶은 독자는 SWI-Prolog의 사용자 매뉴얼의 4장 내장술어(built-in predicates) 부분을 참고하기 바란다.

Prolog에서 내장술어에 대하여 설명을 할 때에는 특정한 표기법이 있다. 우선 논항의 유형을 분명하게 하기 위하여 항은 Term, Term1, Term2, ... 등으로 구분하여 표기하고, 함수는 Functor, 애러티는 Arity로 표기하여 관련 논항이 어떠한 유형의 항인지를 표기한다. 항 앞에 붙이는 부호 +, ?, - 등은 아래의 의미를 가진다.

+	이 부호가 붙어 있는 논항은 입력 데이터로서 항상 해당 유형의 항이어야 한다.
-	이 부호가 붙어 있는 논항은 출력 데이터로서 다른 논항과 동일한 이름을 가져서는 안 된다.
?	이 부호가 붙어 있는 논항은 입력 또는 출력 데이터로서 해당 유형의 항의 부분항이다.

2.2.2.1 항의 종류

Prolog에서 특정한 항이 변수인지 또는 원자인지를 확인하기 위해서는 아래의 내장술어를 사용한다.

var(+Term)	술어 var/1은 Term이 변수이면 참이다.
nonvar(+Term)	술어 nonvar/1은 Term이 변수가 아니면 참이다.
integer(+Term)	술어 integer/1은 Term이 정수이면 참이다.
number(+Term)	술어 number/1은 Term이 정수이거나 부동 소수점 수이면 참이다.
atom(+Term)	술어 atom/1은 Term이 원자이면 참이다.
atomic(+Term)	술어 atomic/1은 Term이 원자, 문자열, 정수 또는 부동 소수점 수 가운데 하나이면 참이다.
compound(+Term)	술어 compound/1은 Term이 복합항이면 참이다.

2.2.2.2 항의 비교

Prolog에서 항들은 아래의 "표준순서(standard order)"에 의해 정렬된다.

1. 변수 〈 숫자 〈 원자 〈 문자열 〈 복합항
2. 변수는 어드레스에 따라 정렬된다.
3. 원자는 알파벳 순서에 따라 비교한다.
4. 문자열은 알파벳 순서에 따라 비교한다.

5. 숫자는 값(value)에 의하여 비교한다.

6. 복합항들은 그들의 애러티, 술어 이름, 논항에 따라 정렬한다.

아래는 항의 비교를 위한 내장술어들이다.

+Term1 == +Term2	술어 ==/2는 Term1과 Term2가 동일하면 참이다.
+Term1 \== +Term2	술어 \==/2는 Term1과 Term2가 동일하지 않으면 참이다. \+Term1 == Term2와 동일한 표현이다.
+Term1 = +Term2	술어 =/2는 Term1과 Term2가 일치되면 참이다.
+Term1 \= +Term2	\+Term1 = Term2와 동일한 의미를 가진다. 즉 술어 \=/2는 Term1과 Term2가 일치되지 않으면 참이다.
+Term1 =@= +Term2	술어 =@=/2는 Term1과 Term2가 '구조적으로 동일하면' 참이다. "구조적으로 동일하다"는 것은 ==/2가 의미하는 "동일하다"보다는 약한 표현이지만 통합(unification)보다는 강한 표현이다. 두 항이 구조적으로 동일하려면 동일한 패턴의 변수를 가지고 있어야 한다. a =@= A false A =@= B true x(A,A) =@= x(B,C) false x(A,A) =@= x(B,B) true
+Term1 \=@= +Term2	'\+Term1 =@= Term2'와 동일한 표현으로 Term1과 Term2가 구조적으로 동일하지 않으면 참이다.

2.2.2.3 항의 분석 및 구성

functor(?Term, ?Functor, ?Arity)

이 술어는 첫 번째 논항으로 주어진 Term의 함수가 Functor이고, 애러티가 Arity이면 참이 된다. 이 술어는 기본적으로 복합항의 함수와 논항의 개수를 분석해주는 역할을 하기 때문에 Term 자리에는 복합항만 올 수 있고 Arity 자리에는 정수만 올 수 있다. 아래와 같이 사용한다.

(4) ?- functor(is_son_of(hades, cronus), Functor, Arity).
 Functor = is_son_of,
 Arity = 2

arg(?Arg, + Term, ?Value)

이 술어는 첫 번째 논항에는 1부터 복합항 Term의 애러티 사이의 숫자가 오고, 두 번째 논항에는 임의의 복합항이 놓인다. 세 번째 논항에는 Arg에 주어진 숫자가 n이라고 할 때 복합항 Term이 가지는 논항 가운데 n번째 논항이 놓인다. 아래와 같다.

(5) ?- arg(2, is_son_of(hades, cronus), Value).
 Value = cronus

이것을 아래와 같이 활용하면 특정한 논항이 복합항의 몇 번째 논항인지 확인할 수 있다.

(6) ?- arg(X, is_son_of(hades, cronus), cronus).
 X = 2

?Term =.. ?List

술어 =../2는 항에서 함수와 논항들을 리스트에 담아서 출력해준다. 리스트에 대해서는 뒤에서 자세하게 다루겠지만, Prolog에서 리스트는 원소들의 집합으로서 대괄호 사이에 항들을 콤마에 의해 구분하여 나열한다. 여기에서는 술어 =../2의 사용법만을 소개한다. 아래는 List를 변수로 주었을 때 항을 분해하여 리스트 형태로 보여준 예이다.

(7) ?- foo(hello, X) =.. List.
    List = [foo, hello, X]

반대로 항을 변수로 놓고 리스트에 원소를 담아 주면 아래와 같이 새로운 항을 만들 수 있다.

(8) ?- Term =.. [baz, foo(1)]
    Term = baz(foo(1))

지금까지는 복합항을 가지고 예를 들었지만 =../2의 Term 자리에는 Prolog에서 정의하는 항이면 어떤 것이라도 올 수 있다.

(9) a. ?- a =.. Y.
       Y = [a]
    b. ?- 1 =.. Y.
       Y = [1]
    c. ?- [1, 2, 3] =.. Y.
       Y = ['.', 1, [2, 3]]
    d. ?- Term =.. [a, b, c].
       Term = a(b, c)

2.2.2.4 원자의 분석 및 구성

atom_codes(?Atom, ?String)

술어 atom_codes/2는 첫 번째 논항이 원자이고, 두 번째 논항이

이 원자를 구성하는 문자들의 아스키코드 값들의 리스트이면 참이 된다. 아래와 같이 사용한다.

(10) a. ?- atom_codes(cronus, String).
   String = [99, 114, 111, 110, 117, 115]
  b. ?- atom_codes(Atom, [99, 114, 111, 110, 117, 115]).
   Atom = cronus

atom_chars(?Atom, ?CharList)

술어 atom_chars/2는 첫 번째 논항이 원자이고, 두 번째 논항이 이 원자를 구성하는 문자들의 리스트이면 참이다. 아래와 같이 사용한다.

(11) a. ?- atom_chars(hello, CharList).
   CharList = [h, e, l, l, o]
  b. ?- atom_chars(Atom, [h, e, l, l, o]).
   Atom = hello

char_code(?Atom, ?Code)

술어 char_code/2는 첫 번째 논항이 단일 문자이고, 두 번째 논항이 이 단일 문자의 아스키코드 값이면 참이다. 아래와 같이 사용한다.

(12) a. ?- char_code(a, Code).
   Code = 97
  b. ?- char_code(Atom, 97).
   Atom = a

number_chars(?Number, ?CharList)

술어 number_chars/2는 첫 번째 논항이 숫자이고, 두 번째 논항이 이 숫자를 구성하는 각 문자들의 리스트이면 참이 된다. 아래와 같이 사용한다.

(13) a. ?- number_chars(12345, CharList).
CharList = ['1', '2', '3', '4', '5']
b. ?- number_chars(Number, ['1', '2', '3', '4', '5']).
Number = 12345

number_codes(?Number, ?CodeList)

술어 number_codes/2는 첫 번째 논항이 숫자이고, 두 번째 논항이 이 숫자를 구성하는 문자들의 아스키코드 값들의 리스트이면 참이 된다. 아래와 같이 사용한다.

(14) a. ?- number_codes(12345, CodeList).
CodeList = [49, 50, 51, 52, 53]
b. ?- number_codes(Number, [49, 50, 51, 52, 53]).
Number = 12345

atom_concat(?Atom1, ?Atom2, ?Atom3)

술어 atom_concat/3은 세 개의 논항 모두 원자인 술어로서, 세 번째 논항이 첫 번째 논항에 두 번째 논항을 이어 붙인 것이면 참이 된다. 아래와 같이 사용한다.

(15) ?- atom_concat(abc, def, Atom3).
Atom3 = abcdef

아래와 같이 세 번째 논항에 특정한 문자열을 주고 첫 번째와 두 번째 논항을 모두 변수로 주면, 이 문자열의 조합방법을 모두 확인할 수 있다.

```
(16) ?- atom_concat(Atom1, Atom2, abc).
     Atom1 = '', Atom2 = abc ;
     Atom1 = a, Atom2 = bc ;
     Atom1 = ab, Atom2 = c ;
     Atom1 = abc, Atom2 = ''
```

concat_atom(+List, -Atom)

술어 concat_atom/2는 문자들의 리스트인 List를 받아서 List의 모든 원소들을 이어 붙여 하나의 문자열로 출력해주는 술어이다.

```
(17) ?- concat_atom([a, b, c, d], Atom).
     Atom = abcd
```

concat_atom(?List, +Separator, ?Atom)

이 술어는 위의 concat_atom/2와 유사하지만 구분자인 Separator를 삽입해 준다는 점에서 차이가 있다. 아래와 같이 사용한다.

```
(18) ?- concat_atom([cronus, rhea], ', ', Atom).
     Atom = 'cronus, rhea'
```

이 술어를 사용하면 특정한 문자를 구분자로 하여 문자열을 리스트로 변환할 수 있다.

```
(19) ?- concat_atom(List, ' ', 'Where can I learn more about prolog
     programming?').
     List = ['Where', can, 'I', learn, more, about, prolog, 'programming?']
```

atom_length(+Atom, -Length)

술어 atom_length/2는 문자열을 입력 데이터로 받아서 이 문자열의 길이를 출력해준다. 문자열의 길이는 해당 문자열을 구성하는 단일문자의 개수를 말한다.

```
(20) ?- atom_length(linguistics, Length).
     Length = 11
```

atom_prefix(+Atom, +Prefix)

술어 atom_prefix/2는 첫 번째 논항이 원자이고, 두 번째 논항이 이 원자의 접두사이면 참이다. 아래와 같이 사용한다.

```
(21) ?- atom_prefix(cronus, c).
     Yes
```

두 번째 논항을 변수로 주면 첫 번째 논항에 있는 문자열의 모든 접두사를 구할 수 있다.

```
(22) ?- atom_prefix(cronus, Prefix).
     Prefix = '' ;
     Prefix = c ;
     Prefix = cr ;
     Prefix = cro ;
```

```
Prefix = cron ;
Prefix = cronu ;
Prefix = cronus
```

sub_atom(+Atom, ?Before, ?Len, ?After, ?Sub)

술어 sub_atom/5는 문자열에서 일부 문자열만 추출할 때 유용하게 사용할 수 있다. 이 술어의 첫 번째 논항 Atom은 문자열이고 다섯 번째 논항 Sub은 Atom의 일부분에 해당하는 문자열이다. 두 번째 논항 Before는 Sub의 시작위치이고, Len은 Sub의 길이이고, After는 Sub이 끝나고 Atom에서 남는 문자의 수를 의미한다. 아래와 같이 사용한다.

```
(23) ?- sub_atom(linguistics, Before, Len, After, gui).
     Before = 3,
     Len = 3,
     After = 5
```

2.2.3 대소문자 변환

downcase_atom(+AnyCase, -LowerCase)

술어 downcase_atom/2는 임의의 문자열을 입력 데이터로 받아서 임의의 대문자를 모두 소문자로 변환하여 출력해준다.

```
(24) ?- downcase_atom('AbCdE', LowerCase).
     LowerCase = abcde
```

```
upcase_atom(+AnyCase, -UpperCase)
```

술어 upcase_atom/2는 downcase_atom/2와는 반대로 입력된 문자열에서 소문자가 있으면 모두 대문자로 변환하여 출력해준다.

```
(25) ?- upcase_atom(aBcDe, UpperCase).
     UpperCase = 'ABCDE'
```

2.2.4 연습문제

1 아래의 각 항목에 주어진 표현이 PROLOG의 데이터 유형 가운데 어떤 것인지 말해보시오. 내장술어를 이용하여 자신의 납이 맞는지 확인해 보시오.

a. God
b. cronus
c. 'Cronus'
d. _cronus
e. 'Cronus loves rhea'
f. loves(cronus, Someone)
g. 173
h 173(X, Y)
i. +(north, west)
j. three(Black(Cats))

2 해석기하학에서는 보통 원점 O에서 직각으로 만나는 두 좌표축(X축과 Y축)을 사용해서 X축 위의 값 x와 Y축 위의 값 y에 해당하는 점 P의 위치를 p(x, y)로 나타낸다. 이러한 개념을 바탕으로

할 때 좌표축 위의 임의의 점은 아래와 같이 정의할 수 있다.

```
point(X, Y).
```

그리고 두 점을 잇는 선은 아래와 같이 정의할 수 있다.

```
line(point(X, Y), point(X1, Y1))
```

이 아이디어를 이용하여 수직선에 대한 술어 vertical/1과 수평선에 대한 술어 horizontal/1을 정의하시오.

3 앞의 line/2를 이용하여 좌표 위의 삼각형에 대한 술어 triangle/3과 사각형에 대한 술어 rectangle/4를 정의하시오.

2.3 패턴일치, 탐색 및 순환

2.3.1 패턴일치

앞에서 우리는 항을 원자, 숫자, 변수, 복합항 네 가지로 하위 분류할 수 있다고 언급한 바 있다. 이러한 항들 사이에는 제한적으로 일치관계가 존재한다. 두 개의 항의 패턴(pattern) 사이에 일치(match)관계가 존재하려면 먼저 두 개의 항이 글자 그대로 동일하면 된다. 그렇지 않고 적어도 하나의 항이 하나 이상의 변수를 포함하고 있다면 각 변수에 적당한 값을 부여한 결과 두 개의 항이 동일하면 된다. 가령 원자 cronus와 원자 cronus는 동일한 원자이므로 서로 일치한다. 숫자 30과 숫자 30 역시 서로 동일한 숫자이므로 서로 일치한다. 같은 이유에서 복합항 woman(rhea)는 복합항 woman(rhea)와 서로 일치한다. Prolog에서 이러한 일치관계는 내장술어 =/2를 이용하여 나타낸다.

(1) a. ?- cronus = cronus.
Yes
b. ?- 30 = 30.
Yes
c. ?- woman(rhea) = woman(rhea).
Yes

반면에 변수는 어떠한 항과도 일치되는 특성이 있다. 즉 변수는 원자, 숫자, 복합항과도 일치될 수 있고, 심지어는 임의의 다른 변수와도 일치될 수 있다는 것이다. 아래의 예는 변수와 일치되는 항들의 유형을 보여주고 있다

```
(2) a. ?- X = cronus.
       X = cronus
    b. ?- X = 30.
       X = 30
    c. ?- X = woman(rhea).
       X = woman(rhea)
    d. ?- X = Y.
       X = Y
```

위의 (2d)에서 서로 다른 이름의 변수인 X와 Y가 일치되는 것은 두 변수가 동일한 값을 가질 때에만 성립된다. 변수를 포함하고 있는 복합항의 경우에는 두 복합항의 함수와 애러티가 서로 같고 변수에는 상응하는 논항을 값으로 할당할 수 있을 때에만 서로 일치한다. 아래의 예는 X가 rhea와 일치하는 경우에 두 복합항이 일치한다는 것을 보여준다.

```
(3) ?- woman(rhea) = woman(X).
    X = rhea
```

아래의 경우는 함수가 서로 동일하지 않으므로 일치되지 않는 경우이다.

```
(4) ?- man(X) = woman(X).
    No
```

이와 같은 일치관계와 관련하여 Blackburn, Bos & Striegnitz(2006)에서 제시한 일치조건은 아래와 같다.

(5) 패턴일치의 조건

① term1과 term2가 상수이면, term1과 term2가 동일한 원자이거나 동일한 숫자일 때에만 일치한다.

② term1이 변수이고 term2가 임의의 항이면, term1은 term2와 일치하고 term1은 term2를 값으로 가진다. 마찬가지로 term2가 변수이고 term1이 임의의 항이면 term1과 term2는 일치하고 term2는 term1을 값으로 가진다. term1과 term2가 모두 변수이면 서로 일치하고 값을 공유한다.

③ term1과 term2가 복합항이면 이들은 아래의 조건을 만족할 경우에만 서로 일치한다.

ⓐ term1과 term2가 동일한 함수와 애러티를 가져야 한다.

ⓑ term1과 term2의 상응하는 모든 논항들이 서로 일치해야 한다.

ⓒ 동일한 변수에는 동일한 값이 할당되어야 한다.

④ 두 개의 항은 위의 세 가지 경우 가운데 하나에 해당될 때에만 일치한다.

앞에서 우리는 두 개의 항이 일치된다고 이야기했지만 문헌에서는 이 용어 대신에 '통합(unification)'이라는 표현을 사용하기도 한다. 그러나 Prolog에서의 일치는 일반적인 의미에서의 통합과는 다소 다르다. 가령 아래와 같은 질의에 대해 Prolog가 어떻게 반응하는지 살펴보라.

```
(6) ?- woman(X) = X.
    X = woman(**)
```

일반적인 의미에서의 통합은 위의 질의에 대하여 No라고만 대답할 것이다. 왜냐하면 위의 질의의 왼쪽 복합항의 변수 X에 임의의 값 hestia를 대입해보면 오른쪽에서 X의 값은 woman(hestia)가 될 것이기 때문이다. 하나의 절(clause) 내에서 동일한 변수가 서로 다른 값을 가지는 것은 일치의 조건에 맞지 않다. 그러나 Prolog에서의 대답은 위에서 보듯이 No가 아니라 X = woman(**)이다. "woman(**)"에서 '**'는 무한루프를 의미한다. 즉 X의 값은 아래의 형식과 같이 무한루프로 빠져들어 더 이상 탐색할 수 없음을 의미한다.

(7) X = woman(woman(woman(woman(woman(woman(woman(...)))))))

Prolog가 이렇게 무한루프로 빠져드는 이유는, Prolog는 기본적으로 프로그래머가 위와 같이 무한루프로 빠져드는 경우가 발생하도록 프로그램을 작성했을 것이라고는 생각하지 않기 때문이다. 즉 일치여부를 확인할 때 임의의 변수를 만나게 되면 그것이 위와 같이 논리적으로 모순이 되는지를 먼저 확인하지 않고서 답이 존재할 것이라는 전제하에 탐색을 시작하게 된다. 그러다가 메모리의 한계에 부딪혔을 때에 탐색을 더 이상 할 수 없다는 의미에서 '**' 신호를 내보내는 것이다.

2.3.2 탐색과정

이제는 앞에서 설명한 일치의 개념에 기반하여 Prolog가 질의를 받았을 때 질의 내용이 만족되는지를 확인하기 위하여 지식베이스를 탐색하는 과정에 대하여 설명하고자 한다. 논의를 위하여 앞에서 작성했던 pro_03.pl을 아래에 다시 소개한다.

```
(8) /* pro_03.pl */                                      % line 1
                                                         % line 2
    man(cronus).                                         % line 3
    woman(rhea).                                         % line 4
    is_married_to(cronus, rhea).                         % line 5
                                                         % line 6
    is_son_of(hades, cronus).                            % line 7
    is_son_of(poseidon, cronus).                         % line 8
    is_son_of(zeus, cronus).                             % line 9
    is_daughter_of(hestia, cronus).                      % line 10
    is_daughter_of(hera, cronus).                        % line 11
    is_daughter_of(demeter, cronus).                     % line 12
                                                         % line 13
    is_parent_of(Y, X) :- is_son_of(X, Y).               % line 14
    is_parent_of(Y, X) :- is_daughter_of(X, Y).          % line 15
```

Prolog는 질의를 받으면 지식베이스를 탐색하여 질의 내용과 일치되는 사실이 있는지를 확인한다. 지식베이스를 탐색할 때에는 첫 줄부터 시작한다. 가령 "woman(rhea)"를 질의문으로 하여 입력하면 Prolog는 지식베이스의 첫 번째 라인부터 탐색하여 내려오다가 line 4에서 질의문과 일치하는 사실을 발견하여 탐색을 종료하면서 Yes라고 대답한다. 이 대답은 질의문의 내용이 지식베이스에 기초할 때 참이 된다는 것을 의미한다.

```
(9) ?- woman(rhea).
    Yes
```

이제는 논항에 변수가 들어가 있는 경우를 살펴보기 위하여 trace

모드에서 아래의 질의문을 입력해보자.

```
(10) [trace] ?- is_daughter_of(X, cronus).                              % line 1
        Call: (7) is_daughter_of(_G524, cronus) ? creep                 % line 2
        Exit: (7) is_daughter_of(hestia, cronus) ? creep                % line 3
     X = hestia ;                                                       % line 4
        Redo: (7) is_daughter_of(_G524, cronus) ? creep                 % line 5
        Exit: (7) is_daughter_of(hera, cronus) ? creep                  % line 6
     X = hera ;                                                         % line 7
        Redo: (7) is_daughter_of(_G524, cronus) ? creep                 % line 8
        Exit: (7) is_daughter_of(demeter, cronus) ? creep               % line 9
     X = demeter                                                        % line 10
```

가장 먼저 line 1의 질의문에 있는 변수 X는 Prolog에 의해서 내부적으로 변수 _G524로 대치된다. 그리고 is_daughter_of(_G524, cronus)와 일치되는 사실이 있는지를 탐색한다. 탐색의 경로는 지식베이스의 첫 번째 라인부터 순차적으로 내려오므로 가장 먼저 일치되는 사실은 위의 지식베이스 line 10의 "is_daughter_of(hestia, cronus)."이다.

	is_daughter_of(hestia, cronus)	=	is_daughter_of(X, cronus)
함수의 일치	is_daughter_of		is_daughter_of
애러티의 일치	2		2
첫 번째 항의 일치	hestia		X = hestia
두 번째 항의 일치	cronus		cronus

여기에서 Prolog는 질의문이 참이 되는 첫 번째 조건으로서 "X = hestia"를 출력하고 사용자의 반응을 기다린다. 이 때 세미콜론을 입

력하여 또 다른 가능한 답이 있는지를 물어볼 수 있다. 사용자로부터 세미콜론을 입력받으면 Prolog는 다시 탐색을 시작한다. 재탐색의 시작점은 지식베이스의 처음이 아니라 직전에 변수가 일치되었던 지점이다. 따라서 동일한 답이 중복되어 출력되지 않는 것이다. 위의 질의에 대하여 Prolog에 의하여 두 번째로 찾아지는 답은 line 11에 선언된 사실의 hera이고, 세 번째로 찾아지는 답은 line 12의 demeter이다. Prolog가 위의 질의에 대한 답을 탐색하는 과정을 문헌에서는 (11)과 같은 트리구조로 나타내기도 한다.

(11)

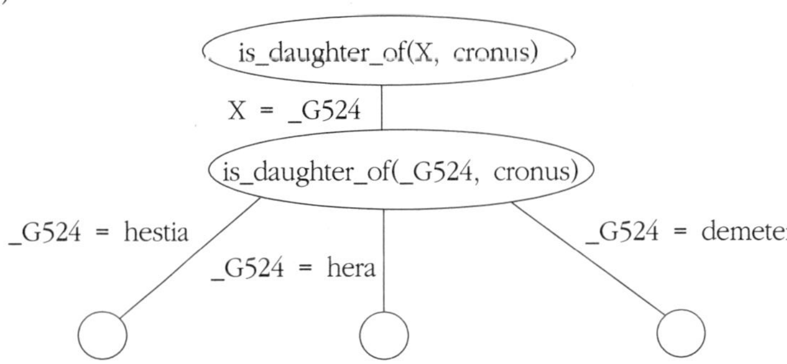

위의 도표에서 최하위의 빈 원은 각 변수에 특정한 값을 할당했을 때 질의문이 지식베이스의 사실과 일치됨으로써 질의문이 성공했음을 의미한다.

이번에는 아래의 질의문을 가지고 Prolog의 탐색과정이 어떻게 진행되는지를 살펴보도록 하자.

(12) ?- is_parent_of(Parent, Child).

먼저 이 질의에 대한 탐색과정을 trace 모드를 이용하여 확인해보면 아래와 같다.

```
(13) [trace] ?- is_parent_of(Parent, Child).                % line 1
        Call: (8) is_parent_of(_G530, _G531) ? creep        % line 2
        Call: (9) is_son_of(_G531, _G530) ? creep           % line 3
        Exit: (9) is_son_of(hades, cronus) ? creep          % line 4
        Exit: (8) is_parent_of(cronus, hades) ? creep       % line 5
     Parent = cronus,                                       % line 6
     Child = hades ;                                        % line 7
     Redo: (9) is_son_of(_G531, _G530) ? creep              % line 8
        Exit: (9) is_son_of(poseidon, cronus) ? creep       % line 9
        Exit: (8) is_parent_of(cronus, poseidon) ? creep    % line 10
     Parent = cronus,                                       % line 11
     Child = poseidon ;                                     % line 12
     Redo: (9) is_son_of(_G531, _G530) ? creep              % line 13
        Exit: (9) is_son_of(zeus, cronus) ? creep           % line 14
        Exit: (8) is_parent_of(cronus, zeus) ? creep        % line 15
     Parent = cronus,                                       % line 16
     Child = zeus ;                                         % line 17
     Redo: (8) is_parent_of(_G530, _G531) ? creep           % line 18
        Call: (9) is_daughter_of(_G531, _G530) ? creep      % line 19
        Exit: (9) is_daughter_of(hestia, cronus) ? creep    % line 20
        Exit: (8) is_parent_of(cronus, hestia) ? creep      % line 21
     Parent = cronus,                                       % line 22
     Child = hestia ;                                       % line 23
     Redo: (9) is_daughter_of(_G531, _G530) ? creep         % line 24
        Exit: (9) is_daughter_of(hera, cronus) ? creep      % line 25
        Exit: (8) is_parent_of(cronus, hera) ? creep        % line 26
     Parent = cronus,                                       % line 27
     Child = hera ;                                         % line 28
     Redo: (9) is_daughter_of(_G531, _G530) ? creep         % line 29
```

```
   Exit: (9) is_daughter_of(demeter, cronus) ? creep        % line 30
   Exit: (8) is_parent_of(cronus, demeter) ? creep          % line 31
 Parent = cronus,                                           % line 32
 Child = demeter                                            % line 33
```

가장 먼저 질의문 "is_parent_of(Parent, Child)."의 변수가 각각 내부변수 _G530과 _G531로 대치되고 이와 일치되는 사실이 있는지 탐색된다(line 2). 지식베이스에서 이와 일치되는 첫 번째 복합항이 지식베이스에서 line 14에 있는 규칙의 헤드부분이다.

```
(14) is_parent_of(Y, X) :- is_son_of(X, Y).                 % line 14
```

is_parent_of(_G530, _G531)은 is_parent_of(Y, X)와 일치한다. 두 개의 복합항이 동일한 함수를 가지고 애러티가 2로서 동일하고 _G530은 Y와 _G531은 X와 서로 일치하기 때문이다. 헤드 부분의 복합항이 참이 되기 위해서는 몸체 부분의 모든 목표문이 참이 되어야 하므로 이제는 몸체 부분의 is_son_of(_G531, _G530)이 참이 되는지를 확인해야 한다(line 3). 이 때 함수 is_son_of의 변수 X, Y가 _G531, _G530으로 대치된 것은, 일치과정에서 헤드 부분의 변수 X, Y가 내부변수 _G531, _G530으로 대치될 때 몸체 부분에 있는 X와 Y도 동시에 대치되었기 때문이다. Prolog는 is_son_of(_G531, _G530)이 참이 되는지를 확인하기 위해서 지식베이스를 처음부터 탐색하기 시작한다. 탐색과정에서 제일 처음으로 일치되는 복합항이 지식베이스 line 7의 is_son_of(hades, cronus)이다. 이와 같이 일치되어 탐색이 성공하면 trace 모드에서는 "Exit: 목표문"의 형태로 표시된다. 탐색과정에서 is_son_of(hades, cronus)로부터 내부 변수 _G531의 값은 hades로, _G530의 값은 cronus로 정해졌다(line 4). 따라서 동일한 값이 is_parent_of(_G530,

_G531)의 각 변수에도 적용되어 is_parent_of (cronus, hades)의 결과를 얻었다. 즉 질의문 is_parent_of(Parent, Child)에서 변수 Parent의 값은 cronus로, 변수 Child의 값은 hades로 결정된 것이다(line 5). Prolog는 탐색과정에서 발견한 첫 번째 답을 화면에 출력하고 사용자의 입력을 기다린다(line 6, 7). 이 때 세미콜론을 입력하여 또 다른 답을 탐색하도록 하면 탐색은 이전의 답을 구했던 지점 이후부터 is_son_of(_G531, _G530)과 일치되는 사실이 있는지 탐색하게 된다(line 8). 이번에는 지식베이스 line 8에서 is_son_of (poseidon, cronus)와 일치되어 _G531과 _G530의 값을 얻었다(line 9). 이 값이 헤드 부분의 변수들에도 동일하게 적용되어 is_parent_of (cronus, poseidon)이 참이 되는 것을 확인하였다(line 10). 이로써 두 번째 답인 "Parent = cronus, Child = poseidon"을 얻었다(line 11, 12). 세 번째 답인 "Parent = cronus, Child = zeus"도 동일한 방식으로 구해진다. 지금까지는 질의문의 복합항과 일치되는 지식베이스의 첫 번째 규칙(line 14)을 가지고 답을 구한 것이다. 몸체 부분의 is_son_of (_G531, _G530)과 일치되는 사실이 더 이상 없다는 것을 확인했을 때 Prolog는 다음 단계에서는 지식베이스의 두 번째 규칙에서의 헤드 부분이 질의문과 일치하는지를 조사하게 된다(line 18).

```
(15) is_parent_of(Y, X) :- is_daughter_of(X, Y).          % line 15
```

그 다음 단계에서는 몸체부분의 is_daughter_of(_G530, _G531)과 일치하는 사실이 지식베이스에 존재하는지를 탐색하게 된다. 답을 구하는 과정은 위에서 설명한 것과 동일하다.

이상의 탐색과정을 트리구조로 표현하면 아래와 같다.

(16)

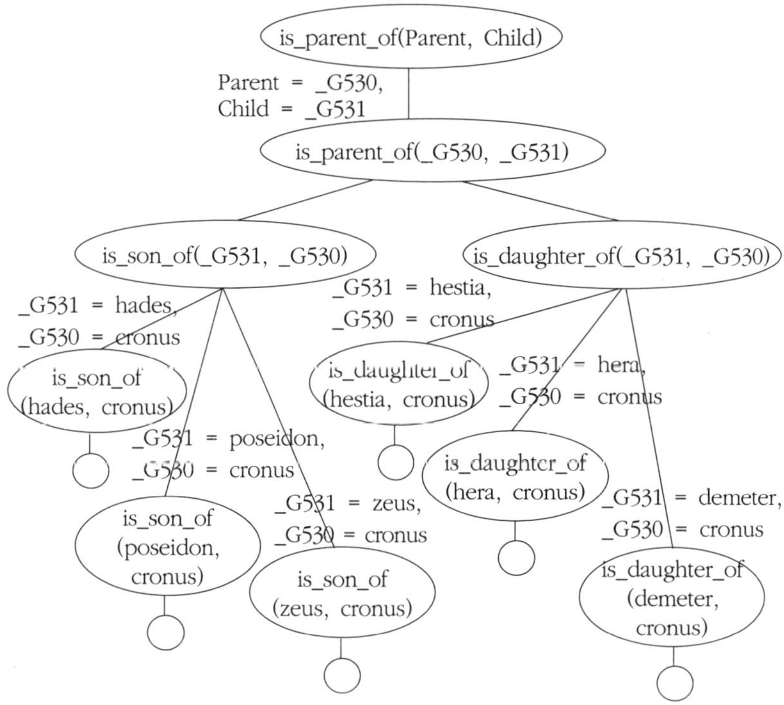

pro_03.pl에서 우리는 두 객체 X와 Y사이에 존재하는 부모와 자식 관계를 아래와 같이 정의하였다. 이것은 지식베이스에 선언된 사실들을 이용하는 규칙이었다.

```
(17) is_parent_of(Y, X) :- is_son_of(X, Y).          % line 14
     is_parent_of(Y, X) :- is_daughter_of(X, Y).     % line 15
```

이번에는 두 객체 사이에 존재하는 모자 또는 모녀의 관계를 pro_03.pl에 정의된 지식베이스에 기반하여 정의하는 방법에 대하여 논의해보겠다. 첫 번째 방법은 "is_son_of(hades, rhea)" 또는 "is_daughter_of(hestia, rhea)"지럼 새로운 사실을 추가하는 방법이다. 새로이 추가되는 사실은 기존의 동일한 함수에서 두 번째 논항만 rhea로 변경한 것이다. 이러한 사실을 기반으로 is_mother_of/2를 아래와 같이 정의할 수 있을 것이다.

(18) is_mother_of(X, Y) :- woman(X), is_son_of(Y, X).
     is_mother_of(X, Y) :- woman(X), is_daughter_of(Y, X).

그러나 이러한 방법은 지식베이스에 추가할 사실이 많은 경우에는 비효율적이다. 두 번째 방법은 논리적 관계를 이용하는 방법이다. 즉 지금까지 작성한 지식베이스에 기초하여 모자 또는 모녀관계를 정의하기 위한 조건으로서 아래와 같은 조건을 제시하는 것이다.

(19) X의 부모인 Z가 있고, Z가 Y와 혼인관계에 있고 Y가 여자이면 Y는 X의 어머니이다.

이 조건을 Prolog로 구현하면 Y가 여자라는 사실도 추가해야 하겠지만 앞의 (8)에서 is_son_of와 is_daughter_of는 아버지인 cronus를 기준으로 정의하였으므로 여기에서는 설명을 간단히 하기 위해서 아래와 같이 작성하겠다.

(20) is_mother_of(Y, X) :- is_parent_of(Z, X),
                           is_married_to(Z, Y).

이 규칙을 위의 pro_03.pl에 추가하여 새로이 pro_04.pl을 작성하여 컨설트한 후 아래와 같이 질의를 해보자. 우리가 원했던 답을 아래와 같이 얻을 수 있다.

```
(21) ?- is_mother_of(rhea, Child).
     Child = hades ;
     Child = poseidon ;
     Child = zeus ;
     Child = hestia ;
     Child = hera ;
     Child = demeter
```

이번에는 Prolog가 아래처럼 변수를 포함하지 않은 질의문에 대하여 어떻게 반응하는지를 trace 모드를 이용하여 살펴보자.

```
(22) [trace] ?- is_mother_of(rhea, demeter).                       % line 1
       Call: (7) is_mother_of(rhea, demeter) ? creep                % line 2
       Call: (8) is_parent_of(_L173, demeter) ? creep               % line 3
       Call: (9) is_son_of(demeter, _L173) ? creep                  % line 4
       Fail: (9) is_son_of(demeter, _L173) ? creep                  % line 5
       Redo: (8) is_parent_of(_L173, demeter) ? creep               % line 6
       Call: (9) is_daughter_of(demeter, _L173) ? creep             % line 7
       Exit: (9) is_daughter_of(demeter, cronus) ? creep            % line 8
       Exit: (8) is_parent_of(cronus, demeter) ? creep              % line 9
       Call: (8) is_married_to(cronus, rhea) ? creep                % line 10
       Exit: (8) is_married_to(cronus, rhea) ? creep                % line 11
       Exit: (7) is_mother_of(rhea, demeter) ? creep                % line 12
     Yes
```

가장 먼저 질의문에 변수가 포함되어 있지 않으므로 이제는 곧바로 질의문과 일치되는 사실이 지식베이스에 선언되어 있는지를 탐색하게 된다. 질의문과 일치되는 첫 번째 복합항이 새로이 추가한 규칙의 헤드 부분이다. 질의문과 헤드부분의 일치의 결과 순차적으로 Y

의 값으로는 rhea가 할당되고, X의 값으로는 demeter가 할당된다(line 2). 이 때 규칙의 몸체 부분에 있는 두 개의 목표문에 포함되어 있는 동일한 변수에도 마찬가지로 값이 할당되어야 한다. 이 때 값을 할당받지 못하는 Z는 내부변수 _L173으로 대치된다.

```
(23) is_mother_of(rhea, demeter).
     is_mother_of(Y, X) :- is_parent_of(Z, X), is_married_to(Z, Y).
     ------------------------------------------------------------
     Y = rhea, X = demeter, Z = _L173
     is_mother_of(rhea, demeter) :- is_parent_of(_L173, demeter),
                                    is_married_to(_L173, rhea).
```

이제는 첫 번째 목표문인 is_parent_of(_L173, rhea)와 일치되는 사실이 지식베이스에 선언되어 있는지를 확인하게 된다(line 3). 이 목표문과 일치되는 첫 번째 사실이 (24)의 규칙이므로 아래와 같은 일치과정을 거쳐 새로운 목표문 is_son_of(demeter, _L173)을 얻는다(line 4).

```
(24) is_parent_of(_L173, demeter).
     is_parent_of(Y, X) :- is_son_of(X, Y).
     ------------------------------------------------------------
     Y = _L173, X = demeter
     is_parent_of(_L173, demeter) :- is_son_of(demeter, _L173).
```

그러나 첫 번째 논항이 demeter인 새로운 목표문 is_son_of(demeter, _L173)과 일치되는 사실이 지식베이스에 선언되어 있지 않으므로 실패한다(line 5). 이제는 다시 아래의 두 번째 규칙과 일치과정을 거쳐 새로운 목표문 is_daughter_of(demeter, _L173)을 얻는다(line 6, 7).

(25) is_parent_of(_L173, demeter).
is_parent_of(Y, X) :- is_daughter_of(X, Y).

Y = _L173, X = demeter
is_parent_of(_L173, demeter) :- is_daughter_of(demeter, _L173).

재탐색의 결과 새로운 목표문 is_daughter_of(demeter, _L173)은 is_daughter_of(demeter, cronus)와 일치되어 _L173의 값으로 cronus를 얻는다(line 8). 이 값을 다시 적용하여 is_parent_of(cronus, demeter)가 성립하는 것을 확인하고(line 9), _L173의 값인 cronus를 is_married_to(_L173, rhea)에도 적용하여 is_married_to(cronus, rhea)가 성립하는 것을 확인한다(line 10, 11). 두 개의 목표문 is_parent_of(cronus, demeter)와 is_married_to(cronus, rhea)가 성립하므로 새로운 규칙의 머리 부분인 is_mother_of(rhea, demeter) 역시 성립하는 것을 확인하였다(line 12). 이에 근거하여 Prolog의 대답은 Yes가 된다. 이와 같은 탐색과정을 다시 트리구조로 표현하면 아래 (26)과 같다.

(26)

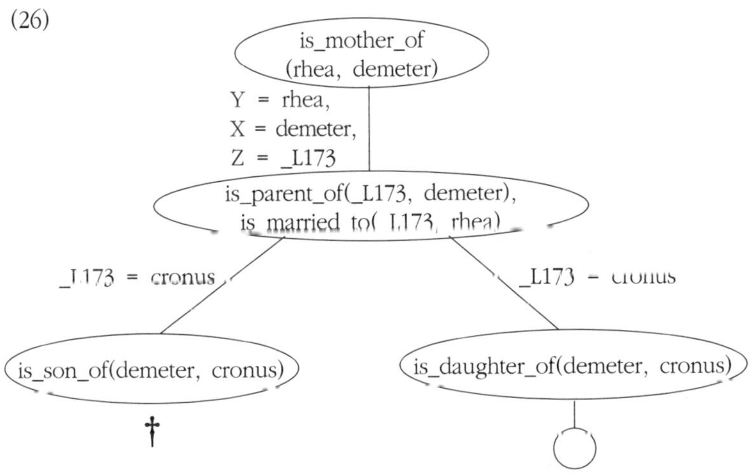

이상의 논의를 통하여 우리는 Prolog의 추론과정에서 핵심적인 개념 가운데 하나인 일치개념에 대하여 정의하고, 질의에 대한 탐색과정이 어떻게 이루어지는지를 trace 모드와 트리구조를 통하여 살펴보았다.

2.3.3 순환적 정의

본 절에서는 술어를 순환적으로 정의하는 방법에 대하여 논의하겠다. 아이디어는 규칙의 헤드부분에 나오는 술어가 몸체 부분에도 나오도록 정의함으로써 동일한 술어에 대해서 탐색이 순환적으로 적용되도록 하는 것이다. 이러한 순환적 정의는 수학적 귀납법(mathematical induction)과 거의 유사하다. 예를 들어 수학적 귀납법의 관점에서 자연수 n에 관한 어떤 명제 P(n)이 임의의 자연수에 대하여 성립하는 것을 증명하려면 아래의 2가지를 증명하면 된다.

① 가장 기본적인 예인 P(1)이 성립한다.
② 명제 P(k)가 성립한다고 가정한다면, P(k+1)도 성립한다.

이와 같은 2단계에 의해서 주어진 명제 P(n)이 모든 자연수에 대하여 성립함을 보이는 증명법을 수학적 귀납법이라고 한다. 이러한 증명방법이 Prolog에서는 어떻게 응용되는지를 살펴보기 위하여 우리가 작성한 pro_04.pl을 확장하여 예를 제시해보겠다.

지금까지 지식베이스에 정의한 것은 그리스 신화에 나오는 신(神) 가운데 농경/계절의 신인 cronus의 가계 일부를 표현한 것이다. 이제는 cronus의 부모와 손자 세대의 가계정보를 입력하여 아래와 같이 확장해보자. 가장 먼저 cronus의 부모인 uranus와 gaea에 관한 정보이다.

(27) % cronus의 부모

```
is_son_of(cronus, uranus).
is_married_to(uranus, gaea).
```

다음은 그리스 신화에서 여러 여신들과 결혼하여 많은 자녀를 둔 zeus의 부인과 자녀들에 관한 정보이다.

(28) % zeus의 부인과 자녀

```
is_married_to(zeus, metis).
is_daughter_of(athena, zeus).

is_married_to(zeus, demeter).
is_daughter_of(persephone, zeus).

is_married_to(zeus, hera).
is_son_of(ares, zeus).
is_son_of(hephaestus, zeus).
is_daughter_of(hebe, zeus).

is_married_to(zeus, dione).
is_daughter_of(aphrodite).

is_married_to(zeus, leto).
is_son_of(apollo, zeus).
is_daughter_of(artemis, zeus).
```

여기에 아래와 같은 새로운 규칙을 추가해보자. 이것은 X와 Y 사이의 부모-자식관계를 정의하기 위한 것이다.

```
(29) is_child_of(X, Y) :- is_son_of(X, Y).
     is_child_of(X, Y) :- is_daughter_of(X, Y).
```

이것은 X가 Y의 아들이거나 딸이면 X는 Y의 자녀라는 것을 말한다. 술어 is_child_of/2를 이용하면 조상-자손관계도 정의할 수 있다.

```
(30) is_descendant_of(X, Y) :- is_child_of(X, Y).
     is_descendant_of(X, Z) :- is_child_of(X, Y),
                               is_child_of(Y, Z).
```

이상의 사실과 규칙들을 pro_04.pl에 추가하여 pro_05.pl을 만들어 컨설트하고 아래의 질의에 대하여 어떻게 반응하는지 살펴보자.

```
(31) a. ?- is_descendant_of(cronus, uranus).
        Yes
     b. ?- is_descendant_of(apollo, cronus).
        Yes
```

위의 두 질의에 대한 Prolog의 반응은 모두 원했던 바이다. 그러나 아래의 질의에 대한 대답은 No이다.

```
(32) ?- is_descendant_of(apollo, uranus).
     No
```

이러한 반응은 (30)의 is_descendant_of/2의 정의에서 is_child_of/2가 1세대에서 2세대까지만 적용되도록 했기 때문이다. 이 문제를 해결하기 위해 또 하나의 is_child_of/2 술어를 추가할 수도 있겠지만 역시 임시방편에 불과하다. 왜냐하면 세대가 늘어날 때마다 새로이

is_child_of/2 술어를 추가해 주어야 하기 때문이다. 이 문제의 해결 방안이 바로 앞에서 언급한 수학적 귀납법을 응용하여 규칙을 순환적으로 정의하는 것이다.

```
(33) is_descendant_of(X, Y) :- is_child_of(X, Y).
     is_descendant_of(X, Y) :- is_child_of(X, Z),
                               is_descendant_of(Z, Y).
```

이 규칙이 의미하는 바는 다음과 같다. 첫 번째 절에서 선언된 의미는 "X가 Y의 자식이면 X는 Y의 후손이다"이다. X가 Y의 자식이 아닌 경우에는, 즉 가계도에서 여러 세대를 거쳐야만 만나게 되는 후손인 경우에는 X가 Z의 자식이고 Z가 Y의 후손이면 X는 Y의 후손이라는 것이다. 이러한 정의가 순환적으로 적용되는 것은 위의 두 번째 규칙에서 헤드 부분의 술어가 몸체 부분에도 출현함으로써 탐색과정이 순환적으로 이루어지기 때문이다. 이를 확인하기 위하여 trace 모드를 활성화한 후 아래의 질의에 대한 탐색과정을 살펴보자.

```
(34) [trace] ?- is_descendant_of(apollo, cronus).               % line 1
      Call: (7) is_descendant_of(apollo, cronus) ? creep          % line 2
       Call: (8) is_child_of(apollo, cronus) ? creep              % line 3
        Call: (9) is_son_of(apollo, cronus) ? creep               % line 4
        Fail: (9) is_son_of(apollo, cronus) ? creep               % line 5
       Redo: (8) is_child_of(apollo, cronus) ? creep              % line 6
        Call: (9) is_daughter_of(apollo, cronus) ? creep          % line 7
        Fail: (9) is_daughter_of(apollo, cronus) ? creep          % line 8
      Redo: (7) is_descendant_of(apollo, cronus) ? creep          % line 9
       Call: (8) is_child_of(apollo, _L173) ? creep               % line 10
        Call: (9) is_son_of(apollo, _L173) ? creep                % line 11
```

```
      Exit: (9) is_son_of(apollo, zeus) ? creep                % line 12
    Exit: (8) is_child_of(apollo, zeus) ? creep                % line 13
    Call: (8) is_descendant_of(zeus, cronus) ? creep           % line 14
      Call: (9) is_child_of(zeus, cronus) ? creep              % line 15
        Call: (10) is_son_of(zeus, cronus) ? creep             % line 16
        Exit: (10) is_son_of(zeus, cronus) ? creep             % line 17
      Exit: (9) is_child_of(zeus, cronus) ? creep              % line 18
    Exit: (8) is_descendant_of(zeus, cronus) ? creep           % line 19
  Exit: (7) is_descendant_of(apollo, cronus) ? creep           % line 20
```

line 2부터 line 8까지의 과정은 질의문 is_descendant_of(apollo, cronus)에 대하여 아래의 규칙이 적용된 것이다.

(35) is_descendant_of(X, Y) :- is_child_of(X, Y).

그러나 apollo는 cronus의 아들도 아니고(line 4, 5) 딸도 아니다(line 7, 8). 따라서 is_child_of(apollo, cronus)는 성공할 수가 없다. 순환적 정의의 첫 번째 규칙에서 실패했으므로 다음 단계에서는 두 번째 규칙이 아래와 같이 적용된다.

(36) is_descendant_of(apollo, cronus).
is_descendant_of(X, Y) :- is_child_of(X, Z), is_descendant_of(Z, Y).

X = apollo, Y = cronus, Z = _L173
is_descendant_of(apollo, cronus) :- is_child_of(apollo, _L173),
is_descendant_of(_L173, cronus).

일치과정을 거쳐 새로이 주어진 두 개의 목표문 가운데 첫 번째 목표문 is_child_of(apollo, _L173)은 지식베이스에서 is_son_of(apollo, zeus)와 일치되어 _L173의 값이 zeus로 정해진다(line 12). 이어서 동일한 규칙 내에서 동일한 변수에는 동일한 값이 적용되므로 두 번째 목표문의 _L173에도 동일한 값이 적용되어 is_descendant_of(zeus, cronus)에 대한 탐색이 이루어진다(line 14). 이 목표문이 참인지를 확인하기 위해서는 지식베이스를 처음부터 다시 탐색해야한다. 그 첫 번째 과정이 바로 line 15의 "is_child_of(zeus, cronus) ?"이다. 이것은 is_descendant_of/2에 대한 두 개의 규칙 가운데 첫 번째 규칙이다. is_child_of(zeus, cronus)에 대한 조건 is_son_of(zeus, cronus)가 참이 되므로(line 16, 17) 최종적으로는 is_descendant_of(apollo, cronus)가 성립하게 된다. 이상의 설명에서 알 수 있는 바와 같이 규칙에 대한 순환적 정의에서는 항상 특정한 단계에서 순환을 멈추어 줄 수 있는 기초규칙(base rule)이 필수적이다.

```
(37) is_descendant_of(X, Y) :- is_child_of(X, Y).          % 기초규칙
     is_descendant_of(X, Y) :- is_child_of(X, Z),          % 순환규칙
                               is_descendant_of(Z, Y).
```

(38)

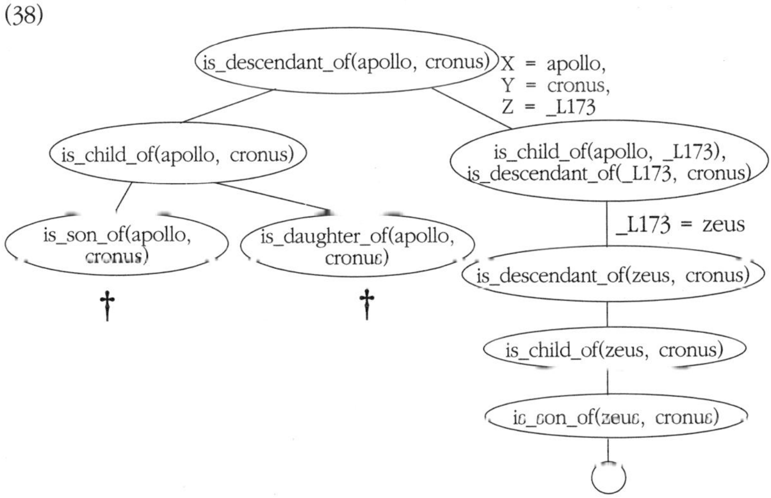

지금까지 우리는 Prolog 언어로 소스 프로그램을 작성하는 것은 특정한 문제 현상을 서술하는 것임을 보아왔다. 문제 상황을 서술하는 사실이나 규칙의 집합, 즉 지식베이스를 만드는 것이 전부였다. 그리고 지식베이스의 활용은 Prolog 인터프리터에게 질의하는 방식을 사용했다. 사용자의 질의에 대하여 Prolog는 지식베이스를 위에서부터 아래로(Top-Down), 그리고 각 규칙은 왼쪽에서 오른쪽으로 탐색하는 것을 살펴보았다. 그리고 탐색과정에서 잘못된 선택을 했을 경우에는 재탐색 방법을 이용하는 것을 보았다. 그런데 지식베이스를 작성하는 과정에서 이와 관련하여 반드시 주의해야 할 사항이 있다. 그것은 이 장에서 설명하고 있는 것과 같은 순환규칙의 순서와 관련된 것이다. 앞에서 우리가 정의한 is_descendant_of/2는 기초규칙이 먼저 나오고 순환규칙이 나중에 나오는 형식이다. 이에 반하여 아래의 정의는 기초규칙을 순환규칙 이후에 적은 것이다.

```
(39) is_descendant_of(X, Y) :- is_child_of(X, Z),
                               is_descendant_of(Z, Y).
     is_descendant_of(X, Y) :- is_child_of(X, Y).
```

이 두 버전의 정의는 선언적 의미는 동일하지만 절차적 의미는 분명히 다르다. 이미 언급한 바와 같이 Prolog는 지식베이스를 탐색할 때 위에서부터 아래로 그리고 왼쪽에서 오른쪽으로 진행하기 때문에 규칙들이 어떠한 순서로 배열되어 있는가에 따라서 처리하는 작업의 순서도 다르다. 두 번째 버전의 정의처럼 기초규칙과 순환규칙의 순서를 바꾸어 정의한 후 trace 모드를 이용하여 Prolog가 동일한 질의 "is_descendant_of(apollo, cronus)."에 대하여 어떻게 반응하는지를 살펴보라. 규칙의 순서를 바꾸기 이전에는 모두 19단계의 처리과정을 거쳤지만, 규칙의 순서를 바꾼 이후에는 모두 49단계의 절차를 거쳤다. 동일한 문제를 해결하는 데에 불필요하게 많은 처리과정을 거친 것이다. 따라서 동일한 선언적 의미를 가지는 프로그램이라 하더라도 규칙의 순서를 어떻게 배열하는가에 따라서 절차적 의미가 달라진다는 점에 유의할 필요가 있다.

순서의 중요성을 다시 한번 강조하기 위하여 이제는 아래처럼 순환규칙의 몸체 부분에 있는 목표문의 순서를 바꾸어 보자. 이것은 헤드 부분의 술어가 몸체 부분의 첫 번째 술어로서 출현하도록 조정한 것이다.

```
(40) is_descendant_of(X, Y) :- is_descendant_of(Z, Y),
                               is_child_of(X, Z).
     is_descendant_of(X, Y) :- is_child_of(X, Y).
```

그리고 질의문 "is_descendant_of(apollo, cronus)."에 대하여 Prolog가 어떻게 반응하는지 살펴보자. 아래에서 알 수 있듯이 Prolog는 이 질의에 대하여 에러메시지 "Out of local stack"을 출력해준다. 이것은 질의의 진위여부를 판단하기 위하여 지식베이스를 탐색하는 과정에서 메모리의 한계를 벗어나 더 이상 작업을 할 수 없다는 것을 의미한다.

```
(41) ?- is_descendant_of(apollo, cronus).
     ERROR: Out of local stack
     Exception: (465,806) is_descendant_of(_L8384481, cronus) ?
```

원인이 어디에 있는지를 확인하기 위하여 trace 모드를 활성화한 후 탐색과정을 살펴보면 아래와 같다. (42)는 실제로 출력되는 결과에서 앞 부분만을 제시한 것이다.

```
(42) [trace] ?- is_descendant_of(apollo, cronus).
       Call: (8) is_descendant_of(apollo, cronus) ? creep
         Call: (9) is_descendant_of(_L173, cronus) ? creep
           Call: (10) is_descendant_of(_L191, cronus) ? creep
             Call: (11) is_descendant_of(_L209, cronus) ? creep
               Call: (12) is_descendant_of(_L227, cronus) ? creep
                 ...
```

지식베이스를 탐색하는 과정에서 Prolog가 처음으로 발견한 것이 (40)의 순환규칙이다. 이때 발생하는 일치과정은 아래와 같다.

```
(43) is_descendant_of(apollo, cronus).
     is_descendant_of(X, Y) :- is_descendant_of(Z, Y), is_child_of(X, Z).
     ---------------------------------------------------------------------
     X = apollo, Y = cronus, Z = _L173
     is_descendant_of(apollo, cronus):- is_descendant_of(_L173, cronus),
                                        is_child_of(apollo, _L173).
```

일치과정 이후 새로이 얻게 된 두 개의 목표문 가운데 첫 번째 목표문인 is_descendant_of(_L173, cronus)의 진위여부를 확인하기 위하여 지식베이스를 처음부터 재탐색하는 과정이 필요하다. 문제는 재탐색과정에서 마주치는 첫 번째 규칙이 또 다시 이 순환규칙이라는 점에 있다. 달라진 것이 있다면 아래처럼 변수만 다른 변수로 대치되고 나머지 탐색과정은 동일한 노선을 끊임없이 반복하는 것이다.

(44) is_descendant_of(_L173, cronus).
is_descendant_of(X, Y) :- is_descendant_of(Z, Y), is_child_of(X, Z).

X = _L173, Y = cronus, Z = _L191
is_descendant_of(_L173, cronus) :- is_descendant_of(_L191, cronus),
is_child_of(_L173, _L191).

위의 일치과정에서 새로이 얻어지는 첫 번째 목표문은 is_descendant_of(_L191, cronus)이다. 이 목표문의 진위여부를 확인하기 위해서는 다시 지식베이스를 재탐색해야 하는 결과가 되는 것이다.

2.3.4 연습문제

1 아래의 각 문항에 주어진 항들이 서로 일치되는지 말해 보시오. 일치된다면 변수에 어떠한 값이 할당될 때인가? 일치되지 않는다면 이유가 무엇인지 말해 보시오.

a. atom(X) = atom(atom)
b. point(A, B) = point(X, Y, Z)
c. plus(2, 2) = 4
d. +(2, D) = +(E, 2)
e. p(f(X), g(b, Y)) = p(f(g(c), g(X, a)))
f. 5 = 4 + 1
g. loves(X, rhea) = loves(cronus, X)
h. zeus = zeus
i. f(X, Y) = f(P, P)

2 아래의 지식베이스에 대하여 질의문 "a(X)."가 주어졌을 때 Prolog의 탐색과정을 트리구조로 그려 보시오.

```
a(X) :- b(X, Y), c(Y).
a(X) :- c(X).
b(1, 2).
b(3, 3).
b(3, 4).
b(2, 2).
c(2).
c(5).
```

3 국내의 도시와 도시를 연결하는 비행노선이 있다고 하자. 모든 도시가 직항노선으로 연결되어 있지 않으므로 경우에 따라서는 몇 개의 도시를 경유해야 원하는 도시로 갈 수 있다. 먼저 직항노선을 direct_line/2를 이용하여 사실로서 정의하라. 다음으로는 특정한 도시에서 비행기로 갈 수 있는 노선을 확인해 주는 술어 connected/2를 순환적으로 정의하시오.

2.4 리스트

본 장에서는 Prolog에서 핵심적인 개념 가운데 하나인 리스트(List)에 대하여 소개하고 리스트 조작 방법에 대하여 논의하겠다.

2.4.1 리스트의 정의

리스트는 수학에서의 집합 개념처럼 원소들을 일정한 용기 안에 모아 둔 것이다. 그러나 수학에서는 원소들을 담고 있는 용기를 표현하기 위하여 중괄호('{'와 '}')를 사용하지만, Prolog에서는 대괄호('['와 ']')를 사용한다. 리스트의 원소들은 콤마에 의해서 서로 구분이 되고 Prolog의 모든 항이 리스트의 원소로 출현할 수 있다. 그리고 리스트가 포함하고 있는 원소의 개수를 그 리스트의 길이(length)라고 말한다. 아래의 예가 Prolog에서 사용되는 리스트의 유형들이다.

(1) a. [hestia, poseidon, hades, demeter, zeus, hera]
b. [is_married_to(X, Y), uranus, gaea]
c. [cronus, rhea, 6, [hestia, poseidon, hades, demeter, zeus, hera]]
d. [ ]
e. [[ ], cronus, 3, 6, 9, X, Y, Z, is_son_of(cronus, uranus)]

(1a)는 6개의 원자를 원소로 가지는 리스트의 예이다. 따라서 이 리스트의 길이는 6이다. (1b)는 길이가 3인 리스트로 한 개의 복합항과 두 개의 원자를 원소로 가지고 있다. (1c)는 길이가 4인 리스트로서 두 개의 원자, 1개의 숫자, 그리고 (1a)에서 제시한 리스트를 원소로 가지고 있다. 리스트 안에 다른 리스트가 원소로서 출현하는 것이 이상하게 보일 수도 있으나 리스트 역시 복합항이기 때문에

문제가 되지 않는다. (1d)는 길이가 0인 리스트로서 원소를 포함하고 있지 않은 경우이다. (1e)는 길이가 9인 리스트로서 비어있는 리스트([ ]), 원자(cronus), 숫자(3, 6, 9), 변수(X, Y, Z), 복합항(is_son_of(cronus, uranus)) 모두를 원소로 가지고 있다.

Prolog는 리스트에서 원소들의 순서에 의미를 부여한다. 즉 원소들의 순서가 다르면 동일한 원소들을 가지고 있는 리스트라도 서로 다른 리스트로 인식한다는 것이다. 아래의 질의 내용을 확인해보라. 리스트의 원소는 동일하지만 순서는 서로 다른 두 리스트의 일치관계를 확인하는 질의문이다.

```
(2) ?- [is_married_to(X, Y), uranus, gaea] = [uranus, gaea, is_married_to(X, Y)].
    No
```

동일한 원소들을 포함하고 있는 리스트라도 원소의 개수가 다르면 서로 다른 리스트로 인식한다.

```
(3) ?- [hestia, demeter, hera] = [hestia, demeter, hera, hera].
    No
```

리스트의 일치관계를 확인할 때 리스트 내의 원소들의 순서에 상응하여 비교한다는 것은 아래의 질의문을 통해서도 확인할 수 있다.

```
(4) ?- [is_married_to(X, Y), uranus, gaea] = [is_married_to(uranus, gaea), A, B].
    X = uranus,
    Y = gaea,
    A = uranus,
    B = gaea
```

(5)

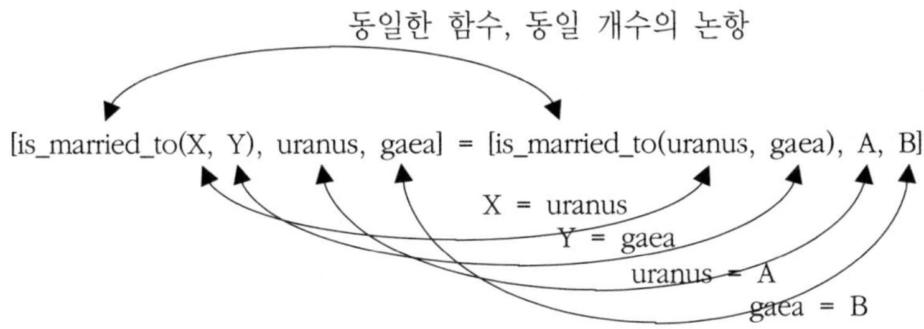

위에서 우리는 리스트를 표시할 때 원소들을 묶어주는 기호로 대괄호('['와 ']')를 사용하였다. 이 대괄호 표현은 사용자의 편의를 위한 표기방식이다. Prolog에서 리스트는 본래 빈 리스트 [ ]와 애러티가 2인 함수 '.'(./2)으로 구성되는 항으로 이해된다. 이 두 항을 리스트의 구성자라고 부른다.

Prolog에서 리스트는 아래와 같이 정의된다.

(6) 리스트의 정의

a. 빈 리스트는 [ ]로 표현하고 길이가 0인 리스트이다.

b. 비어있지 않은 리스트는 ".(Term, List)"의 형태로 표현되는 임의의 항이다. 이 때 Term은 PROLOG의 임의의 항이고, List는 임의의 리스트이다. List의 길이가 n이면 .(Term, List)는 길이가 n+1이다.

이 정의에 따르면 리스트 [cronus]는 Prolog 내부적으로 .(cronus, [ ])로 처리된다. 즉 두 개의 논항을 가지는 복합항인데 첫 번째 논항이 cronus이고 두 번째 논항이 빈 리스트이고 함수는 .인 복합항이다. [cronus]를 Prolog 내부 표현으로 바꿀 때 .([ ], cronus)로는 표현하지 않는다. 왜냐하면 .의 두 번째 항은 항상 리스트이어야 하기 때문이다. 첫 번째 논항은 Prolog의 항이면 모두 가능하므로 리스트 역시 가능하다. 아래와 같이 테스트해보라.

(7) a. ?- .(cronus, [ ]) = [cronus].
Yes
b. ?- .([ ], cronus) = [cronus].
No

그렇다면 이제는 조금 복잡한 예를 살펴보자.

(8) a. ?- .(cronus, .(rhea, [ ])) = [cronus, rhea].
Yes
b. ?- .(gaea, .(cronus, .(rhea, [ ]))) = [gaea, cronus, rhea].
Yes

(8)의 두 예를 살펴보면 리스트는 비어있는 리스트에 원소를 추가할 때에는 리스트의 앞에서 덧붙이는 방식을 취한다는 것을 알 수 있다. 그렇다면 ./2를 이용하여 리스트 [cronus, rhea]에 리스트 [uranus, gaea]를 추가하면 어떤 결과를 얻을 수 있을까? 결과는 [[uranus, gaea], cronus, rhea]이다.

(9) ?- .(.(uranus, .(gaea, [ ])), .(cronus, .(rhea, [ ]))) = [[uranus, gaea], cronus, rhea].

(9)의 예는 새로이 추가되는 리스트 [uranus, gaea]가 기존의 리스트 [cronus, rhea]에 새로운 원소로서 추가되는 것을 보여준다. [[cronus, rhea]]처럼 리스트 [cronus, rhea]를 유일한 원소로 가지는 리스트는 .(.(cronus, .(rhea, [ ])), [ ])와 같이 표현할 수 있다. 아래의 질의문

을 확인해보라.

```
(10) ?- .(.(cronus, .(rhea, [ ])), [ ]) = [[cronus, rhea]].
     Yes
```

이와 같은 구성방식을 트리구조로 표현하면 (11)과 같다.

(11)

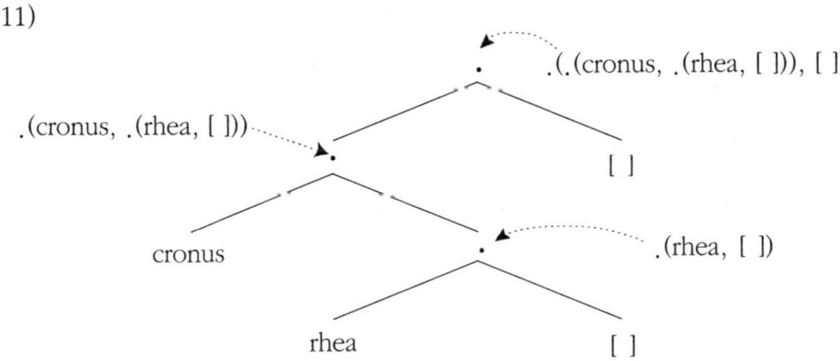

Prolog에서 리스트는 비어있는 리스트와 비어있지 않은 리스트로 구분이 가능하다. 이 가운데 비어있지 않은 리스트는 특정한 구조를 가지고 있다. 앞에서 규칙을 술어 :-/2를 기준으로 머리와 몸체 부분으로 나누었던 것과 유사하게, 리스트 역시 헤드(head)와 테일(tail)로 구분한다. 리스트의 헤드는 항상 리스트의 좌측 첫 번째 원소를 가리키고 테일은 헤드를 제외한 나머지 원소들의 리스트이다. 여기에서 리스트의 헤드는 원소이고, 테일은 리스트라는 점에 주의해야 한다. 그리고 비어있는 리스트는 내부 구조를 가지고 있지 않기 때문에 헤드와 테일로 구분할 수 없다.

리스트를 헤드와 테일로 구분할 때에는 내장 연산자인 파이프 라인 '|'을 이용한다. 이 연산자는 리스트 내에서 헤드와 테일의 경계선 역할을 한다. 아래의 예를 보라.

```
(12) ?- [Head | Tail] = [hestia, demeter, hera].
     Head = hestia,
     Tail = [demeter, hera]
```

질의문에서의 일치과정을 거쳐 Head의 값에는 hestia가 할당되고, Tail에는 hestia를 제거한 리스트가 할당되었다. 리스트의 헤드는 원소이고, 테일은 항상 리스트이므로 [Head | [demeter, hera]]와 같이 표현하는 것은 가능하지만 [Head | demeter, hera]는 불가능하다.

```
(13) a. ?- [Head | [demeter, hera]] = [hestia, demeter, hera].
        Head = hestia
     b. ?- [hestia, [Head | Tail], hera] = [hestia, [poseidon, hades, demeter, zeus], hera].
        Head = poseidon,
        Tail = [hades, demeter, zeus]
```

아래는 파이프 라인을 이용하여 리스트의 헤드와 테일을 구분하는 예를 보인 것이다. (14)는 빈 리스트의 경우에는 내부 구조가 없기 때문에 헤드와 테일로 구분되지 않는다는 것을 보여준다.

```
(14) ?- [Head | Tail] = [ ].
     No
```

원소가 하나인 리스트에서 테일은 빈 리스트가 된다.

```
(15) ?- [Hail | Tail] = [man(cronus)].
     Hail = man(cronus),
     Tail = [ ]
```

아래의 경우는 서로 일치되지 않는 질의문이다. 좌측의 리스트는 길이가 3이고 우측의 리스트는 길이가 6이므로 서로 다른 리스트로 인식되기 때문이다.

(16) ?- [hestia, [Head | Tail], hera] = [hestia, poseidon, hades, demeter, zeus, hera].
No

아래의 예는 파이프 라인이 항상 리스트 전체를 헤드와 테일로 구분하는 것이 아니라는 것을 보여준다. 파이프 라인은 리스트의 일부분이라도 아래와 같이 분할할 수 있도록 도와준다.

(17) ?- [First_Element, Second_Element | Tail] = [hestia, demeter, hera].
First_Element = hestia,
Second_Element = demeter,
Tail = [hera]

파이프 라인을 잘 이용하면 리스트 내에서 특정한 원소에도 접근할 수 있다. 아래의 예는 cronus의 첫 번째 자녀부터 네 번째 자녀까지의 이름을 확인할 때 사용할 수 있다.

(18) ?- [E1, E2, E3, E4 | Tail] = [hestia, poseidon, hades, demeter, zeus, hera].
E1 = hestia,
E2 = poseidon,
E3 = hades,
E4 = demeter,
Tail = [zeus, hera]

그런데 만약 리스트에서 첫 번째부터 네 번째 원소까지 모든 원소에 관심을 가지는 것이 아니라 네 번째 원소에만 관심이 있다면 위의 대답은 너무 장황한 것이 될 것이다. 이러한 경우에는 아래처럼 '익명의 변수(anonymous variable)'를 이용한다.

(19) ?- [_, _, _, E4 | _] = [hestia, poseidon, hades, demeter, zeus, hera].
     E4 = demeter

익명의 변수는 언더스코어(underscore) '_'로 표현하며 Prolog가 변수에 어떠한 값을 할당하는지에 관심이 없을 때 사용한다. 따라서 Prolog는 이 변수를 만나게 되면 이 변수에 할당되는 값을 보여주지 않는다. 또한 동일한 규칙에서 다수의 익명의 변수가 출현하는 경우에 각 변수는 서로 다른 변수로 인식된다.

2.4.2 리스트와 원소

리스트 조작과 관련하여 가장 기본적인 작업 가운데 하나가 어떤 항이 리스트의 원소인가 아닌가를 판단하는 것이다. 이 절에서는 2항 술어 member/2를 이용하여 리스트를 조작하는 방법에 대하여 설명하고자 한다. 이 술어는 첫 번째 논항으로 임의의 항 a를 취하고, 두 번째 논항으로 리스트 L을 취하여 a가 L의 원소이면 참이 되는 술어이다.

(20) a. ?- member(demeter, [hestia, demeter, hera]).
        Yes
     b. ?- member(cronus, [hestia, demeter, hera]).
        No

이 술어는 아래와 같이 첫 번째 논항을 변수로 주었을 때 리스트의 원소들을 앞에서부터 순차적으로 꺼내어 보여줄 수도 있다.

```
(21) ?- member(Element, [hestia, demeter, hera]).
     Element = hestia ;
     Element = demeter ;
     Element = hera ;
     No
```

또는 아래와 같이 첫 번째 논항은 변수가 아닌 항으로 주고, 두 번째 논항은 변수로 주었을 때에도 첫 번째 논항을 원소로 취하는 리스트를 보여줄 수 있다.

```
(22) ?- member(hestia, List).
     List = [hestia|_G374] ;
     List = [_G373, hestia|_G377] ;
     List = [_G373, _G376, hestia|_G380] ;
     List = [_G373, _G376, _G379, hestia|_G383] ;
     ...
```

이와 같은 술어를 정의하기 위해서는 앞에서 설명한 것처럼 리스트의 구성은 빈 리스트에서부터 시작하여 원소를 앞에서부터 하나씩 밀어 넣는 방식으로 이루어진다는 점에 착안해야 한다. 즉 가장 기본적인 경우는 첫 번째 논항이 리스트의 첫 번째 원소인 경우이다. 이러한 경우는 첫 번째 논항이 리스트의 첫 번째 원소와 동일하면 된다. 그렇지 않다면 두 번째 논항으로 나오는 리스트의 원소이면 된다. 이것은 앞에서 설명한 수학적 귀납법에 기반하여 규칙을 순환적으로 정의하는 방법이나. 가장 번서 기초규칙은 아래와 같이 정의된다.

```
(23) member(X, [X|Y]).
```

우리가 정의하고자 하는 문제에서 가장 기본적인 사건은 첫 번째 논항인 X가 두 번째 논항인 리스트의 첫 번째 원소로서 나오는 것이므로, 파이프 라인을 이용하여 리스트의 헤드가 첫 번째 논항과 같은 값을 갖도록 동일한 변수로 설정한 것이다. 다음으로 리스트의 헤드가 member/2의 첫 번째 논항과 다른 경우를 처리하기 위해서는 아래와 같이 순환적으로 정의하면 된다.

```
(24) member(X, [H|T]) :- member(X, T).
```

이 규칙의 선언적 의미는 X가 T의 원소이면 T에 원소 하나를 더 추가한 [H|T]의 원소이기도 하다는 것이다. 절차적으로는 X가 리스트의 헤드 H와 다른 경우에는 X가 리스트의 테일 T의 원소인 경우를 확인해서 성공하면 참이 된다는 것이다. 이렇게 해서 아래와 같은 member/2를 정의할 수 있다.

```
(25) member(X, [X|Y]).
     member(X, [H|T]) :- member(X, T).
```

이제 위의 (25)를 member.pl에 저장하고 컨설트해보자. Prolog의 반응은 아래와 같다.

```
(26) ?- Warning: (c:/prolog/member.pl:1):
               Singleton variables: [Y]
```

```
Warning: (c:/prolog/member.pl:1):
        Redefined static procedure member/2
% c:/prolog/member.pl compiled 0.00 sec, 308 bytes
```

일반적으로 컨설팅이 성공하면 위의 마지막 라인에 있는 것처럼 컴파일이 끝났다는 메시지만 출력하고 끝내지만 컨설트한 파일에 문제가 있는 경우에는 경고메시지(Warning)를 출력해준다. 첫 번째 경고메시지가 의미하는 바는 지식베이스의 첫 번째 라인에서 변수 Y가 혼자 쓰였다는 것을 의미한다. member/2에 대한 정의에서 기본규칙의 Y가 혼자 쓰인 경우이고, 순환규칙에서 H가 혼자 쓰인 경우이다. 이 변수들은 각 규칙 내에서 다른 변수와 아무런 관련도 없고 여기에 어떠한 값이 할당되는지도 문제를 처리하는 데에 아무런 영향을 미치지 않는다. 때문에 이러한 경우에는 아래와 같이 익명의 변수를 써서 Prolog가 불필요하게 메모리를 소비하지 않도록 하는 것이 더 바람직하다.

(27) member(X, [X|_]).
    member(X, [_|T]) :- member(X, T).

다음으로 위에서 두 번째 경고메시지 "Redefined static procedure member/2"는 이미 내장되어 있는 술어인 member/2를 사용자가 재정의하고 있다는 것을 알려주고 있는 것이다. 이미 내장되어 있는 술어인 경우에는 재정의하여 사용할 필요가 없으므로 재정의가 필요할 때에는 새로운 이름으로 정의하여 기존의 내장술어에 영향을 주지 않아야 한다. Prolog는 설치될 때 기본적인 술어들을 내장하고 있고 일련의 술어들은 라이브러리 형태로 제공된다. 내장술어 및 라이브러리 목록과 세부적인 내용은 매뉴얼을 참조하기 바란다.

2.4.3 원소에 대한 순환적 접근

이제는 리스트를 가지고 작업할 때 파이프 라인 "|"을 이용하여 리스트의 원소들을 좌측의 헤드부터 시작하여 마지막 원소까지 접근하는 방법에 대하여 설명한다. Prolog에는 헤드를 제외하고 리스트 안의 특정한 원소에 한 번에 접근할 수 있는 방법이 존재하지 않기 때문에 헤드부터 시작해서 순환적으로 접근해야 한다. 가령 [a, b, c, d, e]처럼 단일 문자를 원소로 가지는 리스트를 입력받아 [a, a, b, b, c, c, d, d, e, e]처럼 각 문자가 중복되어 나오는 리스트를 출력해주는 duplicate/2를 정의해보자. 이 술어는 예를 들면 아래와 같이 작동한다.

```
(28) a. ?- duplicate([a, b, c, d], [a, a, b, b, c, c, d, d]).
        Yes
     b. ?- duplicate([a, b, c, d], Duplicated_List).
        Duplicated_List = [a, a, b, b, c, c, d, d]
     c. ?- duplicate(Input_List, [1, 1, 2, 2, 3, 3, 4, 4]).
        Input_List = [1, 2, 3, 4]
```

아이디어는 다음과 같다. 우선 가장 기본적인 경우는 첫 번째 논항으로 주어지는 리스트가 빈 리스트인 경우이므로 빈 리스트를 중복한 결과는 여전히 빈 리스트이다. 비어있지 않은 리스트인 경우에는 리스트의 헤드가 두 번째 리스트에서 중복되어 나오도록 해주면 된다. 기본 규칙은 아래와 같이 구한다.

```
(29) duplicate([ ], [ ]).
```

비어있지 않은 리스트의 경우는 순환적으로 정의해야 한다. 즉 리스

트 Z가 리스트 T의 중복 리스트라고 한다면, Z의 왼쪽에 원소 H를 중복하여 추가한 [H, H|Z]는 T에 H를 추가해 준 [H|T]의 중복 리스트가 된다는 점에 착안하여 아래와 같이 구현한다.

```
(30) duplicate([H|T], [H, H|Z]) :- duplicate(T, Z).
```

이 순환규칙이 작동하는 방식은 아래와 같다. (31)은 trace 모드에서 확인한 탐색과정이다.

```
(31) [trace] ?- duplicate([a, b], Duplicated_List).             % line 1
       Call: (7) duplicate([a, b], _G585) ? creep                % line 2
         Call: (8) duplicate([b], _G662) ? creep                 % line 3
           Call: (9) duplicate([ ], _G668) ? creep               % line 4
           Exit: (9) duplicate([ ], [ ]) ? creep                 % line 5
         Exit: (8) duplicate([b], [b, b]) ? creep                % line 6
       Exit: (7) duplicate([a, b], [a, a, b, b]) ? creep         % line 7
       Duplicated_List = [a, a, b, b]                            % line 8
```

가장 먼저 질의문의 변수 X가 내부변수 _G585로 대치되어 탐색된다(line 2). 질의문의 입력 리스트가 빈 리스트가 아니므로 아래와 같이 순환규칙과 일치된다.

```
(32) duplicate([a, b], _G585).
     duplicate([H|T], [H, H|Z]) :- duplicate(T, Z).
     ------------------------------------------------------------
     H=a, T=[b], Z=_G662, _G585=[a, a|_G662]
     duplicate([a|[b]], [a, a|_G662]) :- duplicate([b], _G662).
```

목표문 duplicate([b], _G662)에서 변수 _G662의 값을 구하기 위한 재탐색 과정에서는 아래와 같이 일치된다.

(33) duplicate([b], _G662).
duplicate([H|T], [H, H|Z]) :- duplicate(T, Z).

H=b, T=[ ], Z=_G668, _G662=[b, b|_G668]
duplicate([b|[ ]], [b, b|_G668]) :- duplicate([ ], _G668).

새로운 목표 duplicate([ ], _G668)은 기본 규칙 duplicate([ ], [ ])와 일치되므로 _G668은 빈 리스트가 된다(line 4, 5).

(34) duplicate([ ], _G668).
duplicate([ ], [ ]).

_G668 = [ ]

더 이상 확인해야할 목표문이 없으므로 탐색과정은 여기에서 종료되고, 남은 단계는 지금까지 탐색과정에서 확인한 변수들의 값을 계산하여 최상위 레벨로 빠져나오는 것이다(line 6, 7, 8).

(35) _G668 = [ ]
_G662 = [b, b|_G668] = [b, b]
_G585 = [a, a|_G662] = [a, a, b, b]

2.4.4 리스트 결합

이 절에서는 두 개의 리스트를 이어 붙여서 하나의 리스트로 만들어주는 append/3 술어에 대하여 소개하고, 이 술어를 이용하는 방법에 대하여 논의하겠다. append/3이 취하는 세 논항은 모두 리스트이고, 이 술어는 첫 번째 논항과 두 번째 논항을 이어 붙인 결과가 세 번째 논항이면 참이 되는 술어이다. 예를 들면 아래와 같다.

(36) a. ?- append([a, b, c], [1, 2, 3], [a, b, c, 1, 2, 3]).
    Yes
  b. ?- append([a, b, c], Y, [a, b, c, 1, 2, 3]).
    Y = [1, 2, 3]
  c. ?- append([a, b, c], [1, 2, 3], Z).
    Z = [a, b, c, 1, 2, 3]

이 술어를 정의하기 위한 기본 아이디어는 다음과 같다. 가장 기본적인 경우는 입력 리스트 가운데 첫 번째 리스트가 빈 리스트인 경우이다. 이 때에는 두 번째 입력 리스트를 그대로 출력 리스트로 만들어 주면 된다. 두 개의 리스트가 모두 원소를 포함하고 있는 경우에는, L1과 L2를 이어 붙인 결과가 L3이라고 할 때 L1의 좌측에 새로운 원소를 추가하면 L3의 좌측에도 새로운 원소가 추가된다는 점에 착안하면 된다. (37)은 첫 번째 입력 리스트가 비어있는 경우에서부터 하나씩 원소가 추가될 때마다 출력 리스트가 어떻게 변화되는지를 단계적으로 보여주고 있다.

(37)

단계	입력 리스트 1		입력 리스트 2		출력 리스트
1	[ ]	+	[1, 2, 3]	⇒	[1, 2, 3]
2	[c]	+	[1, 2, 3]	⇒	[c, 1, 2, 3]
3	[b, c]	+	[1, 2, 3]	⇒	[b, c, 1, 2, 3]
4	[a, b, c]	+	[1, 2, 3]	⇒	[a, b, c, 1, 2, 3]

위에서 2단계와 3단계를 비교해보면 3단계로 넘어올 때 변동된 것은 입력 리스트 1과 출력 리스트의 좌측에 원소 b가 동일하게 추가된 것뿐이다. 이것은 n단계와 n+1단계를 비교해도 마찬가지 결과가 될 것이다. 이상의 논의를 일반화하여 Prolog로 구현하면 아래와 같다.

```
(38) append([ ], L, L).
     append([H|L1], L2, [H|L3]) :- append(L1, L2, L3).
```

append/3이 질의문 "append([a, b, c], [1, 2, 3], L3)"과 관련하여 작동하는 방식을 trace 모드를 이용하여 살펴보면 (40)과 같다. append/3은 Prolog 설치 시 라이브러리로 제공되는 술어이기 때문에 trace 모드가 지원되지 않는다. 따라서 trace 모드로 탐색과정을 확인하려면 "append"와 다른 이름을 써서 사용자 자신의 규칙으로 정의하고, 소스파일을 만들어 컨설트해야 한다. (39)와 (40)은 "append" 대신 "my_append"를 사용하여 규칙을 정의하고 trace 모드로 확인한 결과이다.

```
(39) my_append([ ], L, L).
     my_append([H|L1], L2, [H|L3]) :- my_append(L1, L2, L3).
```

```
(40) [trace] ?- my_append([a, b, c], [1, 2, 3], L3).                  % line 1
      Call: (7) my_append([a, b, c], [1, 2, 3], _G598) ? creep          % line 2
       Call: (8) my_append([b, c], [1, 2, 3], _G685) ? creep            % line 3
        Call: (9) my_append([c], [1, 2, 3], _G688) ? creep              % line 4
         Call: (10) my_append([ ], [1, 2, 3], _G691) ? creep            % line 5
         Exit: (10) my_append([ ], [1, 2, 3], [1, 2, 3]) ? creep        % line 6
        Exit: (9) my_append([c], [1, 2, 3], [c, 1, 2, 3]) ? creep       % line 7
       Exit: (8) my_append([b, c], [1, 2, 3], [b, c, 1, 2, 3]) ? creep  % line 8
```

```
Exit: (7) my_append([a, b, c], [1, 2, 3], [a, b, c, 1, 2, 3]) ? creep  % line 9
L3 = [a, b, c, 1, 2, 3]                                               % line 10
```

가장 먼저 질의문의 변수 L3이 내부변수 _G598로 대치되고 탐색과정에서 순환규칙과 (41)과 같이 일치된다(line 2).

(41) my_append([a, b, c], [1, 2, 3], _G598).
my_append([H|L1], L2, [H|L3]) :- my_append(L1, L2, L3).

H=a, L1=[b, c], L2=[1, 2, 3], L3=_G685, _G598=[a|_G685]
my_append([a|[b, c]], [1, 2, 3], [a|_G685]) :- my_append([b, c], [1, 2, 3], _G685).

새로운 목표문 "my_append([b, c], [1, 2, 3], _G685)"는 재탐색 과정에서 순환규칙과 (42)와 같이 일치된다.

(42) my_append([b, c], [1, 2, 3], _G685).
my_append([H|L1], L2, [H|L3]) :- my_append(L1, L2, L3).

H=b, L1=[c], L2=[1, 2, 3], L3=_G688, _G685=[b|_G688]
my_append([b|[c]], [1, 2, 3], [b|_G688]) :- my_append([c], [1, 2, 3], _G688).

이번에 다시 얻은 새로운 목표문 "my_append([c], [1, 2, 3], _G688)"은 재탐색 과정에서 순환규칙과 (43)과 같이 일치된다.

(43) my_append([c], [1, 2, 3], _G688).
my_append([H|L1], L2, [H|L3]) :- my_append(L1, L2, L3).

H=c, L1=[ ], L2=[1, 2, 3], L3=_G691, _G688=[c|_G691]
my_append([c|[ ]], [1, 2, 3], [c|_G691]) :- my_append([ ], [1, 2, 3], _G691).

여기에서 얻은 새로운 목표문 "my_append([ ], [1, 2, 3], _G691)"은

첫 번째 논항이 빈 리스트이므로 기본 규칙과 아래 (44)와 같이 일치된다.

(44) my_append([ ], [1, 2, 3], _G691).
my_append([ ], L, L).

L=[1, 2, 3], _G691=[1, 2, 3]

이제 더 이상의 목표문이 없으므로 남은 일은 지금까지의 탐색과정을 되돌아 가면서 최상위 레벨의 변수의 값을 찾아내는 것이다. 각 단계에서 얻어낸 변수의 값은 아래와 같이 추적할 수 있다.

(45) _G691 = [1, 2, 3]
_G688 = [c|_G691] = [c|[1, 2, 3]] = [c, 1, 2, 3]
_G685 = [b|_G688] = [b|[c, 1, 2, 3]] = [b, c, 1, 2, 3]
_G598 = [a|_G685] = [a|[b, c, 1, 2, 3]] = [a, b, c, 1, 2, 3]

최상위 레벨의 변수 _G598이 질의문의 변수 L3을 대치했던 변수이므로 _G598의 값 [a, b, c, 1, 2, 3]이 L3의 값인 것을 알 수 있다.

2.4.5 리스트 조작을 위한 내장술어

리스트와 관련하여 SWI-Prolog에서 제공하는 술어에는 라이브러리에 정의되어 있는 것과 내장술어로서 제공되는 두 가지 종류가 있다. 여기에서는 주요 술어를 중심으로 각 기능에 대하여 설명한다.

2.4.5.1 내장술어

is_list(+Term)

술어 is_list/1은 Term이 리스트이면 참이다. 이 술어는 아래와 같이 정의된다. 첫 번째 규칙은 주어진 논항이 변수이면 무조건 실패한다는 것을 의미한다. 그렇지 않고 빈 리스트이면 항상 성공한다. 비어있지 않은 경우라면 리스트의 테일도 역시 리스트라는 것이다. 이 술어는 아래와 같이 정의된다.

```
(46) is_list(X) :- var(X), !, fail.
     is_list([ ]).
     is_list([_|T]) :- is_list(T).
```

memberchk(?Elem, +List)

술어 memberchk/2는 member/2와 동일하지만 선택점을 남기지 않는다.

length(?List, ?Int)

술어 length/2는 리스트 List의 길이를 정수 Int로 출력해준다.

sort(+List, -Sorted)

술어 sort/2는 리스트 List를 입력받아 정렬한 결과를 Sorted에 출력해준다. 이 때 중복되는 원소는 제거된다.

```
(47) ?- sort([c, a, c, b, d, a], Sorted).
     Sorted = [a, b, c, d]
```

msort(+List, -Sorted)

술어 msort/2는 sort/2와 동일하지만 중복되는 요소를 제거하지 않는다.

```
(48) ?- msort([a, b, c, a, b, c], Sorted).
     Sorted = [a, a, b, b, c, c]
```

keysort(+List, -Sorted)

술어 keysort/2는 "key-value" 형태의 원소들의 리스트인 List를 key를 기준으로 정렬한 결과를 Sorted에 출력해준다. keysort/2는 msort/2와 동일하지만 key를 기준으로 비교한다는 점에서만 차이가 있다. 동일한 key를 가지는 원소들의 순서는 정렬되지 않는다.

```
(49) a. ?- keysort([b-2, d-4, c-3, b-1, a-1], Sorted).
        Sorted = [a-1, b-2, b-1, c-3, d-4]
     b. ?- keysort([1-[a,c,b], 3-[a,c], 4-[a,b], 2-[a,b,c,d]], Sorted).
        Sorted = [1-[a, c, b], 2-[a, b, c, d], 3-[a, c], 4-[a, b]]
```

정렬 기준으로 여러 개의 key를 사용할 필요가 있을 때에는 아래와 같이 "-"를 이용하여 추가로 키를 부여하면 된다.

```
(50) ?- keysort( [5-3-d, 3-4-c, 5-3-b, 5-1-a], Sorted).
     Sorted = [3-4-c, 5-1-a, 5-3-d, 5-3-b]
```

2.4.5.2 라이브러리

리스트 조작을 위한 라이브러리는 Prolog 소스 폴더 아래 library 안에 있는 lists.pl에 수록되어 있다.

append(?List1, ?List2, ?List3)

술어 append/3은 List1과 List2를 이어 붙인 결과를 List3에 출력해준다. 이 술어는 아래와 같이 정의된다.

```
(51) append([ ], L, L).
     append([H|T], L, [H|R]) :- append(T, L, R).
```

member(?Elem, ?List)

술어 member/2는 원소 Elem이 리스트 List의 원소이면 참이다. 이 술어는 아래와 같이 정의된다.

```
(52) member(X, [X|_]).
     member(X, [_|T]) :- member(X, T).
```

nextto(?X, ?Y, ?List)

술어 nextto/3은 리스트 List에서 Y가 X 바로 다음에 나오면 참이다. 이 술어는 아래와 같이 정의된다.

```
(53) nextto(X, Y, [X,Y|_]).
     nextto(X, Y, [_|Zs]) :- nextto(X, Y, Zs).
```

아래는 활용 예이다.

```
(54) a. ?- nextto('가', '나', ['가', '나', '다']).
        Yes
     b. ?- nextto(a, b, [a, b, c]).
        Yes
```

delete(+List1, ?Elem, ?List2)

술어 delete/3은 리스트 List1에서 원소 Elem을 삭제한 결과가 리스트 List2가 되면 참이 된다. 이 술어는 아래와 같이 정의된다.

```
(55) delete([ ], _, [ ]) :- !.
     delete([Elem|Tail], Elem, Result) :- !, delete(Tail, Elem, Result).
     delete([Head|Tail], Elem, [Head|Rest]) :- delete(Tail, Elem, Rest).
```

select(?Elem, ?List, ?Rest)

술어 select/3은 원소 Elem을 리스트 List에서 삭제한 결과가 리스트 Rest이면 참이다. 이 술어는 리스트에 원소를 추가할 때도 사용할 수 있다. 아래와 같이 정의된다.

```
(56) select(X, [X|Tail], Tail).
     select(Elem, [Head|Tail], [Head|Rest]) :- select(Elem, Tail, Rest).
```

아래는 활용 예이다.

```
(57) a. ?- select(a, [a, b, c], Rest).
        Rest = [b, c]
     b. ?- select(a, X, [b,c]).
        X = [a, b, c] ;
        X = [b, a, c] ;
        X = [b, c, a] ;
        No
```

nth0(?Index, ?List, ?Elem)

List의 원소들을 순차적으로 0, 1, 2, 3, ...과 같은 인덱스 번호를 부여한다고 할 때 Index번째 원소가 Elem이면 성공한다. 이 때 인덱스 번호가 0부터 시작한다는 점에 유의하라. 이 술어에 대한 정의는 아래와 같다.

```
(58) nth0(Index, List, Elem) :-
                    integer(Index), !,
                    Index >= 0,
                    nth0_det(Index, List, Elem).
     nth0(Index, List, Elem) :-
                    var(Index), !,
                    nth_gen(List, Elem, 0, Index).

     nth0_det(0, [Elem|_], Elem) :- !.
     nth0_det(1, [_,Elem|_], Elem) :- !.
     nth0_det(2, [_,_,Elem|_], Elem) :- !.
     nth0_det(3, [_,_,_,Elem|_], Elem) :- !.
     nth0_det(4, [_,_,_,_,Elem|_], Elem) :- !.
     nth0_det(5, [_,_,_,_,_,Elem|_], Elem) :- !.
     nth0_det(N, [_,_,_,_,_,_   |Tail], Elem) :-
                              M is N - 6,
                              M >= 0,
                              nth0_det(M, Tail, Elem).

     nth_gen([Elem|_], Elem, Base, Base).
     nth_gen([_|Tail], Elem, N, Base) :-
                         succ(N, M),
                         nth_gen(Tail, Elem, M, Base).
```

아래는 활용 예이다.

```
(59) ?- nth0(2, [a, b, c, d, e], Elem).
     Elem = c
```

nth1(?Index, ?List, ?Elem)

술어 nth1/3은 nth0/3과는 달리 List의 원소들에 1부터 시작하는 인덱스 번호를 부여할 때 Index번째 원소가 Elem이면 성공한다. 이 술어는 아래와 같이 정의된다.

```
(60) nth1(Index1, List, Elem) :-
                    integer(Index1), !,
                    Index0 is Index1 - 1,
                    nth0_det(Index0, List, Elem).
     nth1(Index, List, Elem) :-
                    var(Index), !,
                    nth_gen(List, Elem, 1, Index).
```

아래는 활용 예이다.

```
(61) ?- nth1(2, [a, b, c, d, e], Elem).
     Elem = b
```

last(?List, ?Elem)

술어 last/2는 리스트 List의 마지막 원소가 Elem이면 참이다. 이 술어는 아래와 같이 정의된다.

```
(62) last([X|Xs], Last) :- last_(Xs, X, Last).
```

```
last_([ ], Last, Last).
last_([X|Xs], _, Last) :- last_(Xs, X, Last).
```

아래는 활용 예이다.

```
(63) ?- last([a, b, c, d, e], Elem).
     Elem = e
```

만약 List의 Tail이 확정되지 않고 아래의 질의문처럼 변수로 주어진다면 Prolog 인터프리터는 조건에 맞는 Tail을 찾기 위하여 무한루프로 빠져들 것이다.

```
(64) ?- last([a, b, c, d, e|Tail], Elem).
     Tail = [ ],
     Elem = e ;

     Tail = [Elem] ;
     Tail = [_G469, Elem] ;
     Tail = [_G469, _G472, Elem] ;
     Tail = [_G469, _G472, _G475, Elem] ;
     Tail = [_G469, _G472, _G475, _G478, Elem] ;
     Tail = [_G469, _G472, _G475, _G478, _G481, Elem] ;
     Tail = [_G469, _G472, _G475, _G478, _G481, _G484, Elem]
```

reverse(+List1, -List2)

reverse/2는 List1의 원소들의 순서를 역순으로 정렬한 결과가 List2와 일지하면 성공한다.

```
(65) reverse(Xs, Ys) :- reverse(Xs, [ ], Ys, Ys).
     reverse([ ], Ys, Ys, [ ]).
     reverse([X|Xs], Rs, Ys, [_|Bound]) :- reverse(Xs, [X|Rs], Ys, Bound).
```

permutation(?List1, ?List2)

술어 permutation/2는 리스트 List1이 리스트 List2의 원소들의 순서를 무작위로 변경한 결과이면 참이다. 이 술어는 아래와 같이 정의된다.

```
(66) permutation(Xs, Ys) :- permutation(Xs, Ys, Ys).
     permutation([ ], [ ], [ ]).
     permutation([X|Xs], Ys1, [_|Bound]) :-
                                     permutation(Xs, Ys, Bound),
                                     select(X, Ys1, Ys).
```

아래는 활용 예이다.

```
(67) ?- permutation([a, b, c], List2).
     List2 = [a, b, c] ;
     List2 = [b, a, c] ;
     List2 = [b, c, a] ;
     List2 = [a, c, b] ;
     List2 = [c, a, b] ;
     List2 = [c, b, a] ;
     No
```

flatten(+List1, -List2)

술어 flatten/2는 리스트 List1의 원소들 가운데 리스트가 있으면 이 리스트를 원소들의 연속으로 대치한 결과가 List2이면 참이 된다. 이 술어는 아래와 같이 정의된다.

```
(68) flatten(List, FlatList) :-
                                  flatten(List, [ ], FlatList0), !,
                                  FlatList = FlatList0.
     flatten(Var, Tl, [Var|Tl]) :-
                                  var(Var), !.
     flatten([ ], Tl, Tl) :- !.
     flatten([Hd|Tl], Tail, List) :- !,
                                  flatten(Hd, FlatHeadTail, List),
                                  flatten(Tl, Tail, FlatHeadTail).
     flatten(NonList, Tl, [NonList|Tl]).
```

아래는 활용 예이다.

```
(69) ?- flatten([a, [b, [c, d], e]], X).
     X = [a, b, c, d, e]
```

sumlist(+List, -Sum)

술어 sumlist/2는 리스트 List의 모든 원소들을 합산하여 그 결과가 Sum이면 성공한다. 이 때 List는 숫자들을 원소로 가지는 리스트이어야 한다.

```
(70) sumlist(Xs, Sum) :- sumlist(Xs, 0, Sum).
                         sumlist([ ], Sum, Sum).
     sumlist([X|Xs], Sum0, Sum) :-
                                  Sum1 is Sum0 + X,
                                  sumlist(Xs, Sum1, Sum).
```

아래는 활용 예이다.

```
(71) ?- sumlist([1, 2, 3, 4, 5], Sum).
     Sum = 15
```

numlist(+Low, +High, -List)

술어 numlist/3은 리스트 List의 첫 번째 원소가 숫자 Low이고, 마지막 원소가 숫자 High이면서, "[Low, Low+1, Low+2, ..., High]"와 같은 형식의 리스트이면 참이다. 즉 List가 정수 Low와 정수 High 사이의 연속되는 정수들의 리스트이면 참이 된다는 것이다. 이 술어는 아래와 같이 정의된다.

```
(72) numlist(L, U, Ns) :-
                         integer(L), integer(U), L =< U,
                         numlist_(L, U, Ns).

     numlist_(L, U, [L|Ns]) :-
                              (   L =:= U
                              ->  Ns = [ ]
                              ;   M is L + 1,
                                  numlist_(M, U, Ns) ).
```

아래는 활용 예이다.

```
(73) ?- numlist(1, 5, List).
     List = [1, 2, 3, 4, 5]
```

2.4.6 연습문제

1 아래의 각 문항에 주어진 리스트의 일치관계가 성립하는지 확인해 보시오. 일치되는 경우에 변수가 있을 때는 변수의 값이 얼마인지 답하고, 일치되지 않는 경우에는 왜 그런지 설명하시오.

a. [a, b|X] = [A, B, c]

b. [a|[b, c]] = [a, b, c]

c. [a, [b, c]] = [a, b, c]

d. [a, X] = [X, b]

e. [Head|Tail] = [[a, b], [c, d]]

f. [[X], Y] = [a, b]

2 리스트의 각 원소를 한 라인에 하나씩 출력해주는 술어 print_all_members/1을 정의하시오. 이 술어의 논항은 리스트임에 주의하라. 화면에 출력할 때는 write/1을 사용하고, 줄 바꿈할 때는 nl/0을 사용하시오. 이 술어의 사용방법은 아래와 같다.

```
?- nl, write(hello), nl.

hello

Yes
```

3 논항으로 주어진 영어 단어에 보음(a, e, i, o, u)이 포함되어 있으면

해당 모음을 출력해주는 술어 print_all_vowels/1을 정의하시오. 논항으로 주어진 단어를 문자들의 리스트로 변형할 때는 내장 술어 atom_chars(Atom, CharList)를 이용하시오. 이 술어는 첫 번째 논항에 주어진 원자를 문자 리스트로 변환하여 두 번째 논항에 출력해준다.

```
?- atom_chars(cars, [c,a,r,s]).
Yes

?- print_all_vowels(linguistics).
iuii
Yes
```

4 단어들의 리스트를 논항으로 주었을 때 각 단어의 첫 번째 문자를 화면에 출력해주는 print_every_first_characters/1을 정의하시오. 이 때 atom_chars(Atom, CharacterList)와 nth1(Index, List, Element)를 이용하시오.

```
?- print_every_first_characters([atom, bag, cowboy, drive, event]).
abcde
Yes
```

5 좌측에서 우측으로 읽으나 우측에서 좌측으로 읽으나 동일한 결과가 나오는 단어를 회문(回文; palindrome)이라고 한다. 'eye', 'noon', 'madam', '기러기', '건조한조건' 등이 회문의 예이다. reverse/2를 이용하여 입력한 문자열이 회문인지 아닌지를 판단해주는 술어 palindrome_word_ reverse/1을 정의하시오.

```
?- palindrome_word_reverse(건조한조건).
Yes
```

6 위 연습문제 5에서 정의한 palindrome_word_reverse/1에서는 reverse/2를 사용하였다. 이제는 append/3을 이용하여 동일한 기능을 가진 술어 palindrome_word_append/1을 정의해보시오.

7 0부터 9까지의 숫자 리스트를 입력받아 각 숫자를 영어로 번역한 단어들의 리스트로 출력해주는 술어 translate/2를 정의하시오. 각 숫자의 번역을 위해서는 means(0, zero), means(1, one), means(2, two), ... 등과 같은 술어를 정의해야한다. (Bratko 2001:73)

```
?- translate([3, 5, 1, 3], [three, five, one, three]).
Yes
```

2.5 리스트와 산술연산

Prolog는 수치계산용 프로그래밍 언어가 아님에도 불구하고 수치계산에 응용할 수 있는 다양한 연산자를 제공하고 있다. Prolog 프로그래밍에서는 주로 정수 연산이 많이 이루어지므로 여기에서는 정수처리를 위한 연산자를 중심으로 산술연산이 어떻게 이루어지는지에 대하여 설명하고자 한다. 먼저 Prolog에서 제공하는 내장술어에 대하여 살펴보고 이를 이용하여 리스트와 관련한 산술연산을 어떻게 할 수 있는지에 대하여 설명하도록 하겠다.

2.5.1 산술연산을 위한 내장술어

가장 먼저 숫자와 숫자의 비교를 위해 Prolog에서 제공하는 연산자로서는 〉, 〈, =〈, 〉=, =\=, =:= 등이 있다. 이들은 모두 2항 술어로서 두 표현 사이에 놓여야 한다.

+Expr1 〉 +Expr2	Expr1이 Expr2보다 큰 숫자이면 참이다.
+Expr1 〈 +Expr2	Expr1이 Expr2보다 작은 숫자이면 참이다.
+Expr1 =〈 +Expr2	Expr1이 Expr2보다 작거나 같은 숫자이면 참이다.
+Expr1 〉= +Expr2	Expr1이 Expr2보다 크거나 같은 숫자이면 참이다.
+Expr1 =\= +Expr2	Expr1와 Expr2가 서로 다른 숫자이면 참이다.
+Expr1 =:= +Expr2	Expr1과 Expr2가 동일한 숫자이면 참이다.

위의 연산자들은 모두 숫자의 비교를 위한 연산자이므로 연산식이 참인지 거짓인지만을 판단해 준다. 이에 반하여 +, -, /, * 등은 산술의 결과를 출력해주는 연산자들이다. 따라서 이러한 연산자를 사용하여 계산한 결과를 이용하려면 연산된 결과를 저장할 변수가 반드

시 필요하다. 가령 수학에서는 4와 2를 더한 결과를 얻기 위해서는 "x = 4 + 2"와 같이 등호표현을 이용한다. 수학에서 등호 "=" 표현이 하는 역할을 Prolog에서는 is/2 연산자가 수행한다. 아래 (1)과 같은 형식이다. 아래에서 Number 앞에 붙어 있는 마이너스 부호는 Number가 출력 데이터라는 의미이고 Expr에 붙어 있는 플러스 부호는 입력 데이터라는 의미이다.

```
(1) -Number is +Expr
```

is/2 연산자의 좌측에는 숫자 또는 변수만 올 수 있고 우측에는 임의의 연산식이 올 수 있으나 계산을 수행하는 순간 모든 변수에 값이 할당되어 있어야 한다.

```
(2) ?- Result is 3 + 2.
    Result = 5
```

만약 연산식을 좌측에 쓰고 변수를 오른쪽에 쓴다면 아래와 같은 에러메시지가 출력될 것이다.

```
(3) ?- 3 + 2 is Result.
    ERROR: is/2: Arguments are not sufficiently instantiated
```

is/2의 우측에 변수가 오는 경우, 각 변수들은 연산 시점에 모두 값을 가지고 있어야 한다. 아래의 경우에 Result의 값이 출력될 수 있는 이유는 질의문에 주어져 있는 세 개의 목표문 가운데 첫 번째와 두 번째 목표문에서 X와 Y의 값이 이미 결정되어 동일한 값이 세 번째 목표문의 변수에도 적용되었기 때문이다. 세 번째 목표문 자체로서는 연산이 성공할 수 없지만 선행 목표문에서 변수의 값이 확정되었기 때문에 연산의 시점에서는 모든 변수에 값이 할당되어 연산에 문제가 되지 않은 것이다.

```
(4) ?- X = 2, Y = 3, Result is 3 * X + 2 * Y.
    X = 2,
    Y = 3,
    Result = 12
```

아래는 Prolog에서 제공하는 산술연산자들의 목록과 간단한 예들이다. Prolog에서 음의 정수를 표현할 때에는 숫자 앞에 마이너스 부호를 붙이면 된다. 아래의 표기법에서 Expr는 숫자 또는 연산식을 의미한다. Expr앞에 붙어있는 '+' 부호는 양의 정수라는 것을 의미하는 것이 아니고 입력 데이터라는 것을 표현한다.

+Expr1 + +Expr2

덧셈은 두 숫자 사이에 '+' 부호를 삽입하여 표현한다.

```
(5) ?- Result is 1 + 2.
    Result = 3
```

+Expr1 - +Expr2

뺄셈은 두 숫자 사이에 '-' 부호를 삽입하여 표현한다.

```
(6) ?- Result is 2 - 1.
    Result = 1
```

+Expr1 * +Expr2

곱하기는 두 숫자 사이에 '*' 부호를 삽입하여 표현한다. 수학에서 사용하는 '×' 부호가 아니라는 점에 유의하라.

```
(7) ?- Result is 2 * 3.
    Result = 6
```

+Expr1 / +Expr2

나누기는 두 숫자 사이에 '/' 부호를 삽입하여 표현한다. 여기에서도 수학에서 사용하는 '÷' 부호가 아니라는 점에 유의하라.

```
(8) ?- Result is 6 / 2.
    Result = 3
```

+IntExpr1 mod +IntExpr2

술어 mod/2는 좌측에 놓이는 정수를 우측에 놓이는 정수로 나누었을때 구할 수 있는 몫과 나머지에서 나머지를 구할 때 사용한다.

```
(9) a. ?- Result is 17 mod 5.
       Result = 2
    b. ?- Result is 17 mod -5.
       Result = 2
    c. ?- Result is -17 mod 5.
       Result = -2
    d. ?- Result is -17 mod -5.
       Result = -2
```

max(+Expr1, +Expr2)

술어 max/2는 두 숫자 Expr1과 Expr2를 비교하여 큰 숫자를 구할 때 사용한다.

```
(10) ?- Result is max(1,2).
     Result = 2
```

min(+Expr1, +Expr2)

술어 min/2는 두 숫자 Expr1과 Expr2를 비교하여 작은 숫자를 구할 때 사용한다.

.(+Int, [ ])

술어 ./2는 한 개의 문자를 원소로 가지는 리스트에서 문자 코드 값을 구할 때 사용한다.

```
(11) ?- Result is .(a, [ ]).
     Result = 97
```

술어 ./2는 '[ ]'와 함께 리스트를 구성하는 데에 사용하므로 아래와 같이 질의를 작성해도 동일한 결과를 얻을 수 있다.

```
(12) ?- Result is [a].
     Result = 97
```

integer(+Expr)

술어 integer/1은 입력된 값이 정수인지를 판별할 때 사용한다.

(13) a. ?- Result is integer(10.3).

Result = 10

b. ?- integer(10.3).

Yes

아래의 연산자는 산술계산 또는 비교를 위한 내장술어들이다.

between(+Low, +High, ?Value)

술어 between/3은 숫자의 비교를 위한 술어이다. Low와 High는 정수이고 High는 Low 보다 크거나 같다. Value가 정수라면 Low ≦ Value ≦ High이다. Value가 변수이면 Value에는 Low와 High사이의 모든 정수가 차례로 할당된다. 아래와 같이 사용한다.

(14) ?- between(1, 3, 2).

Yes

이 술어는 두 정수 사이의 모든 정수를 구하는 데에도 사용할 수 있다. (15)는 findall/3을 이용하여 between/3의 변수 X에 할당되는 모든 값을 Y에 리스트로 출력하도록 한 예이다.

(15) ?- findall(X, between(1, 5, X), Y).

Y = [1, 2, 3, 4, 5]

succ(?Int1, ?Int2)

술어 succ/2는 첫 번째 논항 Int1이 항상 0보다 크거나 같은 정수이어야 하고 Int2가 Int1보다 1만큼 더 큰 정수이면 참이 되는 술어이다.

(16) ?- succ(2, N).
    N = 3

plus(?Int1, ?Int2, ?Int3)

술어 plus/3은 Int1, Int2, Int3이 모두 정수이고 Int3이 Int1과 Int2를 합한 결과이면 참이 되는 술어이다.

아래에서는 이상의 연산자들을 활용하여 리스트와 관련된 산술연산을 수행하는 과정에 대하여 설명하도록 하겠다.

2.5.2 길이측정 I

앞에서 리스트에 대하여 논의할 때 리스트가 포함하고 있는 원소들의 개수를 그 리스트의 길이로 정의한다고 이야기했다. 그렇다면 리스트의 길이를 Prolog가 계산하여 출력하도록 하려면 어떻게 해야 할까? 우리가 정의하고자하는 술어의 이름이 length_of_List라고 하고 첫 번째 논항으로는 리스트를, 두 번째 논항으로는 리스트의 길이가 오게 한다고 하자. 그렇다면 length_of_List/2는 아래와 같이 활용할 수 있어야 한다.

(17) ?- length_of_List([hestia, demeter, hera], Length).
    Length = 3

아이디어는 그리 복잡하지 않다. 가장 기본적인 경우를 빈 리스트인 경우로 생각하면 이 때에는 리스트의 길이가 0이다. 그리고 원소가 하나씩 늘어날 때마다 길이도 하나씩 늘어나게 된다.

(18) 리스트 길이

리스트	길이
[ ]	0
[z]	1
[y, z]	2
[x, y, z]	3
[w, x, y, z]	4
…	…

가장 먼저 길이가 0인 빈 리스트의 처리는 아래와 같이 하면 된다.

```
(19) length_of_List([ ], 0).
```

비어있지 않은 리스트들 간의 관계는 아래와 같이 일반화할 수 있다.

(20) 비어있지 않은 리스트 L의 길이가 n이라고 한다면, 리스트 L에서 헤드를 제거하고 남은 테일의 길이는 n-1이다.

리스트 L에서 헤드를 제거한다는 것은 리스트에서 원소 하나를 제거한다는 의미이므로 길이가 1만큼 줄어들 것이다. 이것을 Prolog로 구현하면 아래와 같은 규칙으로 만들 수 있다.

```
(21) length_of_List([Head|Tail], Length) :-
                                length_of_List(Tail, LengthT),
                                LengthT is Length - 1.
```

먼저 규칙의 머리 부분에 오는 리스트 [Head|Tail]의 길이는 Length이다. 입력 리스트를 파이프 라인을 이용해서 헤드와 테일로 구분해 놓은 것은 몸체부분에 나오는 목표문에서 리스트의 테일이 필요하

기 때문이다. 몸체 부분의 두 목표문이 의미하는 바는 리스트 [Head|Tail]의 테일인 Tail의 길이는 LengthT이고, LengthT는 Length보다 1만큼 작다는 것이다. 그런데 문제는 is/2술어는 우측에 놓이는 연산식에 연산이 실행되는 순간 값이 할당되지 않은 변수를 허용하지 않는다는 점에 있다. 위의 (19)와 (21)을 저장하여 컨설트한 후 아래와 같이 질의문을 작성해보라. Prolog가 출력하는 에러메시지는 아래와 같다.

```
(22) ?- length_of_List([hestia, demeter, hera], Length).
     ERROR: is/2: Arguments are not sufficiently instantiated
     ^  Exception: (11) 0 is _G571-1 ?
```

술어 is/2의 우측에 놓이는 논항 중에 값이 할당되지 않은 변수가 있다는 것이다. 이 문제를 해결하는 방법은 “LengthT is Length - 1”을 아래와 같이 “Length is LengthT + 1”로 바꿔 쓰는 것이다.

```
(23) length_of_List([Head|Tail], Length) :-
                                length_of_List(Tail, LengthT),
                                Length is LengthT + 1.
```

이렇게 고쳐주면 결과는 “Length = 3”으로 출력된다. “Length is LengthT + 1”로 바꾸었을 때 에러가 발생하지 않는 이유는 몸체 부분의 첫 번째 목표문에서 LengthT의 값이 구해지고 이 값을 연산식에서 사용하기 때문에 가능한 것이다.

같은 이유에서 몸체 부분의 목표문의 순서를 아래와 같이 바꾸어 놓아도 에러가 발생한다.

```
(24) length_of_List([_|Tail], Length) :-
                        Length is LengthT + 1,
                        length_of_List(Tail, LengthT).
```

기존의 규칙을 (24)의 규칙으로 대치한 후 (25)와 같이 테스트해보라. Prolog가 보여주는 에러메시지는 (21)과 같이 했을 때와 동일한 문제이다. 첫 번째 목표문에서 is/2의 우측에 놓이는 LengthT를 만날 때까지 값이 할당되지 않아서 연산을 수행할 수 없기 때문이다.

```
(25) ?- length_of_List([hestia, demeter, hera], Length).
     ERROR: is/2: Arguments are not sufficiently instantiated
     ^  Exception: (9) _G495 is _G571+1 ?
```

마지막으로 전체 규칙 내에서 다른 변수와 조응되지 않고 단독으로 쓰인 변수 Head에는 어떠한 값이 오든지 상관이 없으므로 익명의 변수 "_"로 대치하여 아래와 같이 고쳐주면 우리가 원했던 술어 length_of_List/2를 얻을 수 있다.

```
(26) length_of_List([ ], 0).
     length_of_List([_|Tail], Length) :-
                        length_of_List(Tail, LengthT),
                        Length is LengthT + 1.
```

이러한 순환적 정의가 어떻게 작용하는지를 살펴보기 위하여 trace 모드를 이용하여 탐색과정을 추적해보자.

```
(27) [trace] ?- length_of_List([cronus, rhea], Length).          % line 1
      Call: (8) length_of_List([cronus, rhea], _G618) ? creep    % line 2
        Call: (9) length_of_List([rhea], _L174) ? creep          % line 3
          Call: (10) length_of_List([ ], _L193) ? creep          % line 4
          Exit: (10) length_of_List([ ], 0) ? creep              % line 5
^         Call: (10) _L174 is 0+1 ? creep                        % line 6
^         Exit: (10) 1 is 0+1 ? creep                            % line 7
        Exit: (9) length_of_List([rhea], 1) ? creep              % line 8
^       Call: (9) _G618 is 1+1 ? creep                           % line 9
^       Exit: (9) 2 is 1+1 ? creep                               % line 10
      Exit: (8) length_of_List([cronus, rhea], 2) ? creep        % line 11
 Length = 2                                                      % line 12
```

먼저 질의문의 Length가 내부 변수 _G618로 대치되고(line 2), 질의문의 첫 번째 논항이 빈 리스트가 아니므로 순환규칙의 머리 부분의 술어와 일치된다.

```
(28) length_of_List([cronus, rhea], _G618)
     length_of_List([_|T], Length) :-
                                  length_of_List(T, LengthT),
                                  Length is LengthT + 1.
     ------------------------------------------------------------
     Length=_G618, T=[rhea], LengthT=_L174
     length_of_List([_|[rhea]], _G618) :-
                                  length_of_List([rhea], _L174),
                                  _G618 is _L174 + 1.
```

규칙의 정의에 의하여 머리 부분의 length_of_List([_|[rhea]], _G618)은 몸체 부분의 두 목표문이 참일 때 참이 되므로 이제 두 목표문

이 참이 되는지를 확인해야 한다. 먼저 첫 번째 목표문 length_of_List([rhea], _L174)가 성공하는지를 확인하기 위하여 지식베이스를 탐색한다(line 3). 첫 번째 논항 [rhea]가 빈 리스트가 아니므로 역시 두 번째 규칙과 아래와 같이 일치된다.

```
(29) length_of_List([rhea], _L174).
     length_of_List([_|T], Length) :-
                                      length_of_List(T, LengthT),
                                      Length is LengthT + 1.
     ------------------------------------------------------------
     T=[ ], Length=_L174, LengthT=_L193.
     length_of_List([_|[ ]], _L174) :-
                                      length_of_List([ ], _L193),
                                      _L174 is _L193 + 1.
```

첫 번째 목표문 length_of_List([ ], _L193)을 만나면 재탐색이 시작된다. 이번에는 첫 번째 논항이 빈 리스트이므로 기본규칙과 아래와 같이 일치된다(line 4, 5).

```
(30) length_of_List([ ], _L193).
     length_of_List([ ], 0).
     ----------------------
     _L193=0
```

이제 변수 _L193의 값으로 0이 할당되었으므로 이 값을 순차적으로 적용하여 최상위 레벨로 빠져나오면 된다. 먼저 "_L174 is _L193 + 1"에서 _L174의 값이 1로 결정된다(line 6, 7). 다음으로는 "_G618 is _L174 + 1"에서 _G618의 값이 2로 얻어진다.(line 9, 10) 이 값이 우리가 최상위 레벨의 질의 length_of_List([cronus, rhea], _G618)에서 얻고자 했던 값이다. 곧 [cronus, rhea]의 길이인 Length의 값이다.

2.5.3 길이측정 II

리스트의 길이를 측정하는 데에는 누산기(accumulator)를 이용할 수도 있다. 누산기는 연산의 과정에서 생성되는 값을 누적해 두었다가 연산이 완료되었을 때 출력해주는 일종의 임시 저장소이다. 이번에는 누산기를 이용하여 앞에서 정의한 length_of_List/2와 동일한 기능을 수행하는 accLength_of_List/3을 만들어보자. 이 술어는 모두 세 개의 논항을 필요로 한다. 첫 번째 논항은 길이를 구할 리스트이고, 두 번째 논항은 누산기로 사용되는 변수이고, 세 번째 논항은 최종적으로 얻게 될 리스트의 길이를 저장할 변수이다. 아래와 같다.

(31) accLength_of_List(List, Accumulator, Length).

이 술어를 정의하기 위한 아이디어는 다음과 같다. 기본적인 경우는 첫 번째 논항에 빈 리스트가 올 때이다. 이것은 아래와 같이 Accumulator의 값이 그대로 Length의 값이 되는 경우이다.

(32) accLength_of_List([ ], Acc, Acc).

빈 리스트는 길이가 0이므로 누산기의 값은 자동적으로 0이 되어야 한다. 그렇다면 기본규칙을 accLength_of_List([ ], 0, 0)로 작성해야 되겠지만 이렇게 하면 순환규칙에 의한 순환과정을 멈추어줄 기본규칙이 만들어지지 않는다. 왜냐하면 accLength_of_List([ ], 0, 0)로 정의할 때는 빈 리스트의 값을 구할 수는 있지만, 비어있지 않은 리스트의 경우에는 순환과정에서 계산된 리스트의 길이가 누산기에

누적되어 있기 때문에 이 술어와 일치되는 일이 발생하지 않기 때문이다. 따라서 기본 규칙의 정의는 위와 같이 두 번째 논항과 세 번째 논항을 Acc처럼 변수로 해야 한다.

빈 리스트가 아닌 경우는 아래와 같이 정의된다.

```
(33) accLength_of_List([Head|Tail], Acc, Length) :-
                    NewAcc is Acc + 1,
                    accLength_of_List(Tail, NewAcc, Length).
```

이 규칙의 아이디어는 리스트에서 원소들을 하나씩 제거할 때마다 누산기의 값을 1만큼씩 올려주었다가 리스트에 더 이상 남아있는 원소가 없을 때 누산기의 값을 리스트의 길이로 할당해주는 것이다. 이 규칙은 선언적 의미로 해석하는 것보다 절차적 의미로 해석하는 것이 이해하기가 쉽다. 즉 리스트 [Head|Tail]의 길이가 Length이고, 누산기 값이 Acc이면, 먼저 [Head|Tail]에서 헤드를 제거한 후, 기존의 누산기의 값 Acc에 1을 더하고, 이 과정을 리스트가 다 비워질 때까지 Tail에 순환 적용하라는 것이다. 리스트의 모든 원소가 제거된 경우에는 (32)의 기본규칙에 의하여 누산기의 값이 리스트의 길이에 할당되고 순환과정이 종료된다. 마지막으로 변수 Head에는 어떠한 값이 할당되더라도 상관없으므로 익명의 변수 '_'로 대치하여 아래와 같이 만들어 준다.

```
(34) accLength_of_List([_|Tail], Acc, Length) :
                    NewAcc is Acc + 1,
                    accLength_of_List(Tail, NewAcc, Length).
```

여기에서 한 가지 주의해야 할 것이 있다. 우리가 기본규칙에서 누산기의 값을 특정한 값으로 고정하지 않고 변수로 설정했기 때문에 질의를 할 때에는 누산기의 값을 명시화해서 제공해야한다는 점이다. 누산기의 값을 변수로 해서 질의를 했을 때 어떻게 반응하는지를 살펴보기 위하여 아래와 같이 질의해보자.

```
(35) ?- accLength_of_List([cronus, rhea], Acc, Length).
     ERROR: is/2: Arguments are not sufficiently instantiated
     ^  Exception: (9) _L175 is _G666+1 ?
```

에러메시지는 is/2 술어의 우측 연산식에서 발생한 것이다. 규칙의 첫 번째 목표문 "NewAcc is Acc + 1"에서 Acc의 값이 연산을 시작할 시점까지 결정되지 않았기 때문에 더 이상 작업을 할 수 없다는 의미이다. 이 문제를 해결하기 위해서는 누산기의 값을 얼마로 설정하고 시작해야 하는지를 알려주어야 한다. 때문에 아래와 같이 누산기의 값을 0으로 주고 질의를 하면 기대했던 바대로 작동하는 것을 확인할 수 있다.

```
(36) ?- accLength_of_List([cronus, rhea], 0, Length).
     Length = 2
```

연산과정이 어떻게 이루어지는지 이해하기 위해 trace 모드를 이용하여 탐색과정을 살펴보자.

```
(37)
[trace] ?- accLength_of_List([cronus, rhea], 0, Length).          % line 1
   Call: (8) accLength_of_List([cronus, rhea], 0, _G655) ? creep % line 2
^     Call: (9) _L175 is 0+1 ? creep                             % line 3
```

```
^     Exit: (9) 1 is 0+1 ? creep                                    % line 4
       Call: (9) accLength_of_List([rhea], 1, _G655) ? creep        % line 5
^         Call: (10) _L195 is 1+1 ? creep                           % line 6
^         Exit: (10) 2 is 1+1 ? creep                               % line 7
          Call: (10) accLength_of_List([ ], 2, _G655) ? creep       % line 8
          Exit: (10) accLength_of_List([ ], 2, 2) ? creep           % line 9
       Exit: (9) accLength_of_List([rhea], 1, 2) ? creep            % line 10
       Exit: (8) accLength_of_List([cronus, rhea], 0, 2) ? creep    % line 11
Length = 2                                                          % line 12
```

가장 먼저 질의문의 변수 Length가 내부변수 _G655로 대치되어 탐색된다(line 2). 첫 번째 논항이 빈 리스트가 아니므로 순환규칙과 아래와 같이 일치된다.

```
(38) accLength_of_List([cronus, rhea], 0, _G655).
     accLength_of_List([_|Tail], Acc, Length) :-
                              NewAcc is Acc+1,
                              accLength_of_List(Tail, NewAcc, Length).
     ------------------------------------------------------------------
     Tail=[rhea], Acc=0, Length=_G655, NewAcc=_L175
     accLength_of_List([_|[rhea]], 0, _G655) :-
                              _L175 is 0+1,
                              accLength_of_List([rhea], _L175, _G655).
```

첫 번째 목표문 "_L175 is 0+1"에서 _L175의 값은 1이 된다(line 3, 4). 이 값이 두 번째 목표문 "accLength_of_List([rhea], 1, _G655)"에도 적용되고, _G655의 값을 확인하기 위하여 재탐색을 한다(line 5). 이 목표문은 첫 번째 논항이 빈 리스트가 아니므로 아래와 같이 순환 규칙과 일치된다.

```
(39) accLength_of_List([rhea], 1, _G655).
     accLength_of_List([_|Tail], Acc, Length) :-
                              NewAcc is Acc+1,
                              accLength_of_List(Tail, NewAcc, Length).
     ------------------------------------------------------------------
     Tail=[ ], Acc=1, Length=_G655, NewAcc=_L195
     accLength_of_List([_|[ ]], 1, _G655) :-
                              _L195 is 1+1,
                              accLength_of_List([ ], _L195, _G655).
```

첫 번째 목표문 "_L195 is 1+1"에서 _L195의 값이 2로 정해지고, 이 값이 두 번째 목표문에 적용되면 accLength_of_List([ ], 2, _G655)가 된다(line 6, 7). 다시 _G655의 값을 구하기 위하여 재탐색을 하게 되면 첫 번째 논항이 빈 리스트이므로 기본규칙과 일치되어 _G655의 값이 2가 된다(line 8, 9).

```
(40) accLength_of_List([ ], 2, _G655).
     accLength_of_List([ ], Acc, Acc).
     ---------------------------------
     Acc=2, _G655=2
```

마지막 단계에서 얻어진 _G655는 최상위 단계에서 대치되었던 Length이므로 Length의 값이 2가 된다. 이 값이 우리가 얻고자 했던 [cronus, rhea]의 길이이다.

2.5.4 리스트의 원소비교

이제는 입력 리스트의 원소들을 비교하여 가장 큰 숫자를 출력해 주는 프로그램을 작성해보자. 아이디어는 임시저장소인 누산기를 이용하여 리스트의 원소를 하나씩 꺼낼 때마다 누산기에 저장해 둔 숫자와 비교하여 큰 수를 누산기에 저장하는 것이다. 그리고 리스트의 원소를 모두 확인한 마지막 순간에 누산기에 있는 숫자를 출력해주면 되는 것이다.

이 아이디어를 가지고 리스트에서 가장 큰 숫자를 찾아 출력해주는 술어 search_max/3을 정의해 보자, 이 술어의 첫 번째 논항은 입력 리스트이고, 두 번째 논항은 임시저장소로 사용할 누산기, 세 번째 논항은 리스트에서 가장 큰 숫자이다. 우선 가장 기본적인 경우가 입력 리스트가 빈 리스트일 때이므로 기본 규칙은 아래와 같이 작성한다.

(41) search_max([ ], Acc, Acc).

이 경우 최대의 숫자는 누산기 Acc의 값을 그대로 가져오면 된다. 다음으로 리스트가 비어있지 않은 경우에는 리스트를 헤드 Head와 테일 Tail로 분리한 후 Head와 Acc의 값을 비교하면 된다. Head가 Acc보다 더 크다면 Acc의 값을 Head로 교체한 후 나머지 리스트 Tail의 원소들도 동일한 방식으로 순환적으로 조사하면 된다. 이것을 구현한 규칙이 아래의 규칙이다.

```
(42) search_max([Head|Tail], Acc, Max) :-
                                        Head 〉 Acc,
                                        search_max(Tail, Head, Max).
```

미지막으로 Head가 Acc보다 작거나 같은 경우에는 Acc의 값을 교체할 필요가 없으므로 아래와 같이 쓰면 된다.

```
(43) search_max([Head|Tail], Acc, Max) :-
                                    Head =〈 Acc,
                                    search_max(Tail, Acc, Max).
```

이 술어를 테스트할 때에는 질의문에서 Acc의 자리에 최초의 누산기의 값을 제공해 주어야 한다. 왜냐하면 리스트에서 첫 번째 원소를 꺼낼 때는 누산기에 저장해둔 숫자가 없으므로 최초의 원소를 비교할 대상을 지정해 주어야 하기 때문이다. 따라서 처음 시작할 때 기준점으로 삼을 숫자가 Acc에 주어져야 한다. 만약 0을 기준점으로 삼는다면 아래와 같이 질의문을 작성해야 할 것이다.

```
(44) ?- search_max([1, 2, 3, 4, 5], 0, Max).
     Max = 5
```

그런데 문제는 위의 질의문에서 기준점을 10으로 주었다면 아래와 같은 기대하지 않은 결과를 얻게 된다는 것이다.

```
(45) ?- search_max([1, 2, 3, 4, 5], 10, Max).
     Max = 10
```

이 결과가 생성된 것은 누산기에 최초로 저장된 숫자가 10이기 때문에 리스트에서 꺼내어 비교하는 숫자가 이 숫자보다 크지 않는 한 누산기의 값이 변경될 여지가 없기 때문이다. 이 문제를 해결하는 한 가지 방안은 누산기의 값을 임의로 제공하지 않고 리스트의 첫 번째 원소를 기준점으로 이용하는 것이다. 위의 프로그램에 아래의 규칙을 하나 더 추가한다.

(46) find_max([Head|Tail], Max) :- search_max(Tail, Head, Max).

이 규칙이 의미하는 바는 find_max/2를 호출하면 입력 리스트 [Head|Tail]에서 Head를 search_max/3의 두 번째 논항, 즉 누산기로 사용하여 Tail의 원소들과 비교하라는 것이다. 따라서 이제는 질의문을 search_max/3을 가지고 만드는 것이 아니라 find_max/2를 가지고 아래와 같이 만들면 된다.

```
(47) ?- find_max([1,2,3,4,5], Max).
     Max = 5
```

2.5.5 연습문제

1 첫 번째 논항에 주어진 문자열을 구성하고 있는 문자의 개수가 짝수이면 even을, 홀수이면 odd를 두 번째 논항에 출력해 주는 술어 check_chars/2를 정의하시오.

```
?- check_chars(linguistics, X).
X = odd
```

2 첫 번째 논항에 주어진 숫자들의 리스트에서 모든 원소들의 합을 구하여 두 번째 논항에 출력해주는 술어 sumlist/2를 정의하시오.

```
?- sumlist([1, 2, 3, 4, 5, 6, 7, 8, 9, 10], Sum).
Sum = 55
```

3 숫자들의 리스트에서 가장 작은 숫자를 구하여 출력해주는 술어

find_min/2를 누산기를 이용하여 정의하시오.

```
?- find_min([3, 5, 2, 6, 1, 2, 4], Min).
Min = 1
```

4 숫자 리스트를 입력받아 각 원소에 3을 곱하여 리스트로 출력해 주는 술어 triple/2를 정의하시오.

```
?- triple([1, 2, 3, 4, 5], Triple).
Triple = [3, 6, 9, 12, 15]
```

2.6 역추적과 컷

2.6.1 역추적

지금까지 살펴본 바에 의하면 Prolog는 어떠한 질의문에 응답하기 위하여 질의문과 일치되는 사실 또는 규칙을 지식베이스에서 찾아내어 질의문을 다시 쓰는 방법을 이용한다. 이것을 일치, 패턴일치(pattern matching) 또는 통합(unification)이라고 부른다고 하였다. 처음으로 발견된 규칙을 사용하여 문제가 해결되지 않는 경우에는 다른 규칙을 사용하여 해결할 수 있는지 알아보기 위해 마지막으로 패턴매칭이 성공했던 지점으로 되돌아가는데 이것을 역추적(Backtracking)이라고 한다.

논의를 위하여 그리스 신화에 나오는 제우스와 결혼한 부인들과 딸들에 관한 정보를 아래와 같이 구현해보자. 아래의 지식베이스는 제우스가 여러 부인과 결혼하여 많은 자녀를 두었다는 사실을 고려하여 각 자녀의 어머니가 누구인가를 분명하게 하기 위하여 두 술어 is_daughter_of/2와 is_son_of/2의 두 번째 논항에는 zeus대신 zeus의 부인의 이름을 넣었다.

```
(1) is_married_to(zeus, metis).
    is_married_to(zeus, demeter).
    is_married_to(zeus, hera).
    is_married_to(zeus, dione).
    is_married_to(zeus, leto).
    is_daughter_of(athena, metis).
    is_daughter_of(persephone, demeter).
    is_daughter_of(hebe, hera).
```

```
is_daughter_of(aphrodite, dione).
is_daughter_of(artemis, leto).
is_son_of(apollo, leto).
is_son_of(ares, hera).
is_son_of(hephaestus, hera).
```

이러한 사실을 기반으로 아래와 같은 새로운 규칙을 만들어보자. 술어 parent_child/3은 아버지 X와 어머니 Y사이에서 태어난 자녀가 Z이면 참이 된다.

```
(2) parent_child(X, Y, Z) :- is_married_to(X, Y),
                             is_son_of(Z, Y).
    parent_child(X, Y, Z) :- is_married_to(X, Y),
                             is_daughter_of(Z, Y).
```

이 술어를 아래와 같이 테스트해보면 Prolog는 아래와 같이 가능한 모든 경우를 보여줄 것이다.

```
(3) ?- parent_child(zeus, Mother, Child).                 % line 1
      Mother = hera, Child = ares ;                       % line 2
      Mother = hera, Child = hephaestus ;                 % line 3
      Mother = leto, Child = apollo ;                     % line 4
      Mother = metis, Child = athena ;                    % line 5
      Mother = demeter, Child = persephone ;              % line 6
      Mother = hera, Child = hebe ;                       % line 7
      Mother = dione, Child = aphrodite ;                 % line 8
      Mother = leto, Child = artemis                      % line 9
```

가장 먼저 trace 모드를 이용하여 첫 번째 답을 구하는 과정을 살펴보자. 아래는 trace 모드에서 세 번째 답이 구해졌을 때 탐색을 중단한 결과이다.

```
(4) [trace] ?- parent_child(zeus, Mother, Child).              % line 1
      Call: (8) parent_child(zeus, _G582, _G583) ? creep       % line 2
        Call: (9) is_married_to(zeus, _G582) ? creep           % line 3
        Exit: (9) is_married_to(zeus, metis) ? creep           % line 4
        Call: (9) is_son_of(_G583, metis) ? creep              % line 5
        Fail: (9) is_son_of(_G583, metis) ? creep              % line 6
        Redo: (9) is_married_to(zeus, _G582) ? creep           % line 7
        Exit: (9) is_married_to(zeus, demeter) ? creep         % line 8
        Call: (9) is_son_of(_G583, demeter) ? creep            % line 9
        Fail: (9) is_son_of(_G583, demeter) ? creep            % line 10
        Redo: (9) is_married_to(zeus, _G582) ? creep           % line 11
        Exit: (9) is_married_to(zeus, hera) ? creep            % line 12
        Call: (9) is_son_of(_G583, hera) ? creep               % line 13
        Exit: (9) is_son_of(ares, hera) ? creep                % line 14
      Exit: (8) parent_child(zeus, hera, ares) ? creep         % line 15
Mother = hera,                                                 % line 16
Child = ares                                                   % line 17
        Redo: (9) is_son_of(_G583, hera) ? creep               % line 18
        Exit: (9) is_son_of(hephaestus, hera) ? creep          % line 19
      Exit: (8) parent_child(zeus, hera, hephaestus) ? creep   % line 20
Mother = hera,                                                 % line 21
Child = hephaestus ;                                           % line 22
        Redo: (9) is_married_to(zeus, _G582) ? creep           % line 23
        Exit: (9) is_married_to(zeus, dione) ? creep           % line 24
        Call: (9) is_son_of(_G583, dione) ? creep              % line 25
```

```
    Fail: (9) is_son_of(_G583, dione) ? creep                % line 26
    Redo: (9) is_married_to(zeus, _G582) ? creep             % line 27
    Exit: (9) is_married_to(zeus, leto) ? creep              % line 28
    Call: (9) is_son_of(_G583, leto) ? creep                 % line 29
    Exit: (9) is_son_of(apollo, leto) ? creep                % line 30
  Exit: (8) parent_child(zeus, leto, apollo) ? creep         % line 31
Mother = leto,                                               % line 32
Child = apollo                                               % line 33
```

Prolog에서 탐색과정은 Top-Down방식으로 이루어지기 때문에 질의문과 일치되는 술어는 첫 번째 규칙의 머리 부분이다.

```
(5) parent_child(zeus, _G582, _G583)
   parent_child(X, Y, Z) :- is_married_to(X, Y), is_son_of(Z, Y).
   ________________________________________________________________
   X=zeus, Y=_G582, Z=_G583
   parent_child(zeus, _G582, _G583) :-
                                 is_married_to(zeus, _G582),
                                 is_son_of(_G583, _G582).
```

여기에서 얻어진 첫 번째 목표문의 변수 _G582는 지식베이스의 "is_married_to(zeus, metis)"와 일치되어 metis로 값이 정해진다(line 4). 이 값이 두 번째 목표문의 변수 _G582에도 적용되어 새로운 목표문 "is_son_of(_G583, metis)"를 얻는다. 그런데 이 목표문은 지식베이스에 일치되는 사실이나 규칙이 정의되어 있지 않기 때문에 탐색과정에서 실패한다. 이 때 Prolog는 작업을 종료하지 않고 마지막으로 성공했던 지점으로 되돌아가 다른 가능성이 있는지를 살펴보게 된다. 즉 실패한 지점에 이르기까지의 과정을 거슬러 올라간다는 것이다(백트랙킹). 마지막으로 성공했던 지점을 선택점(choice point)

이라고 한다. 위의 경우 마지막 선택점은 첫 번째 목표문이 "is_married_to(zeus, metis)"와 일치되어 _G582의 값으로 metis를 구했던 지점이었다. Prolog는 이 지점으로 돌아가 metis를 버리고 _G582의 가능한 다른 값이 있는지를 탐색하게 된다. 2차 시도가 위의 line 7-10의 과정이다. 2차 시도에서는 _G582의 값으로 demeter를 구했다. 그러나 이번에도 "is_son_of(_G583, demeter)"와 일치하는 사실을 찾지 못해 실패한다. 여기에서 다시 백트랙킹이 일어난다. 여전히 되돌아가는 지점은 마지막 선택점 "is_married_to (zeus, _G582)"이다. 3차 시도는 line 11-14의 과정이고 이번에는 성공한다. line 15-17은 탐색과정에서 확인한 변수들의 값을 적용하여 최상위 레벨의 값을 확인하여 출력해주는 과정이다. 그렇다면 첫 번째 답이 출력되었을 때 사용자가 세미콜론을 입력하여 또 다른 답이 있는지를 묻는다면 재탐색은 어디에서 시작되겠는가? line 18의 과정이 이에 대한 답을 제공해준다. line 18의 "is_son_of(_G583, hera)"는 이전의 탐색에서 마지막으로 성공했던 선택점이었다. line 13과 질의문의 내용이 동일하다는 점에 유의하라. 이 목표문은 "is_son_of (hephaestus, hera)"와 일치되어 _G583의 값이 hephaestus인 것을 확인할 수 있다. 이로써 새로운 답 "Mother = hera, Child = hephaestus"가 얻어진다(line 20-22).

두 번째 답을 구한 후에 "is_son_of(_G583, hera)"와 일치되는 더 이상의 사실 또는 규칙을 발견할 수 없으므로 탐색은 이전의 마지막 선택점으로 백트랙킹되어야 한다. 즉 line 11, 12의 "is_married_to (zeus, _G582)"이다. 여기에서 _G582에 대한 새로운 변수값으로 dione가 얻어진다. 이후의 탐색과정은 위에서 설명한 바와 유사하게 진행된다. 아래의 그림은 지금까지의 탐색과정을 보여준다. 아래의 그림에는 첫 번째 규칙과 일치되어 발생하는 탐색과정만을 보여준 것이다. 탐색과정이 계속 진행된다면 아래 그림 오른쪽 위의 "..."으로

채워진 원에 이어서 계속 그려져야 하겠지만 여기에서는 이것으로 마치기로 한다.

(6)

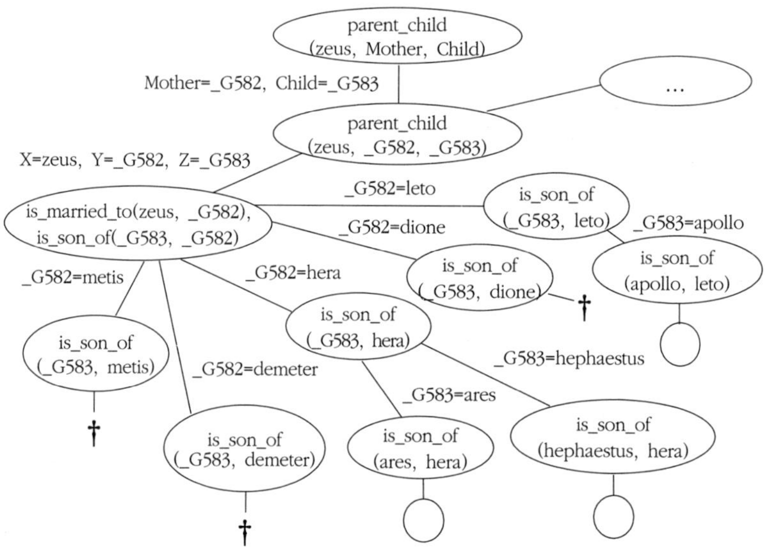

2.6.2 컷

지금까지의 논의는 Prolog가 질의문에 대하여 응답하기 위하여 수없이 많은 백트랙킹을 반복한다는 것을 예를 통하여 보여준 것이다. 수없이 많이 반복되는 백트랙킹은 작업의 효율성을 떨어뜨릴 뿐만 아니라 처리속도 또한 저하시키는 원인이 될 수 있다. 경우에 따라서는 특정한 지점에서 백트랙킹을 차단해주는 것이 유용할 때가 있다. 이 때 사용하는 술어가 바로 컷(Cut)이라고 부르는 '!'이다. 이 술어는 규칙의 내부에 놓이면서 항상 성공하는 특성이 있다. Prolog는 탐색과정에서 이 술어를 만나게 되면 기존에 표시해 두었던 모든 선택점을 삭제해버린다. 그렇게 되면 백트랙킹이 필요한 경우에 되돌아갈 선택점이 없으므로 백트랙킹을 차단하는 효과를 가지게 되는 것이다. 예를 들어 위에서 우리가 만들었던 술어 parent_child/3의 규칙에 아래와 같이 컷을 삽입하고 Prolog가 어떻게 반응하는지 살펴보자.

```
(7) parent_child(X, Y, Z) :- !,
                            is_married_to(X, Y),
                            is_son_of(Z, Y).
```

위의 규칙을 적용하기 전에 Prolog가 제시해주는 답은 모두 8가지이었다. 그러나 위의 규칙을 적용한 후에는 아래와 같이 세 가지뿐이다.

```
(8) ?- parent_child(zeus, Mother, Child).
       Mother = hera, Child = ares ;
       Mother = hera, Child = hephaestus ;
       Mother = leto, Child = apollo ;
       No
```

원인은 바로 위의 규칙에 새로이 삽입한 컷에 있다. 이미 설명한 바와 같이 컷의 역할은 컷을 만나는 순간 기존의 모든 선택점을 삭제해버린다고 했다. 즉 백트랙킹하여 되돌아갈 지점을 모두 삭제해버려 더 이상의 백트랙킹이 불가능해지는 것이다. 위의 경우에서 답이 모두 3개만 구해진 것도 첫 번째 규칙의 두 목표문 "is_married_to(X, Y)"와 "is_son_of(Z, Y)"로 구할 수 있는 답이 모두 3개이다. 그 이외의 답을 구하기 위해서는 규칙의 머리 부분으로 백트랙킹한 후 다시 아래로 내려와 두 번째 규칙에서 패턴매칭을 시도해야 하지만, 첫 번째 규칙의 컷에서 길이 막혀 더 이상의 백트랙킹이 불가능해진 것이다. 이와 같이 컷을 술어 :-/2 바로 다음에 놓게 되면 Prolog로 하여금 해당 규칙 내에서만 탐색하도록 제한하는 효과를 줄 수 있다.

이제는 다시 컷을 조금 안쪽으로 이동하여 아래와 같이 삽입해보자. 이것은 컷을 두 목표문 사이에 놓은 것이다.

```
(9) parent_child(X, Y, Z) :- is_married_to(X, Y),
                             !,
                             is_son_of(Z, Y).
```

이 규칙을 적용한 결과가 아래의 답이다.

```
(10) ?- parent_child(zeus, Mother, Child).
     No
```

이번에는 위의 규칙으로 구할 수 있는 답은 하나도 없다. 그 이유는 다음과 같다. 첫 번째 목표문 "is_married_to(zeus, Y)"에서 Y의 값에 metis를 할당하여 두 번째 목표문으로 넘어갔다. 그런데 두 번째 목표문 "is_son_of(Z, metis)"와 일치되는 사실은 지식베이스에 존재하지 않는다. 두 번째 목표문이 실패했으므로 다른 가능한 답이 있는지를 확인하기 위하여 백트랙킹을 시도하지만 이미 컷에 의하여 기존의 모든 선택점이 삭제되어 백트랙킹하여 되돌아갈 지점이 하나도 없으므로 탐색작업이 중단되는 것이다.

이번에는 마지막으로 컷의 위치를 규칙의 제일 뒤로 옮겨보자.

```
(11) parent_child(X, Y, Z) :- is_married_to(X, Y),
                              is_son_of(Z, Y),
                              !.
```

이 규칙의 적용결과는 아래와 같다.

(12) ?- parent_child(zeus, Mother, Child).
     Mother = hera, Child = ares

첫 번째 답을 구한 이후 Prolog는 더 이상의 백트랙킹을 하지 못하고 탐색을 중단한다. 이유는 마지막에 있는 컷의 영향 때문이다. 규칙의 마지막에 오는 컷이 기존의 모든 선택점을 삭제해 버렸기 때문에 또 다른 가능한 답을 구하기 위한 백트랙킹을 해서 되돌아 갈 곳이 없어져 버린 것이다.

이상의 논의는 컷이 놓이는 위치와 관련한 효과를 보인 것이다. 이것을 일반화하여 설명하기 위해 가령 아래와 같은 규칙이 있다고 하자.

(13) head(X) :- !, goal1(X), !, goal2(X), !, goal3(X), !.

탐색과정에서 head(X)와 일치되어 이 규칙의 몸체 부분으로 탐색단계가 넘어왔다고 해보자. 먼저 첫 번째 컷에 의하여 기존에 표시해 둔 선택점이 있다면 모두 삭제된다. 때문에 goal1(X)가 실패하여 백트랙킹을 해야 할 필요가 있게 되었다고 할지라도 되돌아갈 선택점이 없으므로 head(X)도 실패하게 된다. 규칙에서 술어 :-/2의 우측 첫 번째 자리에 놓인 컷은 ':-'의 좌측으로 이동이 불가능하게 만들어 준다. 따라서 지식베이스에 head(X)와 일치되는 다른 사실이나 규칙이 있다고 하더라도 또 다른 답을 구하기 위한 탐색의 대상으로 선택될 수 없다. 다음으로 goal1(X)가 성공하면 두 번째 컷과 만나게 되어 기존의 선택점을 모두 삭제한다. 두 번째 컷은 다음에 나오는 goal2(X)가 실패하더라도 백트렉킹이 불가능하게 만들어준다. 세 번째 컷은 goal2(X)로 백트랙킹을 하는 것을 차단해준다. 마지막에 나오는 네 번째 컷은 goal3(X)로 백트랙킹 되는 것을 차단해준다.

이러한 컷의 효과를 이용하면 일종의 조건문의 의미를 가진 규칙을 만들어 줄 수 있다. 이에 대해서는 Clocksin & Mellish(2003:73-98)에 소개된 술어 sum_to/2를 예로 하여 논의하겠다. 술어 sum_to/2는 1부터 첫 번째 논항에 주어진 숫자까지의 모든 자연수를 합한 결과가 두 번째 논항이면 참이 되는 술어로서 아래와 같이 작동한다.

```
(14) ?- sum_to(10, N).
     N = 55
```

이 술어의 정의는 아래와 같다.

```
(15) sum_to(1, 1) :- !.
     sum_to(N, Res) :-
                        N1 is N - 1,
                        sum_to(N1, Res1),
                        Res is Res1 + N.
```

아이디어는 다음과 같다. 즉 가장 기본적인 경우로서 입력 데이터가 1이라면 출력 데이터는 1이다. 입력 데이터가 1이 아닌 다른 숫자 N이라면 1부터 N까지의 자연수의 합은 1부터 N-1까지의 숫자의 합에 N을 더한 것과 같다는 사실에 주목한다. 순환규칙의 몸체 부분의 첫 번째 목표문은 "N1 is N - 1"이다. 이것은 입력 데이터에서 1만큼 작은 숫자 N1을 구하기 위해서이다. 그리고 1부터 N1까지의 합을 Res1이라고 하면, 1부터 N까지의 합 Res는 Res1에 N을 더한 것과 같아지는 것이다. 두 번째 목표문은 순환적으로 적용되어 어느 순간에 N1이 1이 되면 기본 규칙과 일치되어 Res1의 값 1이 결정된다. 이후에는 순환을 중단하고 최상위 레벨까지 변수를 복원하여 Res의 값을 구할 수 있게 되는 것이다. 순환과정에 대한 이해를 얻기 위해서는 (14)의 질의문을 trace 모드로 실행해서 직접 확인해보기를 바란다. 여기에서 우리가 주목해야 할 것은 기본규칙에서 사용한 컷이다. 만약 기본규칙에 컷을 사용하지 않고서 첫 번째 답이 출력된 후 세미콜론을 눌러 또 다른 답이 있는지를 물어본다면 Prolog는 아래와 같이 에러메시지를 보여줄 것이다.

```
(16) ?- sum_to(2, N).
     N = 3 ;
     ERROR: Out of local stack
```

이것은 Prolog의 연산이 무한루프에 빠져들어 중단되지 않는다는 것이다. 이유를 살펴보기 위하여 trace 모드를 이용하여 백트랙킹이 시작되는 부분부터 일부만 아래에 제시한다.

```
(17) Redo: (8) sum_to(1, _L174) ? creep                  % line 1
   ^      Call: (9) _L192 is 1-1 ? creep                 % line 2
   ^      Exit: (9) 0 is 1-1 ? creep                     % line 3
          Call: (9) sum_to(0, _L193) ? creep             % line 4
   ^        Call: (10) _L204 is 0-1 ? creep              % line 5
   ^        Exit: (10) -1 is 0-1 ? creep                 % line 6
            Call: (10) sum_to(-1, _L205) ? creep         % line 7
   ^          Call: (11) _L223 is -1-1 ? creep           % line 8
   ^          Exit: (11) -2 is -1-1 ? creep              % line 9
              Call: (11) sum_to(-2, _L224) ? creep       % line 10
```

위의 질의문 실행 시에 세미콜론에 의해 백트랙킹이 시작되는 시점은 마지막으로 성공했던 선택점 "sum_to(1, _L174)"이다. 이것은 기본규칙과 일치되어 _L174의 값으로 1을 얻었던 지점이다. 여기에서 또 다른 답이 있는지를 물었으므로 백트랙킹하여 이번에는 순환규칙의 머리 부분과 일치되었다(line 1). 몸체 부분의 첫 번째 목표문에서 구해지는 N1이 이제는 0이 된다(line 2, 3). 두 번째 목표문 "sum_to(0, _L193)"은 첫 번째 논항이 0이므로 재탐색 과정에서 기본규칙과 일치되지 않고 순환규칙과만 일치된다. 문제는 기본규칙은 순환적 정의에서 순환을 종료해주는 스톱 장치의 역할을 해야 하는데 기본규칙과 일치되는 일이 전혀 발생하지 않는다는 것이다. 왜냐하면 순환규칙의 첫 번째 목표문에서 N1의 값이 1이 되어야 하는데 위의 trace 모드 line 1부터 아래로 내려갈수록 N1의 값은 0부터 시작하여 음의 정수로 계속 내려가기 때문이다. 이 문제를 해결하기 위해서는 기본규칙과 일치되어 최상위 레벨의 값이 구해졌다면 더 이상의 백트랙킹을 중단하고 연산을 중단하도록 해주어야 한다. 이러한 상황에서 컷을 "sum_to(1, 1) :- !."처럼 규칙의 마지막 부분에 넣어주는 것은 좋은 해결 방안이 될 수 있다.

그런데 만약 입력 데이터로 음의 정수 -1을 입력했다고 해보자. 정상적인 프로그램이라면 기대하지 않았던 데이터이므로 연산을 중단하는 것이 당연하겠지만 Prolog는 연산을 중단하지 않는다.

```
(18) ?- sum_to(-1, N).
     ERROR: Out of local stack
```

왜냐하면 기본규칙에서 입력 데이터가 1인 경우만을 제한하고 있어서 1이 아닌 음의 정수가 입력되면 순환규칙과 일치되어 1로부터는 계속 멀어지는 결과가 발생하기 때문이다. 이 문제를 해결하기 위해서는 아래와 같이 기본규칙에 새로운 조건을 줄 필요성이 있다.

```
(19) sum_to(N, 1) :- N =< 1, !.
```

새로운 기본규칙에서는 sum_to/2의 첫 번째 논항이 더 이상 1이 아니고 변수 N이다. 그리고 이 변수는 첫 번째 목표문에서 1보다 작거나 같은 수로 제한을 한 것이다. 이 규칙이 의미하는 바는 입력 데이터 N이 1보다 작거나 같은 수이면 연산을 중단하고 출력 데이터로 1을 출력하라는 의미이다. 물론 이 규칙을 적용하면 연산이 무한루프로 빠져드는 문제는 방지할 수 있지만, 음의 정수를 입력했을 때 출력 데이터로 항상 1을 내보내는 모순점은 여전히 남아 있다. 이 문제를 해결하기 위해서는 기본 규칙이외에 0 또는 음의 정수가 입력되는 경우를 대비한 새로운 규칙이 필요하다. 아이디어는 입력 데이터가 1인 경우에는 출력 데이터로 1을 내보내고, 입력 데이터가 0과 같거나 작은 숫자라면 백트랙킹을 하지 말고 연산을 종료하도록 하는 것이다. 이 아이디어를 구현하면 아래와 같다.

```
(20) sum_to(N, 0) :- !, N =< 0, fail.
     sum_to(N, 1) :- N = 1, !.
```

위에서 첫 번째 규칙은 N이 0보다 작거나 같은 경우로서 이 경우에는 다른 사실이나 규칙의 적용을 차단해야 하므로 컷의 위치를 연산자 :-의 우측 첫 번째 자리에 두었다. 그리고 "N =< 0"이 성공했을 때는 어떠한 값도 출력하지 말고 연산을 종료해야 하므로 새로운 술어 fail/0을 추가했다. 이 술어는 항상 실패하는 술어로서 규칙의 몸체 부분에서 이 술어를 만나게 되면 규칙 전체가 실패하게 되므로 어떠한 값도 출력하지 않고 백트랙킹을 시도한다. 즉 컷과는 달리 fail은 항상 백트랙킹을 유발하는 술어인 것이다. 그런데 우리의 경우에서는 fail에 의해 백트랙킹이 유도되더라도 컷에 의하여 더

른 사실이나 규칙의 탐색이 차단되므로 자연스럽게 연산이 종료되는 것이다. 아래가 이 규칙의 적용 예이다.

```
(21) ?- sum_to(-2, N).
     No
```

이 방법은 우리가 원했던 결과를 보여주기는 하지만 규칙을 하나 더 추가함으로써 프로그램이 더 복잡해지는 단점이 있다. 이제는 이 방법보다 조금 더 나은 해결책을 소개하겠다. Prolog에는 부정(negation)의 의미를 가진 술어 \+/1이 있다. 이 술어는 목표문을 논항으로 가지는 술어로서 예를 들어 "\+X"라고 쓰면 "목표문 X는 참이 아니다"를 의미하게 된다. 즉 \+의 논항이 거짓이 되어야 전체가 참이 되는 술어이다. 이 술어를 우리의 경우에 적용하여 sum_to/2를 아래와 같이 정의할 수 있다.

```
(22) sum_to(N, 1) :- N = 1, !.
     sum_to(N, Res) :-
                    \+(N =〈 1),     % 새로이 추가된 부분
                    N1 is N -1,
                    sum_to(N1, Res1),
                    Res is Res1 + N.
```

여기에서 달라진 부분은 순환규칙의 첫 번째 목표문으로 "\+(N =〈 1)"을 넣어준 것이다. 이 목표문은 "입력 데이터 N이 1과 같거나 작은 수가 아니다"를 의미한다. 이 목표문이 성공하면 그 다음 단계의 목표문을 처리하겠지만 실패하게 되면 백트랙킹을 하게 될 것이다. 이 목표문이 실패하게 되는 경우는 N이 1과 같거나 작은 수이어서 \+의 논항이 참이 되는 경우이다. 여기에서 백트랙킹을 할 때 N이

1이라면 기본 규칙과 일치되어 출력 데이터로 1을 내보내지만, 그 외의 경우에는 일치되는 사실이나 규칙이 없으므로 연산이 종료되는 것이다. Prolog에는 술어 not/1이 \+/1와 동일한 의미로 사용되므로 위의 목표문을 "not(N =〈 1)"로 써도 된다. 그러나 이 not/1은 호환관계를 위해서 유지하는 술어라서 권장하지 않으므로 가급적 \+로 쓰는 것이 좋다.

마지막으로 Prolog에서 조건문을 만드는 방법에 대하여 논의하겠다. Prolog에서 "if A then B else C"와 같은 의미를 표현하고자 할 때에는 "(A -〉 B ; C)" 구조를 사용한다. 이 구조에서 A는 조건문이고, 화살표 "-〉"는 then의 의미를 가지고, 세미콜론은 else 또는 else if의 의미를 가진다. 앞의 구조에서는 C앞에 조건문이 주어져 있지 않으므로 세미콜론의 의미는 else로만 해석해야 할 것이다. 이 방법을 이용하여 입력된 숫자가 0보다 크면 1을, 0이면 0을, 0보다 작으면 -1을 출력해주는 술어 verify_Integer/2를 정의하면 아래와 같다.

```
(23) verify_Integer(Num, Result) :- (
                        Num 〉 0 -〉 Result = 1;
                        Num =:= 0 -〉 Result = 0;
                        Result = -1
                        ).
```

몸체 부분의 목표문이 의미하는 바는 가장 먼저 Num이 0보다 크면 Result의 값이 1이고, 그렇지 않고 0과 같으면 Result의 값이 0이고, 그렇지 않으면 Result의 값은 -1이라는 것이다. 마지막에 조건문을 붙이지 않은 것은 0보다 크거나 같은 경우를 제외하면 0보다 작은 경우만 남게 되므로 확인절차가 더 이상 필요하지 않기 때문이다. 이제는 이러한 구조를 이용하지 말고 앞에서 논의했던 컷과 fail을 이용하여 구현하는 방법에 대하여 살펴보자. 가장 먼저 위의 술어 verify_Integer/2는 아래와 같이 바꿔 쓸 수 있다.

```
(24) verify_Integer(Num, 1) :- Num 〉 0, !.
     verify_Integer(Num, 0) :- Num =:= 0, !.
     verify_Integer(Num, -1) :- Num 〈 0, !.
```

마지막 줄에서 “Num 〈 0”은 위에서와 동일한 이유로 필요치 않으므로 생략하고 컷만 써서 아래와 같이 표현하는 것이 더 좋을 것이다.

```
(25) verify_Integer(Num, -1) :- !.
```

지금까지는 조사할 경우의 수가 3인 문제를 다루었다. 그런데 만약 어떠한 작업을 할 때 특정한 조건이 충족되는 경우는 제외시키고 그 이외의 경우에만 원하는 작업을 수행한다고 한다면 어떻게 할까? 이에 대한 일반적인 해결책은 컷과 fail을 동시에 사용하는 것이다. 가령 고객전용 출입구가 있어서 이 문으로는 고객으로 등록된 사람만 통과할 수 있도록 하기 위하여 특정한 사람에게 문을 열어 줄 것인지 말 것인지를 조회해주는 open_the_door/1이라는 술어를 정의한다고 해보자. 이 술어는 사람의 이름을 입력하면 고객인 경우에는 yes로 응답하고, 그렇지 않으면 no라고 응답한다. 지식베이스에는 가장 먼저 고객에 대한 정보를 주고 규칙은 아래와 같이 정의한다.

```
(26) customer(cronus).
     customer(rhea).
     open_the_door(X) :- \+customer(X), !, fail.
     open_the_door(_).
```

첫 번째 규칙의 목표문 "\+customer(X)"가 의미하는 바는 "X가 고객이 아니다"이다. 따라서 X가 고객이 아니라면 다음 목표문 컷은 자동으로 성공하고 fail을 만나 실패하여 백트랙킹을 시작하지만 다시 컷에 걸려 실패하고 종료한다. 그렇다면 X가 고객이라면 어떻게 되겠는가? X가 고객이면 목표문 "\+customer(X)"는 실패하여 백트랙킹하여 해당 규칙을 벗어나 다음 규칙으로 넘어가게 된다. 여기에서 컷이 목표문 "\+customer(X)"의 뒤에 나오기 때문에 컷의 영향을 받지 않는다는 점에 유의하라. 두 번째 규칙에서는 고객이면 누구에게든지 문을 열어주어야 하므로 변수를 익명의 변수로 처리했다. 이와 같이 컷과 fail의 조합은 특정한 조건을 만족시키는 경우를 제외시킬 때 유용하게 사용할 수 있다.

2.6.3 제어를 위한 내장술어

fail 이 술어는 항상 실패한다.

true 이 술어는 항상 성공한다.

repeat 항상 성공하면서 무한히 많은 선택점을 만들어 준다.

! 컷과 마주치기 이전에 설정한 모든 선택점을 삭제한다.

+Goal1, +Goal2

두 개의 Goal1과 Goal2가 모두 참이면 참이다. 이것은 아래와 같이 정의된다.

(27) Goal1, Goal2 :- Goal1, Goal2.

+Goal1 ; +Goal2

Goal1 또는 Goal2가 참이면 참이다. 두 목표문이 모두 참이어도 참이다.

(28) a. Goal1 ; _Goal2 :- Goal1.
    b. _Goal1 ; Goal2 :- Goal2.

+Condition -> +Action

조건 Condition이 참이면 Action에 주어진 작업을 수행한다. 술어 ->/2는 기본적으로 if-then-else 구조를 만들 때 사용한다. 가령 입력된 문자가 원자이면 "It is an atom."이라고 출력하는 술어를 만든다고 한다면 이 구조를 아래와 같이 사용할 수 있다.

(29) verify_atom(X) :- atom(X) -> write('It is an atom.').

이 구조는 if-then-else 구조의 else부분에 fail이 있는 것과 동일하다. 아래는 위와 동일한 효과를 가진다. 여기에서 세미콜론은 '그렇지 않으면'의 의미로 보면 된다.

(30) verify_atom(X) :- atom(X) -> write('It is an atom.') ; fail.

만약에 입력된 문자가 원자가 아니라면 "It is not an atom."이라고 출력해야 한다면 아래와 같이 수정하면 된다.

```
(31) verify_atom(X) :-
            atom(X) -> write('It is an atom.') ;
            write('It is not an atom.').
```

\+ +Goal

목표문 Goal이 거짓이 되면 전체가 참이 되는 구조이다. 백슬래시(\)는 Prolog에서 일반적으로 부정의 의미를 가진다.

findall(+Template, :Goal, -Bag)

술어 findall/3은 목표문 Goal에서 구하고자하는 특정한 변수 Template의 값을 백트랙킹을 통하여 모두 구한 후에 그 결과를 리스트의 형식으로 세 번째 논항 Bag에 출력해 준다. (32b)와 같이 사용한다. 아래에서 (32a)는 listing을 이용하여 is_son_of/2의 술어에서 두 번째 논항이 cronus일 때 어떠한 사실들이 정의되어 있는지를 확인하기 위한 것이다.

```
(32) a. ?- listing(is_son_of(Son, cronus)).
        is_son_of(hades, cronus).
        is_son_of(poseidon, cronus).
        is_son_of(zeus, cronus).
        Yes
     b. ?- findall(Son, is_son_of(Son, cronus), Solutions).
        Solutions = [hades, poseidon, zeus]
```

bagof(+Template, :Goal, -Bag)

술어 bagof/3은 findall/3과 유사하지만 목표문에 첫 번째 논항에 주어진 변수 이외에 다른 변수를 포함하고 있는 경우에는 그 변수의 값도 구해준다.

```
(33) ?- listing(is_son_of(Son, Father)).
```

```
is_son_of(hades, cronus).
is_son_of(poseidon, cronus).
is_son_of(zeus, cronus).
is_son_of(cronus, uranus).
is_son_of(ares, zeus).
is_son_of(hephaestus, zeus).
is_son_of(apollo, zeus).
Yes
```

아래는 위의 지식베이스에 bagof/3을 적용한 예이다.

```
(34) ?- bagof(Son, is_son_of(Son, Father), Solutions).
     Father = cronus, Solutions = [hades, poseidon, zeus] ;
     Father = uranus, Solutions = [cronus] ;
     Father = zeus, Solutions = [ares, hephaestus, apollo]
```

setof(+Template, +Goal, -Set)

술어 setof/3은 bagof/3과 동일한 기능을 수행하지만 출력 데이터를 정렬한 후 중복되는 원소는 제거한 결과를 출력해준다. 다음은 위와 동일한 지식베이스에 setof/3을 적용한 결과이다.

```
(35) ?- setof(Son, is_son_of(Son, Father), Solutions).
     Father = cronus, Solutions = [hades, poseidon, zeus] ;
     Father = uranus, Solutions = [cronus] ;
     Father = zeus, Solutions = [apollo, ares, hephaestus]
```

maplist(:Pred, ?List1, ?List2)

술어 maplist/3은 첫 번째 논항에 주어진 술어를 두 번째 논항에 주어진 리스트 List1의 모든 원소에 적용하여 그 결과가 세 번째 논항인 List2이면 참이 된다. 아래와 같이 사용한다.

```
(36) ?- maplist(plus(1), [0, 1, 2], X).
     X = [1, 2, 3]
```

이와 관련하여 maplist(:Pred, +List)는 Pred를 List의 모든 원소에 적용하고, Pred가 실패하면 maplist/2도 실패하게 된다. 반면에 maplist(:Pred, ?List1, ?List2, ?List3)는 Pred를 List1, List2, List3에 모두 적용한다.

2.6.4 연습문제

1 아래와 같은 지식베이스가 주어져 있다고 할 때 질의문 "f(X, X)."에 대하여 PROLOG가 어떠한 답을 하겠는지 말해보시오.
(Nugues 2006:485)

```
f(X, Y) :- !, g(X), h(Y).
g(a).
g(b).
h(b).
```

2 컷의 위지를 아래와 같이 바꾸었을 때는 동일한 질의문 "f(X, X)."에 대하여 PROLOG가 어떠한 답을 하겠는지 말해보시오.

```
f(X, Y) :- g(X), !, h(Y).
g(a).
```

```
g(b).
h(b).
```

3 컷의 위치를 아래와 같이 바꾸었을 때는 동일한 질의문 "f(X, X)."에 대하여 PROLOG가 어떠한 답을 하겠는지 말해보시오.

```
f(X, Y) :- g(X), h(Y), !.
g(a).
g(b).
h(b).
```

4 숫자들의 리스트를 양수와 음수로 구분하여 두 개의 리스트로 구분해주는 술어 split/3을 정의하시오. 0은 양수 리스트에 포함시킨다. (Bratko 2001:123)

```
?- split([3, -1, 0, 5, -2], [3, 0, 5], [-1, -2]).
Yes
```

5 아래의 소스는 취득 점수에 따라 평점을 부여하는 프로그램이다.

```
evaluate(Score, 'A') :- Score >= 90.
evaluate(Score, 'B') :- Score < 90, Score >= 80.
evaluate(Score, 'C') :- Score < 80, Score >= 70.
evaluate(Score, 'D') :- Score < 70, Score >= 60.
evaluate(Score, 'F') :- Score < 60.
```

trace모드를 이용하여 확인해보면 질의문 "evaluate(99, Grade)."를 해결하기 위하여 프롤로그는 답을 구한 이후에도 또 다른 해결책을 찾기 위하여 지식베이스의 마지막까지 탐색하는 것을 알 수 있다. 위의 프로그램에서 몸체부에 있는 조건들은 서로 배타적이어서 어떤 규칙에서 조건이 만족되면 다른 규칙에는 만족되는 조건이 있을 수 없다. 가령, 취득점수가 99점이라면 첫 번째 규칙에서만 조건을 만족시킨다. 만족되는 조건을 찾았다면 나머지 규칙은 확인할 필요가 없지만 프롤로그는 불필요한 탐색과정을 진행하는 문제가 있다. 이 문제를 컷을 이용하여 효율적으로 해결해보시오.

6 프롤로그에서 특정한 조건을 만족시키는 경우를 제외하고 나머지 경우에 대해서만 어떠한 작업을 할 때는 컷과 fail의 조합을 사용한다. 이것을 이용하면 not(P)에 대한 정의를 아래와 같이 할 수 있다.

```
not(P) :- call(P), !, fail.
not(_).
```

이 방법을 이용하여 "Tom은 검정색 자동차를 제외한 모든 자동차를 좋아한다"는 규칙을 만들어 보시오.

2.7 입출력

이 장에서는 Prolog 소스 프로그램이 외부의 데이터와 연동하도록 프로그래밍하는 방법에 대하여 설명한다.

2.7.1 항의 입출력

사용자로부터 키보드를 통해서 데이터를 입력받는 가장 간단한 방법이 바로 술어 read/1이다. 아래는 "login."이라고 입력했을 때 Prolog가 사용자로 하여금 이름을 묻고 인사를 하는 간단한 프로그램이다. 각 라인에 대한 설명은 주석으로 해결한다.

```
login :- write('What is your name?'),    % 문자열 "What is your name?"
                                         % 을 화면에 출력하라
         nl,                             % 줄바꿈을 해라
         read(Name),                     % 사용자의 입력내용을 받아
                                         % 서 Name에 저장하라
         nl,                             % 줄바꿈을 해라
         tab(10),                        % 공백문자 10개만큼 안으로 들여
                                         % 써라
         write('Hello, '),               % "Hello, "라고 화면에 출력하라
         write(Name),                    % Name에 저장된 값을 화면에
                                         % 출력하라
         write('!').                     % "!"을 화면에 출력하라
```

아래는 이 프로그램을 실행한 예이다. 아래의 예에서 "|:"는 사용자의 입력을 기다리는 프롬프트이다.

```
(1) ?- login.
    What is your name?
    |: cronus.
       Hello, cronus!
    Yes
```

2.7.2 문자의 입출력

문자(character)는 Prolog에서 읽어 들이거나 출력할 수 있는 가장 작은 단위이다. 여기에서 문자는 'a', 'b', 'c'와 같은 개별문자를 말하는 것이지 'abc'와 같은 문자열(string)을 말하는 것이 아니다. 여기에서는 이러한 개별 문자들을 입력하고 출력하는 방법에 대하여 설명한다.

문자를 키보드로부터 입력받을 때는 Prolog 내장술어 가운데 get_char/1을 이용한다. 이 술어는 문자 하나를 입력받을 때 사용하는 술어이므로 사용자가 문자열을 입력하더라도 첫 번째 문자만 입력받는다.

```
(2) ?- get_char(X).
    |: a
    X = a
```

get_char/1과는 달리 get0/1은 입력된 문자의 아스키코드 값을 십진수로 변환하여 읽어 들인다. 아래의 예를 보라.

```
(3) ?- get0(X).
    |: a
    X = 97
```

get_char/1을 활용하는 예로서 Clocksin & Mellish(2003:105)에 제시된 check_line 프로그램을 아래에 소개한다.

```
(4) check_line(OK) :-                           % line 1
            get_char(X),                        % line 2
            rest_line('\n', X, OK).             % line 3
    rest_line(_, '\n', yes) :- !.               % line 4
    rest_line(Last, Current, no) :-             % line 5
            typing_error(Last, Current), !,     % line 6
            get_char(New),                      % line 7
            rest_line(Current, New, _).         % line 8
    rest_line(_, Current, OK) :-                % line 9
            get_char(New),                      % line 10
            rest_line(Current, New, OK).        % line 11
    typing_error('q', 'w').                     % line 12
    typing_error('c', 'v').                     % line 13
```

이 프로그램은 사용자가 입력한 문자열에 qw 또는 cv가 포함되어 있으면 타이핑 에러가 있다는 의미에서 에러메시지 No를 출력하고 그 외의 경우에는 Yes를 출력한다. 이는 영어 텍스트에서 qw 또는 cv를 포함하는 단어가 출현하지 않기 때문이다.

아이디어는 다음과 같다. 술어 rest_line/3은 문자를 불러 읽어 들일 때마다 항상 호출된다. 첫 번째 논항은 직전에 입력한 문자이고, 두 번째 논항은 현재 입력한 문자이다. 세 번째 논항에는 나머지 문자열에 qw 또는 cv 문자열이 포함되어 있는가에 따라서 Yes 또는 No를 출력한다. 가장 처음에는 직전에 입력한 문자로서 '\n'을 설정하고 가장 처음 읽어 들인 문자를 현재 입력된 문자로 설정한다. 줄바꿈 문자는 사용자가 엔터키 ↵를 입력할 때 자동으로 입력되는데 이 입력내용을 Prolog에서는 '\n'으로 표현한다. 새로운 문자를 읽어 들일 때마다 현재 입력된 문자가 직전에 입력한 문자가 되고, 새로 읽어 들인 문자가 현재 입력한 문자가 된다. 이것은 두 개의 연속된 문자를 서로 비교하기 위함이다. rest_line/3을 위한 상황은 아래와 같이 세 가지로 구분해 볼 수 있다.

① 입력 문자열의 끝에 도달하면, 즉 현재 읽어 들인 문자가 '\n'이면 입력에러가 없는 것이다. 이 경우 대답은 yes이다. (line 4)
② 직전에 입력한 문자와 현재의 문자가 타이핑 에러로 정의된 유형이면 입력에러가 발생한 것이다. 문자열 체크는 계속되지만 이미 한번 입력에러를 확인했으므로 대답은 항상 no이다. (line 5-8)
③ 직전에 입력한 문자와 현재의 문자가 타이핑 에러로 정의된 유형이 아니면 다음 단계의 문자열 체크를 계속한다. (line 9-11)

이 프로그램은 아래와 같이 작동한다.

```
(5) a. ?- check_line(X).
       |: It is my question.
       X = yes
    b. ?- check_line(X).
       |: It is my qwuestion.
       X = no
```

이번에는 문자를 화면에 출력하는 방법에 대하여 설명한다. 문자를 화면에 출력할 때에는 put_char/1을 사용한다. 이 술어는 자신의 논항을 문자로서 화면에 출력해 준다. 예를 들어 이 술어를 이용하여 문자열 cronus를 화면에 출력하고 싶다면 아래와 같이 하면 된다.

(6) ?- put_char(c), put_char(r), put_char(o), put_char(n), put_char(u), put_char(s).
cronus

이 술어를 응용하면 앞에서 논의한 check_line을 조금 더 역동적인 프로그램으로 만들 수 있다. 즉 앞에서는 두 연속 문자에 타이핑 에러가 있는지 확인해서 Yes 또는 No라고만 답을 할 수 있었지만, 이제는 qw는 q로, cv는 c로 수정하여 출력해주는 프로그램을 만들고자 하는 것이다. 이 프로그램은 아래와 같이 작동해야 한다.

```
(7) ?- correct_line.
    |: It's my qwuestion.
    It's my question.
    Yes
```

아이디어는 다음과 같다. 타이핑 에러로 지정되지 않은 문자가 연속하여 나오면 먼저 나온 것은 화면에 출력하고 나중에 나온 것을 다음에 나오는 문자와 비교한다. 그런데 만약 직전에 읽어 들인 문자가 q이고, 현재 읽어 들인 문자가 w라고 하면 문자의 출력없이 w를 버리고 직전에 읽어 들인 문자 q를 다음에 나오는 문자와 비교하는 것이다. 이것을 구현하면 아래와 같다. 이 프로그램은 Clocksin & Mellish(2003:107)에서 인용한 것이다.

```
(8) correct_line :-                                  % line 1
            get_char(X),                             % line 2
            correct_rest_line('\n', X).              % line 3
    correct_rest_line(C, '\n') :- !,                 % line 4
            put_char(C), nl.                         % line 5
    correct_rest_line(Last, Current) :-              % line 6
```

```
typing_correction(Last, Current, Corr), !,          % line 7
          get_char(New),                            % line 8
          correct_rest_line(Corr, New).             % line 9
correct_rest_line(Last, Current) :-                 % line 10
          put_char(Last),                           % line 11
          get_char(New),                            % line 12
          correct_rest_line(Current, New).          % line 13
typing_correction('q', 'w', 'q').                   % line 14
typing_correction('c', 'v', 'c').                   % line 15
```

먼저 타이핑 에러 및 수정에 관한 정보는 line 14-15에 정의하였다. 처음 두 논항이 연속하여 나오는 문자열이고 마지막 논항이 대치하여 투입할 문자이다. 가장 먼저 correct_line에 의하여 프로그램이 실행되면 첫 번째 문자를 읽어 들여(line 2), correct_rest_line/2을 이용하여 직전에 읽어 들인 문자와 비교한다(line 3). correct_rest_line/2의 첫 번째 논항 Last는 마지막으로 읽어 들인 문자가 저장될 장소이고, 두 번째 논항 Current는 현재 읽어 들인 문자를 저장할 장소이다. 최초의 비교를 위해서 Last에는 '\n'을 설정하였다. 이것은 사용자가 문자열 입력을 마치고 엔터키를 눌러 입력을 종료할 경우 프로그램을 종료하기 위한 것이다. correct_rest_line/2을 위한 상황은 세 가지이다. 첫 번째 상황은 현재 읽어 들인 문자가 '\n'인 경우이다(line 4, 5). 이 때에는 직전에 입력받은 문자를 출력하고 줄바꿈하고 프로그램을 종료한다. 현재 읽어 들인 문자 Current가 줄바꿈 문자가 아닌 경우에는 직전에 읽어 들인 문자 Last와 비교하여 타이핑 에러인지를 확인한다(line 6, 7). 타이핑 에러라면 typing_correction/3으로부터 대치할 문자를 받아 이것을 직전에 읽어 들인 문자로서 재등록하고 새로 읽어 들인 문자와 비교하게 된다(line 8, 9). 두 번째 상황에서 타이핑 에러가 아닌 것이 확인되었다면(line 7), line 10-13의 상황으로 넘어 간다. 이 때에는 직전에 읽어 들인 문자로 등록되어 있는 Last를 출력하고, 현재 읽어 들인 문자 Current와 새로이 읽어 들인 문자 New를 비교하는 것이다.

이상에서 우리는 두 프로그램 예제를 통해서 get_char/1과 put_char/1을 이용하여 문자데이터를 입력받고 출력하는 방법에 대하여 알아보았다. 이제 다음 절에서는 영어 문장을 읽어 들이는 방법에 대하여 설명하겠다.

2.7.3 문장의 입출력

이 절에서는 키보드를 통하여 사용자로부터 영어 문장을 입력받아 리스트의 형태로 반환해주는 프로그램을 작성하는 방법에 관하여 설명한다. 설명을 위하여 아래에서 소개하는 소스 프로그램은 Clocksin & Mellish(2003:108-111)에서 인용한 것이다. 이 프로그램의 작동방식은 아래와 같다.

```
(9) ?- read_in(X).
    |: How can I, as a linguist, master the art of prolog?
    X = [how, can, i, (','), as, a, linguist, (','), master, the, art, of, prolog, ?]
```

이 실행 예는 사용자로부터 “How can I, as a linguist, master the art of prolog?”라는 문장을 입력받아서 단어별로 리스트의 원소로 저장한 형태를 X의 값으로 반환해 준 것이다. 입력문장을 단순히 공백문자에 의하여 구분한 것이 아니라는 것은 “I,”가 단일한 문자열로 인식되지 않고 분리되어 두 개의 독립적인 원소로서 인식된 것을 통해서 알 수 있다. 문장부호 ‘?’의 경우에도 마찬가지이다. 이것은 내부적으로 단어를 구성하는 문자와 기타 문자를 구분하여 인식한 결과이다. 위와 같은 기능을 가진 프로그램을 작성하기 위해서는 소스 프로그램에서 문자를 읽어 들일 때마다 입력 문자가 어떤 의미를 가지는 문자인지를 확인하는 과정이 필요하다. 따라서 개별적인 문자인식을 위해 앞에서 소개한 술어 get_char/1을 사용할 것이다.

이 프로그램에서 인식하게 할 문자들의 종류는 아래와 같다. 가장 먼저 아래는 영문자 대소문자와 숫자이다. Prolog에서 대문자로 시작하는 문자열은 변수에서만 사용하므로 영문 대문자는 작은 따옴표를 써서 원자로 표시한다.

(10) /* 영문자 대소문자 */

```
letter(a, 'A').   letter(b, 'B').   letter(c, 'C').
letter(d, 'D').   letter(e, 'E').   letter(f, 'F').
letter(g, 'G').   letter(h, 'H').   letter(i, 'I').
letter(j, 'J').   letter(k, 'K').   letter(l, 'L').
letter(m, 'M').   letter(n, 'N').   letter(o, 'O').
letter(p, 'P').   letter(q, 'Q').   letter(r, 'R').
letter(s, 'S').   letter(t, 'T').   letter(u, 'U').
letter(v, 'V').   letter(w, 'W').   letter(x, 'X').
letter(y, 'Y').   letter(z, 'Z').
```

(11) /* 숫자 */

```
digit('0').   digit('1').   digit('2')
digit('3').   digit('4').   digit('5').
digit('6').   digit('7').   digit('8').
digit('9').
```

아래에는 다른 문자와 결합하여 단어를 구성할 능력이 없는 문자들로서 독자적인 단어를 형성하는 문자들이다.

(12) /* 단일문자 */

```
single_character(',').   single_character(':').   single_character('.').
single_character('?').   single_character(';').   single_character('!').
```

마지막으로 특수문자 두 개를 추가한다. ""는 겹따옴표를 의미한다.

(13) /* 특수문자 */

```
special_character('-').   special_character("").
```

다음은 문장부호로서 사용되는 기호들이다.

(14) /* 문장부호 */

```
lastword('.').      lastword('!').      lastword('?').
```

그럼 이제는 문장을 읽어 들이는 최상위 레벨의 술어 read_in/1부터 시작해보자. 이 술어의 논항은 사용자로부터 입력받은 문장을 단어별로 인식하여 리스트로 변환한 출력 데이터이다. 프로그램 실행 시에는 변수로 주어야 인식된 단어들의 리스트를 출력해 줄 수 있다.

(15) /* 문장을 읽어 들이기 */

```
read_in([W|Ws]) :- get_char(C), readword(C, W, C1),
                   restsent(W, C1, Ws).
```

위의 규칙이 의미하는 바는 read_in/1이 실행되었을 때 가장 먼저 첫 번째 문자를 읽고, 이 문자를 readword/3의 첫 번째 논항으로 설정하는 것이다. 이 문자를 첫 문자로 하여 구성된 단어가 두 번째 논항에 놓이고, 세 번째 논항은 두 번째 논항에 놓이는 단어가 끝난

후 나오는 다음 번 단어의 첫 글자이다. readword/3은 순환적으로 문자를 읽어 들여 단어구성능력이 없는 문자가 나오는 순간까지의 문자열을 하나의 단어로서 인식하는 술어이다. 이 때 특수문자 ‘,’, ‘.’, ‘;’, ‘:’, ‘?’, ‘!’은 독자적인 단어를 구성하는 문자로서 처리한다. 술어 readword/3은 아래와 같이 정의된다.

```
(16) readword(C, C, C1) :- single_character(C), !, get_char(C1).   % line 1
     readword(C, W, C2) :-                                          % line 2
                          in_word(C, NewC),                         % line 3
                          !,                                        % line 4
                          get_char(C1),                             % line 5
                          restword(C1, Cs, C2),                     % line 6
                          atom_chars(W, [NewC|Cs]).                 % line 7
     readword(C, W, C2) :- get_char(C1), readword(C1, W, C2).       % line 8
     restword(C, [NewC|Cs], C2) :-                                  % line 9
                          in_word(C, NewC),                         % line 10
                          !,                                        % line 11
                          get_char(C1), restword(C1, Cs, C2).       % line 12
     restword(C, [ ], C).                                           % line 13
```

readword/3을 위한 상황은 모두 세 가지 경우가 있다. 첫 번째 경우는 입력 문자가 단일문자인 경우이다. 이 문자들은 독자적인 단어를 형성하기 때문에 다음 번 문자를 읽어 readword/3의 세 번째 논항으로 취한 후 백트랙킹을 종료해야한다(line 1). 두 번째 경우는 입력문자가 앞에서 정의된 단어용 문자인 경우이다. 입력문자가 미리 지정해 둔 단어용 문자인지를 확인하기 위해서는 아래와 같은 in_word/2 술어를 사용한다(line 3). 아래 두 번째 줄에서 볼 수 있듯이 이 술어는 첫 번째 논항의 입력 문자가 대문자인 경우에 소문자로 대체하여 두 번째 논항으로 출력해 준다.

```
(17) in_word(C, C) :- letter(C, _).              % 영문자 소문자의 인식
     in_word(C, L) :- letter(L, C).              % 영문자 대문자의 인식
     in_word(C, C) :- digit(C).                  % 숫자의 인식
     in_word(C, C) :- special_character(C).      % 특수문자의 인식
```

입력문자가 단어용 문자라면 새로운 문자를 읽어 들이고 restword/3 술어를 이용하여 다음 번 단어 첫 글자까지 나머지 문자들을 읽어 들인다(line 6). 세 번째는 입력 문자가 정의된 단어용 문자가 아닌 경우이다. 이 때에는 새로운 문자를 읽어 들여 새로이 단어를 구성한다. 이와 같은 방식으로 하나의 단어를 인식했을 경우에는 목표문 "readword(C, W, C1)"에서 두 번째 논항인 단어가 인식된 것이므로 이 단어가 read_in/1 술어의 논항으로 주어지는 출력 리스트의 헤드가 된다. 이제는 restsent/3을 이용해 나머지 문자열에서도 순차적으로 단어를 인식하면 된다. restsent/3의 정의는 아래와 같다.

```
(18) /* 나머지 문장의 인식 */
     restsent(W, _, [ ]) :- lastword(W), !.
     restsent(W, C, [W1|Ws]) :-
                             readword(C, W1, C1),
                             restsent(W1, C1, Ws).
```

이 술어의 첫 번째 논항은 인식된 단어이고, 두 번째 논항은 다음에 나오는 단어의 첫 번째 문자이다. 세 번째 논항은 나머지 문자열을 인식한 결과이다. 이렇게 해서 얻어진 단어들의 리스트가 read_in/1 술어의 논항으로 주어지는 출력 리스트의 테일이 되는 것이다. 전체 소스 프로그램은 부록에 수록한 코드를 확인하기 바란다.

2.7.4 파일 입출력

지금까지 우리는 consult/1을 이용하여 소스 파일을 로딩하는 방법을 이용하였다. 이제는 작업의 결과를 파일에 쓰고, 데이터를 불러 오는 방법에 대하여 논의하도록 하겠다. Prolog에서 파일을 읽고 쓸 때에는 일반적으로 술어 open/3을 사용한다. 이 술어는 아래와 같이 세 개의 논항을 가진다.

(19) open(+Filename, +Mode, -Stream)

첫 번째 논항으로는 읽거나 쓸 파일이름이 오고, 두 번째 논항에는 read, write, append, update 가운데 하나가 온다. 파일을 읽기만 할 경우에는 read를 쓴다. 쓰기 위해서 파일을 열 때에는 write 또는 append를 쓴다. 두 경우 모두 파일이 존재하지 않는 경우에는 해당 파일이름으로 파일이 생성된다. 이미 존재하는 파일을 불러 오는 경우 write모드는 해당 파일을 덮어 쓰는 효과를 내지만, append는 기존의 파일 내용에 영향을 미치지 않고, 파일 제일 뒤에서부터 새로운 데이터를 추가할 수 있도록 해준다. 마지막으로 세 번째 논항은 스트림(stream)으로서 소스파일과 해당 파일과의 연결통로로 생각하면 된다. 일반적으로 스트림의 이름은 변수로 준다. 이와 같이 스트림을 사용하는 것은 여러 개의 파일을 열어 데이터를 주고받을 경우에 어떤 경로로부터 데이터를 읽어 들이고 내보내는지를 분명하게 하기 위함이다. 또한 파일 작업이 다 끝났을 때에는 각 연결통로를 닫아 주어야 하는데 이때에도 "close(Stream)"의 형식으로 스트림을 사용한다. open/3은 아래와 같이 활용할 수 있다.

```
(20) a. do_open :-
                open('my_pro.pl', read, Input),
                read_the_codes_from(Input),
                close(Input).
     b. do_write :-
                open('my_pro.pl', write, Output),
                write_the_codes_to(Output),
                close(Output).
```

2.7.5 연산자의 정의

앞에서 우리는 Prolog에서 제공하는 많은 연산자들을 보았다. 예를 들면 :-, ?-, ;, |, \, \+, 〈, 〉, =, +, -, * 모두 연산자들이다. 아래의 표는 SWI-Prolog에서 제공하는 시스템 연산자의 종류를 보여주고 있다.

우선순위	연접성	연산자
1200	xfx	-->, :-
1200	fx	:-, ?-
1150	fx	dynamic, discontiguous, initialization, module_transparent, multifile, thread_local, volatile
1100	xfy	;, |
1050	xfy	->, op*->
1000	xfy	,
954	xfy	\
900	fy	\+
900	fx	~
700	xfx	〈, =, =.., =@=, =:=, =〈, ==, =\=, 〉, 〉=, @〈, @=〈, @〉, @〉=, \=, \==, is
600	xfy	:
500	yfx	+, -, /\, \/, xor
500	fx	+, -, ?, \
400	yfx	*, /, //, rdiv, 〈〈, 〉〉, mod, rem
200	xfx	**
200	xfy	^

위의 표에서 첫 번째 열에 있는 우선순위는 연산식에서 상이한 연산자가 중첩되어 나오는 경우 어떤 연산자의 계산을 먼저 할 것인가를 판단할 때 사용한다. 숫자가 낮은 연산자가 우선권을 가져 먼저 실행된다. 가령 "3 + 4 * 5"를 연산할 때 "(3 + 4) * 5"로 계산하지 않고 "3 + (4 * 5)"로 계산한다. 그 이유는 "*"은 우선순위가 400인데 반하여 "+"는 500이기 때문이다.

다음으로 두 번째 열에 있는 연접성은 연산식에서 동일한 연산자가 반복되어 나오는 경우 어느 쪽의 계산을 먼저 할 것인가를 결정하기 위한 개념이다. 가령 "10 - 2 - 7"과 같은 수식을 "(10 - 2) - 7"로 해석할 것인지 아니면 "10 - (2 - 7)"로 해석할 것인지의 문제이다. 앞의 해석을 따른다면 답은 1이겠지만 뒤의 해석을 따른다면 답은 15가 된다. Prolog에서는 전자의 해석을 취한다.

```
(21) ?- X is 10 - 2 - 7.
     X is 1
```

Prolog에서 "10 - 2 - 7"이 "-(-(10, 2), 7)"로 해석되는 이유는 산술 연산자 "-"의 연접성이 yfx이기 때문이다. yfx가 의미하는 바는 연산자 f가 두 개의 논항 y, x 사이에 놓이면서 좌측연접성을 가진다는 것이다. 연접성과 관련하여 연산자는 좌측연접성을 가지는 연산자, 우측연접성을 가지는 연산자, 연접성이 중요하지 않은 무표적 연산자로 구분할 수 있다. 그리고 이들의 연접성은 각기 아래와 같이 표현한다.

(22) yfx　좌측연접성을 가지는 연산자
　　 xfy　우측연접성을 가지는 연산자
　　 xfx　연접성이 중요하지 않은 무표적 연산자

이상의 연산자들은 논항을 두 개 가지는 것들이다. 이 외에 논항을 하나만 가지는 연산자들은 연산자가 앞에 놓이는 fx, fy 유형과 연산자가 뒤에 놓이는 xf, yf 유형이 있다. 위의 연산자들이 연접성을 가지게 된 것은 이 연산자들이 본래는 "함수(논항1, 논항2)"의 형식으로 사용되어야 하지만 사용자의 편의를 위하여 "논항1 함수 논항2"의 형태를 사용할 수 있다는 점에 기인한다. 즉 사용자가 "Y is 1 + 10 / (5 * 2)."라고 입력한다고 하더라도 Prolog는 "is(Y, +(1, /(10, *(5, 2))))."라고 이해한다는 것이다.

이외에도 Prolog는 사용자정의 연산자를 지정하여 사용할 수 있도록 해준다. 가령 특정한 목적을 위하여 '===〉'라는 연산자를 정의하여 쓰고자 한다면 소스 파일의 시작 부분에 아래와 같이 정의하면 된다.

```
(23) :- op(1200, xfx, ===〉).
```

op의 첫 번째 논항은 우선순위이고, 두 번째 논항은 연접성을 무표적인 것으로 지정한 것이고, 세 번째 논항이 새로이 정의하고자 하는 연산자의 형태이다. current_op/3을 이용하면 현재 정의되어 있는 연산자인지를 확인해볼 수도 있다.

```
(24) ?- current_op(P, A, ===〉).
     P = 1200,
     A = xfx ;
```

마지막으로 이와 같은 연산자의 정의는 연산자의 통사적 쓰임과 관련된 정의일 뿐이지 실제로 이 연산자가 어떠한 의미를 가지는지와는 전혀 관계가 없다는 점에 유의할 필요가 있다. 사용자정의 연산자는 Prolog의 통사부를 확장해주는 정의일 뿐이다.

2.8 한정절문법

이 절에서는 Prolog 프로그래밍 기법을 활용하여 영어 문법을 Prolog로 구현하는 방법에 대하여 논의하고자한다. 영어 문법 모형으로는 언어학에 대한 초보자라도 비교적 접근하기 쉬운 구구조문법(Phrase Structure Grammar)을 기반으로 한다. 이를 바탕으로 Prolog의 한정절문법(Definite Clause Grammar: 이하에서는 DCG)을 이용하여 영어 분석을 위한 기본 도구를 설명한다.

2.8.1 구구조문법

구구조문법은 자연언어 문장이 단어들을 단순히 일렬로 나열해 놓은 것이 아니고, 단어와 단어 사이에는 일정한 결합규칙이 있어서 단어와 단어가 모여서 하나의 구(phrase)를 형성하고 다시 구와 구가 결합하여 전체 문장의 구조를 형성한다는 견해에서 출발한다. 여기에서 말하는 '구(phrase)'는 통사적 단위로서 문장도 하나의 구이다. 따라서 문장의 구조를 '구구조(phrase structure)'라고 부른다.

일반적으로 문장 (1a)의 구구조는 아래 (1b)처럼 대괄호를 이용하여 표현하기도 하고 (1c)처럼 트리형태의 분석수형도로 표현하기도 하지만 표현상의 차이일 뿐 의미는 동일하다.

(1) a. A student learns a program.

b. [$_{S}$ [$_{NP}$ [$_{Det}$ a], [$_{N}$ student]], [$_{VP}$ [$_{Vt}$ learns], [$_{NP}$ [$_{Det}$ a], [$_{N}$ program]]]]

c. 분석수형도

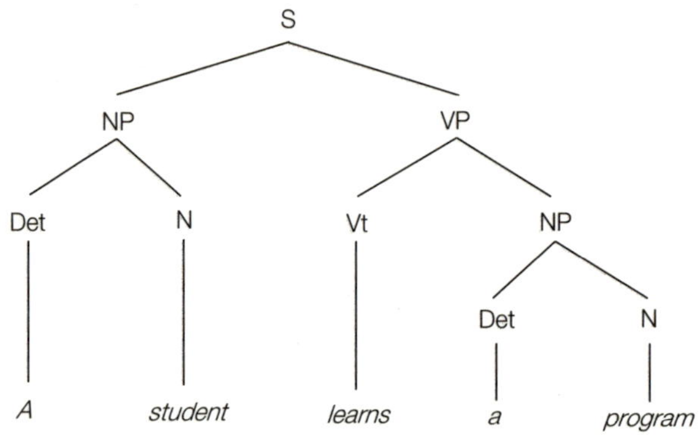

(1b)에서 각각의 대괄호 우측에 아래첨자로 표기한 S, NP, VP, ...등의 표지가 구구조표지 또는 통사범주이다. (1c)의 분석수형도는 문장을 구성하는 각 구성성분들 사이에 어떠한 결합관계가 있는지를 명확하게 보여주고 있다. 먼저 (1c)의 구조는 최하위 단계의 어휘항목(lexical item)과 상위 단계의 통사범주(syntactic category)로 구성되어 있다. 일반적으로 어휘항목은 종단기호(terminal symbol)라 부르고 트리구조에서 어휘항목 상위의 통사범주들은 비종단기호(non-terminal symbol)라고 부른다. 위의 트리구조가 보여주는 것은 다음과 같다. 먼저 '*a student*'는 한정사 Det(=determiner)인 '*a*'와 명사 N(=noun)인 '*student*'가 결합되어 만들어진 명사구 NP(=noun phrase)이다. 그리고 '*learns a program*'은 타동사 Vt(=transitive verb)인 '*learns*'와 명사구 '*a program*'이 결합되어 만들어진 동사구 VP(=verb phrase)이다. 마지막으로 전체문장은 명사구 '*a student*'와 동사구 '*learns a program*'이 결합되어 만들어진 결과라는 것이다. 이러한 결합관계는 문맥자유 다시쓰기규칙(context-free rewriting rule)을 이용하여 아래와 같이 표현할 수 있다.

(2) S → NP VP

NP → Det N

VP → Vi

VP → Vt NP

Det → *the*

Det → *a*

N → *student*

N → *program*

Vt → *learns*

Vi → *sleeps*

(2)에서 화살표 '→'가 의미하는 바는 좌측의 비종단기호를 우측의 비종단기호 또는 종단기호로 바꿔쓰라는 의미이다. 이와 같이 다시쓰기규칙에서 화살표의 좌측에 범주기호(category symbol)가 단독으로 출현함으로써 문맥과는 무관하게 우측의 다른 범주기호로 바꿔쓰는 규칙을 문맥자유 다시쓰기규칙이라고 부른다. 이와 반대로 문맥의존 다시쓰기규칙(context-sensitive rewriting rule)은 다시쓰기규칙을 적용하는데 있어서 제한적인 문맥이 존재한다. 아래의 (3a)가 형식문법(formal grammar)에서 전형적인 문맥자유 다시쓰기규칙이고, (3b)가 문맥의존 다시쓰기규칙의 예이다. (3b)가 의미하는 바는 A는 α_β 의 문맥에서만 γ 로 다시 쓸 수 있다는 것이다.

(3) a. S → ab | aSb

b. $\alpha A\beta \rightarrow \alpha\gamma\beta$

이 장에서 다루고자하는 문법은 위의 (2)와 (3a)처럼 문맥자유 다시쓰기규칙에 기반한 문법이므로 문맥자유문법(Context Free Grammar: 이하에서는 CFG)이다. 예를 들어 아래 (4a)는 (2)의 규칙들을 적용하여

(4b)와 같은 방식으로 생성된다.

(4) a. A student learns a program.

b.

S				
NP	VP			
Det	N	VP		
a	N	VP		
a	student	VP		
a	student	V	NP	
a	student	learns	NP	
a	student	learns	Det	N
a	student	learns	a	N
a	student	learns	a	program

2.8.2 문맥자유문법

이제는 앞에서 논의한 영어 구구조문법을 Prolog로 구현하는 방법에 대하여 논의한다. 먼저 2.4.4에서 다루었던 append/3술어를 이용하여 구현하는 방법에 대하여 소개하고, difference list를 이용하는 방법에 대하여 논의한다.

2.8.2.1 append를 이용한 방법

CFG를 Prolog로 구현하기 위해서는 각 통사범주를 정의하는 술어와 다시쓰기규칙에 해당하는 표기법을 정해야 한다. 우선 문장층위의 범주로서 s(X)는 논항 X가 문법적인 문장을 구성하는 단어들의 연속체이면 참이 되는 술어이다. Prolog에서 단어들의 연속체는 일반적으로 리스트로 표현한다. 따라서 특정한 단어들의 리스트가 문장을 구성하는지의 여부는 (5)와 같이 질의할 수 있다.

```
(5) ?- s([a, student, learns, a, program]).
    Yes
```

마찬가지로 np(NP)는 논항 NP가 명사구에 해당하는 단어들의 리스트이면 참이 되는 술어이고, vp(VP)는 논항 VP가 동사구에 해당하는 단어들의 리스트이면 참이 되는 술어이다. 앞에서 정의했던 영어 CFG에 기초하면 np([a, student])와 vp([learns, a, program]) 모두 참이 되는 술어들이다. 기타 통사범주들도 모두 이와 같은 방식으로 정의한다.

다시쓰기규칙은 술어 :-/2를 이용하여 구현한다. 예를 들어 CFG에서 "S → NP VP"는 (6)과 같이 구현한다.

```
(6) s(S) :- np(NP), vp(VP), append(NP, VP, S).
```

(6)이 의미하는 바는 예를 들어 [a, student, learns, a, program]을 S라고 할 때, S는 np에 해당하는 NP와 vp에 해당하는 VP를 순차적으로 이어 붙인 결과라는 것이다. 여기에서 append/3을 사용하여 두 리스트를 연결해 준 것은 s를 구성하는 np와 vp 사이에 위치제약이 존재하기 때문이다. 예를 들어 [learns, a, program, a, student]는 우리가 정의한 영어 CFG에 비추어 볼 때 어순이 맞지 않으므로 비문법적인 문장으로 인식해야 한다. 이러한 아이디어를 np와 vp에도 적용하여 (7)과 같이 작성할 수 있다.

```
(7) np(NP) :- det(Det), n(N), append(Det, N, NP).
    vp(VP) :- v(V), np(NP), append(V, NP, VP).
    vp(VP) :- v(VP).
```

(7)의 마지막 줄의 정의는 vp내에 np없이 v만 출현하는 경우를 반영한다. 가령 자동사 [sleeps]의 경우에는 단독으로 vp로 투사되기 때문에 append를 이용하여 연결할 리스트가 없는 것이다. 이상의 규칙들이 비종단기호들의 다시쓰기규칙을 Prolog로 구현한 것이다. 종단기호, 즉 개별적인 어휘항목들은 더 이상의 구조분석없이 (8)과 같이 리스트로 표현한다.

```
(8) det([the]).
    det([a]).
    n([student]).
    n([program]).
    v([learns]).
    v([sleeps]).
```

이상으로 1차적인 문법이 완성되었다. 이 문법이 문장을 올바로 인식하는지 확인하기 위하여 아래 (9)와 같이 테스트해보라. 문법에 기록된 어휘항목들을 기초로 통사규칙에 맞게 만들어진 문장들은 문법적인 문장으로 인식하지만 그렇지 않은 문장들은 인식하지 못한다.

```
(9) a. ?- s([a, student, learns, a, program]).
       Yes
    b. ?- s([learns, a, program, a, student]).
       No
```

이 문법에 의하여 생성되는 문장의 종류는 질의문 "s(X)."을 이용하여 확인할 수 있다.

이제는 우리가 입력한 문장이 이 문법에서 어떻게 인식되는지를 trace 모드를 이용해서 확인해보자. 이 문법은 6개의 어휘에 통사규칙을 적용하여 모두 40개의 문장을 생성해낸다. 문제는 이 가운데에 [the, student, learns, a, student] 등과 같이 통사규칙에는 맞지만 의미적으로는 받아들이기 어려운 문장도 있고, [the, program, learns]와 [a, student, sleeps, a, program]처럼 자동사와 타동사의 구분이 되지 않은 비문법적인 문장도 있다는 점이다. 이러한 문제를 해결하기 위해서는 vp를 구성하는 동사의 종류를 자동사와 타동사로 구분해야 할 필요가 있다. 가장 단순한 방법은 자동사는 비종단기호 vi로 표현하고, 타동사는 vt로 표현하는 것이다. 그리고 vp에 대한 규칙에서 타동사구에는 vt가 출현하고, 자동사구에는 vi가 출현하는 것으로 (10)과 같이 표현하면 된다.

```
(10) vp(VP) :- vt(V), np(NP), append(V, NP, VP).
     vp(VP) :- vi(VP).
     vt([learns]).
     vi([sleeps]).
```

위와 같이 수정했을 때 생성되는 문장들에 어떠한 변화가 있는지 trace 모드로 확인해보라. 자동사와 타동사의 출현환경에 제약을 줌으로써 비문법적인 문장 20개를 차단할 수 있다.

그러나 append/3을 이용한 방법은 여전히 심각한 문제를 내포하고 있다. 질의문 "s([a, student, sleeps])."을 trace 모드로 확인해보라 세 개의 단어로 구성된 단순 문장 하나를 처리하는데 무려 184단계의 처리과정을 거쳐야하는 복잡한 탐색과정이 진행되는 것을 알 수 있다. 문제는 이 문법이 지식베이스를 탐색할 때 입력 데이터로 주어진 리스트를 이용하지 않는다는 데에 있다. 탐색과정에서 (11)의 규칙과 일치되어 첫 번째 목표문을 만났을 때 입력문장의 일부를 np(NP)에 삽입하여 확인하는 것이 아니기 때문이다.

(11) s(S) :- np(NP), vp(VP), append(NP, VP, S).

위와 같은 구조의 규칙을 기반으로 Prolog가 할 수 있는 일은 규칙과 어휘항목을 기반으로 NP와 VP를 생성하여 이어 붙였을 때 그 결과가 S가 되는지를 조사하는 것뿐이다. 이해를 돕기 위하여 [a, student, sleeps]에 대한 Prolog의 탐색과정을 세부단계를 생략하고 처음 시작 부분만 보이면 (12)와 같다.

```
(12) ?- s([a, student, sleeps]).
       Call: (8) s([a, student, sleeps]) ? creep
          Call: (9) np(_L172) ? creep
          Exit: (9) np([the, student]) ? creep
          Call: (9) vp(_L173) ? creep
          Exit: (9) vp([learns, the, student]) ? creep
          Call: (9) lists:append([the, student], [learns, the, student], [a,
                   student, sleeps]) ? creep
          Fail: (9) lists:append([the, student], [learns, the, student], [a,
                   student, sleeps]) ? creep
```

위의 탐색과정은 Prolog가 가장 먼저 명사구로서 [the, student]를 생성하고 동사구 [learns, the, student]를 생성한 후 이 두 리스트를 append/3에 의하여 이어 붙인 결과가 입력 리스트인 [a, student, sleeps]와 일치하는지를 보여주고 있다. (12)의 탐색과정의 마지막 줄이 보여주는 것처럼 이 목표문이 실패하므로 Prolog는 다른 명사구와 동사구를 생성하여 입력 리스트와 동일한 리스트를 만들 수 있는지를 조사하게 될 것이다. 만약 입력 리스트가 이 문법에 의하여 생성되는 제일 마지막 문장이라면 탐색에 걸리는 시간도 가장 많이 걸리게 될 것이다. 이 문제를 해결하기 위한 한 가지 방안으로 위의 규칙에서 append/3을 (13)과 같이 몸체 부분의 제일 앞자리로 이동시킬 수 있을 것이다.

```
(13) s(S) :- append(NP, VP, S), np(NP), vp(VP).
     np(NP) :- append(Det, N, NP), det(Det), n(N).
     vp(VP) :- append(V, NP, VP), vt(V), np(NP).
     vp(VP) :- vi(VP).
```

위와 같이 수정하면 질의문 "s([a, student, sleeps])."를 처리하는데 57단계의 과정을 거치므로 처음보다는 처리과정을 대폭 단순화했다는 장점이 있다. 그러나 이 방법은 탐색과정에서 여전히 append를 과도하게 사용함으로써 처리의 효율성이 떨어지는 문제를 안고 있다. 또한 append에서 NP와 VP에 대한 값의 할당 없이 변수를 사용하고 있기 때문에 Prolog는 입력 리스트를 분할하여 어떠한 분할이 np와 vp의 결합에 해당하는지를 조사하게 될 것이다. 가령 [a, student, sleeps]의 경우 분할 가능성은 아래 (14)의 4가지이므로 Prolog는 조건에 맞는 리스트의 분할이 얻어질 때까지 탐색을 순차적으로 지속하게 될 것이다. 실제로 (14)의 질의문에서 성공하는 리스트 분할은 line 4이므로 그 이전의 line 2와 line 3과 관련된 확인작업은 불필요한 것이다.

```
(14) ?- append(NP, VP, [a, student, sleeps])        % line 1
     NP = [ ], VP = [a, student, sleeps] ;          % line 2
     NP = [a], VP = [student, sleeps] ;             % line 3
```

```
NP = [a, student], VP = [sleeps] ;                 % line 4
NP = [a, student, sleeps], VP = [ ] ;              % line 5
```

2.8.2.2 difference list를 이용한 방법

append를 이용하여 구현했을 때의 비효율성을 개선하기 위한 방안은 difference list를 활용하는 것이다. 이 방법은 Prolog로 하여금 탐색과정에서 입력 리스트를 사용하도록 함으로써 불필요한 생성과정을 차단하는 데에 목적이 있다. 예를 들어 (15)와 같은 리스트가 입력되었을 때 이 문장이 문법에 맞는 문장인지를 확인하기 위하여 별도로 np와 vp에 해당하는 리스트를 생성하여 비교하는 작업을 하지 않겠다는 것이다.

(15) [a, student, learns, a, program]

difference list는 다음과 같이 이해하면 된다. 리스트 List3이 List1과 List2를 이어 붙인 결과라고 할 때 List1은 List3에서 List2를 제거한 결과라고 말할 수 있다. 예를 들면 (16)과 같다.

```
(16) ?- append([a],   [b, c],   [a, b, c]).
               -----  ------    ---------
               List1  List2       List3
```

위의 예는 리스트 [a]가 [a, b, c]에서 [b, c]를 떼어낸 결과라는 것을 의미하며 difference list를 표현할 때에는 연산자 -/2를 사용한다. 이것을 (15)의 리스트 [a, student, learns, a, program]에 적용하면 명사구 [a, student]는 전체 리스트 [a, student, learns, a, program]에서 동사구 [learns, a, program]을 제거한 결과가 되는 것이다. 동사구는 [learns, a, program]의 모든 원소가 동사구를 형성하므로 제거할 대상이 없다. 그렇다면 동사구는 빈 리스트를 제거한 것과 같으므로 [learns, a, program] - [ ]로 표현할 수 있을 것이다. 정리하면 아래와 같다.

(17) S = [a, student, learns, a, program]-[ ] = [a, student, learns, a, program]
NP = [a, student, learns, a, program] - [learns, a, program] = [a, student]
VP = [learns, a, program] - [ ] = [learns, a, program]

difference list를 적용하여 작성한 문법의 통사규칙은 (18)과 같다.

```
(18) s(X-Z) :- np(X-Y), vp(Y-Z).
     np(X-Z) :- det(X-Y), n(Y-Z).
     vp(X-Z) :- vt(X-Y), np(Y-Z).
     vp(X) :- vi(X).
```

어휘부 역시 리스트이므로 difference list방법을 적용하면 (19)와 같이 구현할 수 있다.

```
(19) det([the|W]-W).
     det([a|W]-W).
     n([student|W]-W).
     n([program|W]-W).
     vt([learns|W]-W).
     vi([sleeps|W]-W).
```

위의 문법에서는 문법범주에 대한 정보를 difference list의 표기법을 이용하여 나타냈다. 그런데 이러한 표기법은 (20)과 같은 방식으로 "-" 부호를 콤마로 고쳐 표현할 수도 있다.

```
(20) s(X, Z) :- np(X, Y), vp(Y, Z).
     np(X, Z) :- det(X, Y), n(Y, Z).
     vp(X, Z) :- vt(X, Y), np(Y, Z).
     vp(X) :- vi(X).
     det([the|W], W).
     det([a|W], W).
     n([student|W], W).
     n([program|W], W).
     vt([learns|W], W).
     vi([sleeps|W], W).
```

위와 같이 표현한다면 각 문법범주의 첫 번째 논항은 입력 리스트가 되고 두 번째 논항은 입력 리스트에서 해당 문법범주를 제거하고 남은 리스트가 된다고 이해할 수 있다. 예를 들어 np(X, Y)에서 X는 전체 문장이고 Y는 동사구가 되는 것이다.

문법을 difference list로 처리했을 때 얻을 수 있는 장점은 Prolog가 탐색과정에서 입력 리스트의 데이터를 사용하기 때문에 불필요한 생성과정을 줄일 수 있다는 것이다. 실제로 trace 모드로 확인했을 때 [a, student, sleeps]에 대하여 모두 15단계의 탐색과정을 거친다. 탐색과정에서 Prolog는 입력한 데이터의 좌측부터 어디까지 남겨두고 뒷부분을 제거해야 해당 문법범주에 해당하는지를 확인하는 작업을 수행하기 때문이다. 하위 레벨의 탐색과정을 생략하고 상위 두 레벨의 탐색과정만을 보이면 아래와 같다.

```
(21) Call: (8) s([a, student, sleeps], [ ]) ? creep              % line 1
       Call: (9) np([a, student, sleeps], _L173) ? creep          % line 2
       Exit: (9) np([a, student, sleeps], [sleeps]) ? creep       % line 3
       Call: (9) vp([sleeps], [ ]) ? creep                        % line 4
```

```
    Redo: (9) vp([sleeps], [ ]) ? creep                    % line 5
    Exit: (9) vp([sleeps], [ ]) ? creep                    % line 6
  Exit: (8) s([a, student, sleeps], [ ]) ? creep           % line 7
```

line 4의 질의문을 line 5에서 반복하는 것은 line 4에서 타동사 구문을 위한 규칙에 적용했을 때 실패했기 때문에 line 5에서 자동사 구문을 위한 규칙에 재적용하여 일치되는지를 확인하기 때문이다. 여기에서 한 가지 주의할 점은 difference list를 이용하여 만든 문법에 대하여 질의문을 작성할 때 논항은 두 개로 만들어 주어야 한다는 것이다. 가령 np에 대한 질의문은 (22)와 같이 만들어야 한다.

```
(22) ?- np([a, student, sleeps], [sleeps]).
     Yes
```

이상으로 우리는 difference list를 이용하여 상당히 효율적인 프로그램을 작성할 수 있었다. 그런데 위와 같은 표기법은 익숙하지 않은 프로그래머에게는 작성하거나 유지 및 보수하는데 적지 않은 수고가 따른다는 단점을 안고 있다. 따라서 Prolog에서는 자연언어 처리를 위한 문법작성을 위한 도구로서 한정절문법이라고 하는 도구를 제공한다. 이에 대해서는 아래에서 자세히 논의한다.

2.8.3 한정절문법

한정절문법은 difference list를 이용한 문법구현을 쉽게 하도록 고안된 표현방식이다. DCG에서 사용하는 몇 가지 표기법은 아래와 같다.

--> 이 연산자는 DCG 규칙을 표현할 때 사용한다. :-/2에 상응하는

표현이다. 예를 들어 문장에 대한 문법규칙은 difference list를 사용하지 않고 아래와 같이 표현할 수 있다.

```
s --> np, vp.
```

{ } 중괄호 { }는 Prolog 프로세서로부터 특정한 목표문을 감추어 내부 연산을 위해서만 적용되도록 하고자 할 때 사용한다.

```
s --> np, vp, {write('parsing succeed')}.
```

[ ] 문법의 종단기호를 표현할 때 사용한다.

```
n --> [program].
```

이상과 같은 표기법을 활용하여 작성한 DCG는 아래와 같다.

(23)
```
%% DCG_01
s --> np, vp.
np --> det, n.
vp --> vt, np.
vp --> vi.
det --> [the].
det --> [a].
n --> [student].
n --> [program].
vt --> [learns].
vi --> [sleeps].
```

외견상 DCG는 CFG와 매우 유사하지만, 아래와 같은 차이점이 있다.

- DCG에서 비종단기호는 모두 소문자로 쓴다.
- 우측에 출현하는 비종단기호들은 콤마로 서로 구분이 되고 각 라인은 항상 마침표로 마감한다.
- 각 어휘항목은 해당 어휘를 원소로 가지는 리스트로 표현된다.

DCG는 앞에서 살펴본 difference list를 이용한 표기법보다 훨씬 간단하고 읽기도 쉬운 장점이 있다. 그러나 DCG는 기본적인 아이디어는 difference list에 기초하고 있고, 표기법만 사용자가 읽고 쓰기 쉽게 바꾸어 놓은 것에 불과하다는 점에 주의할 필요가 있다. 위와 같이 CFG와 유사하게 문법을 작성하더라도 DCG 규칙들은 Prolog 내부적으로는 모두 difference list를 활용한 규칙으로 이해한다. 따라서 위의 지식베이스에 기반하여 "A student learns a program"이 사실인지 확인하기 위해서는 아래와 같이 질의문을 작성해야 한다.

```
(24) ?- s([a, student, learns, a, program], [ ]).
     Yes
```

술어 s의 논항으로 두 개의 리스트를 설정한 것은 술어 s가 내부적으로 (25)와 같이 difference list를 이용하여 정의되어 있기 때문이다. (23)의 DCG_01을 컨설트한 후 질의문 "listing(s)."를 이용하여 메모리에 로딩된 술어 s에 대한 정의를 살펴보면 아래와 같이 출력된다.

```
(25) s(A, C) :-
            np(A, B),
            vp(B, C).
```

질의문 “listing.”을 이용하여 메모리에 로딩된 모든 술어에 대한 정의를 살펴보기 바란다. 메모리에 올라온 내용은 앞에서 우리가 difference list를 이용하여 정의한 문법내용과 다른 내용이 전혀 없다.

DCG에 관한 질의문 작성과 관련하여 마지막으로 Prolog에서 제공하는 내장술어 phrase/2와 phrase/3에 대하여 간략히 소개한다. phrase/3은 (26)과 같은 형식을 지닌다.

```
(26) phrase(+RuleSet, +InputList, -Rest)
```

이 술어는 두 번째 논항에 주어지는 입력 리스트에서 RuleSet에 주어지는 유형의 문법범주를 제거하고 남는 리스트를 Rest에 출력해 준다. (27)과 같다.

```
(27) ?- phrase(np, [a, student, learns, a, program], Rest).
     Rest = [learns, a, program] ;
     No
```

phrase/2는 “phrase(+RuleSet, +InputList)”의 형식을 가지며, 두 번째 논항으로 주어지는 InputList가 RuleSet에 주어지는 유형의 문법범주이면 참이 되는 술어이다. 사용법은 (28)과 같다.

```
(28) a. ?- phrase(np, [a, student]).
        Yes
     b. ?- phrase(s, Sentence).
        Sentence = [the, student, learns, the, student] ;
        …
```

2.8.3.1 주어-동사 일치

지금까지 작성한 DCG_01에서는 아주 기본적인 영어문장들만을 처리할 수 있었다. 이제는 인칭과 수에 따른 주어와 동사 사이의 일치관계(agreement)를 처리하는 방법에 대하여 소개하도록 하겠다. 일치관계는 영어에서 주어가 3인칭 단수일 때 동사의 어미에 -s가 붙는 현상을 말한다.

(29) a. A student learns a program.
 b. The students learn a program.

주어의 인칭과 수에 따라 출현할 수 있는 동사의 형태에 제약을 주기 위한 방안으로 생각해 볼 수 있는 가장 단순한 방법은, 앞에서 자동사와 타동사의 구분을 위해 문법범주 v를 vt와 vi로 구분했던 것처럼, 명사구와 동사구도 인칭과 수에 따라 구분하여 표현하는 것이다. 가령 주어가 3인칭 단수인 문장을 처리하기 위한 문법규칙의 일부를 (30)과 같이 만들 수 있을 것이다.

```
(30) s_sing --> np_sing, vp_sing.
     np_sing --> det_sing, n_sing.
     vp_sing --> v_sing.
     det_sing --> [the].
     n_sing --> [student].
     v_sing --> [sleeps].
```

그런데 주어가 3인칭 단수인 문장을 처리하기 위하여 위와 같이 문법규칙을 만든다면 그 이외의 경우에 대해서도 동일한 방식으로 규칙을 만들어 주어야 할 것이다. 이 방법은 규칙의 양이 많아진다는 문제뿐만 아니라, 새로운 제약현상이 추가될 때마다 문법범주를 추가해 주어야 하는 문제도 안고 있다. 이러한 문제를 해결하기 위한 방안이 여기에서 논의하고자 하는 추가논항(extra argument)을 이용하는 것이다. 추가논항은 본래 2항 술어인 s, np, vp, ...에 새로운 논항을 추가하여 이 자리를 수 또는 인칭을 위한 자리로 활용하는 방법이다. 아래에서 새로이 작성하는 문법은 DCG_02로 정의한다. 가장 먼저 문장에서 주어와 동사의 수의 일치는 아래와 같이 표현한다.

(31) s --> np(Num), vp(Num).

np와 vp에 새로운 논항을 추가하고 두 논항의 값이 동일한 값을 가지도록 같은 이름의 변수를 사용했다. np의 Num의 값이 singular라면 vp의 Num도 singular이어야 하기 때문이다. 다음으로 np가 가지는 이 자질은 명사에서 투사되고 관사 역시 명사와 수의 일치를 보이므로 np의 구조는 아래와 같이 표현한다.

(32) np(Num) --> det(Num), n(Num).

이 구조에 출현할 수 있는 어휘항목에는 각기 세부적인 자질정보를 부여한다. 정관사는 명사의 수에 제한이 없으므로 익명의 변수 "_"로 처리한다.

```
(33) det(_) --> [the].
     det(singular) --> [a].
     n(singular) --> [student].
     n(plural) --> [students].
```

이와 같은 방식으로 동사구는 (34)와 같이 표현할 수 있다. 동사구의 수의 자질은 동사로부터 투사된다. (34)의 첫 번째 줄에서 np에 익명의 변수를 사용한 것은 목적어로 실현되는 np는 주어의 인칭과 수에 따른 제약이 없기 때문이다.

```
(34) vp(Num) --> vt(Num), np(_).
     vp(Num) --> vi(Num).
     vt(singular) --> [learns].
     vt(plural) --> [learn].
     vi(singular) --> [sleeps].
     vi(plural) --> [sleep].
```

2.8.3.2 구조정보의 표현

다음으로는 위에서 논의한 방법을 이용하여 구조정보를 추출하는 방법에 대하여 논의하도록 하겠다. 영어문장 (35a)의 구구조분석 결과는 (35b)이다. 그리고 (35c)가 우리가 만들고자하는 구조분석기를 통해서 문장 (35a)를 분석하여 출력하고자 하는 결과이다.

(35) a. A student learns a program.

b. [$_S$ [$_{NP}$ [$_{Det}$ a], [$_N$ student]], [$_{VP}$ [$_{Vt}$ learns], [$_{NP}$ [$_{Det}$ a], [$_N$ program]]]]

c. s(np(det(a), n(student)), vp(vt(learns), np(det(a), n(program))))

기본적인 아이디어는 각 통사범주에 구조분석정보를 담을 새로운 논항을 추가하고, 각각의 통사범주의 구조정보는 하위 구성성분들의 구조정보들의 조합을 통해서 만들어지도록 하는 것이다. 가장 먼저 문장의 구조정보는 명사구의 구조정보와 동사구의 구조정보를 조합한 결과이다. 새로운 논항을 추가하여 아래와 같이 표현할 수 있다.

```
(36) s(s(NP, VP)) --> np(NP, Num), vp(VP, Num).
```

새로이 추가된 s의 구조정보 s(NP, VP)는 np의 구조정보 NP와 vp의 구조정보 VP의 조합이다. 다시 NP는 det의 구조정보 Det와 n의 구조정보 N의 조합 np(Det, N)으로 표현된다.

```
(37) np(np(Det, N), Num) --> det(Det, Num), n(N, Num).
```

어휘항목은 "n(student)"처럼 각 어휘 항목이 어떠한 품사정보를 가지는지를 새로운 논항으로 추가해준다.

```
(38) n(n(student), singular) --> [student].
```

나머지 통사범주 및 어휘항목에도 이와 같은 과정을 적용하여 새로이 만들어진 DCG 문법은 아래와 같다.

```
(39) %% DCG_03
     s(s(NP, VP)) --> np(NP, Num), vp(VP, Num).
     np(np(Det, N), Num) --> det(Det, Num), n(N, Num).
     vp(vp(VT, NP), Num) --> vt(VT, Num), np(NP, _).
     vp(vp(VI), Num) --> vi(VI, Num).
     det(det(the), _) --> [the].
     det(det(a), singular) --> [a].
     n(n(student), singular) --> [student].
     n(n(students), plural) --> [students].
     n(n(program), singular) --> [program].
     n(n(programs), plural) --> [programs].
     vt(vt(learns), singular) --> [learns].
     vt(vt(learn), plural) --> [learn].
```

vi(vi(sleeps), singular) --> [sleeps].
vi(vi(sleep), plural) --> [sleep].

이 문법에서 술어 s는 구조정보를 위한 새로운 논항이 추가되었으므로 내부적으로 모두 세 개의 논항을 가지는 술어로 변경되었다. 따라서 이 문장이 특정한 문장에 대하여 올바른 구조정보를 출력해주는지를 확인하기 위해서는 아래와 같이 질의문을 작성해야한다.

(40) ?- s(Tree, [a, student, learns, a, program], [ ]).
Tree = s(np(det(a), n(student)), vp(vt(learns), np(det(a), n(program))))

이 문장의 Tree정보는 아래의 트리에서 보는 것과 같은 구조정보의 조합을 통해서 추출된 것이다.

(41)

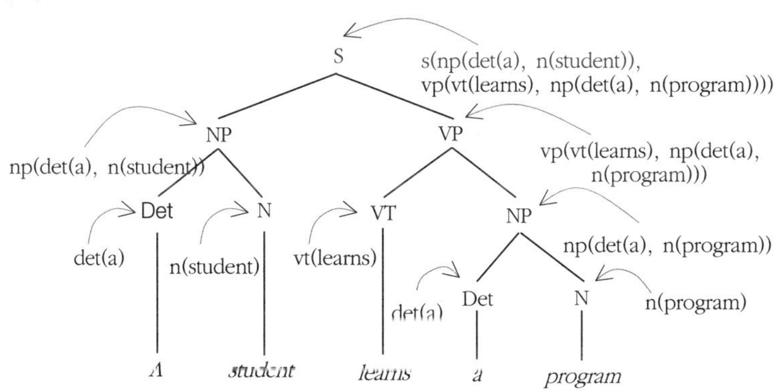

지금까지 우리는 논항을 추가하는 방식을 이용하여 일치관계에 따른 제약을 주고 문장이 구조정보를 분석해내는 방법에 대하여 논의하였다. 이제는 이러한 방식 이외에 추가연산(extra test) 기법을 활용하

여 문장의 구조정보를 추출하는 방법에 대하여 살펴보도록 하겠다.

2.8.3.3 추가연산

추가연산은 DCG에 정의된 규칙의 정의내용을 변경하지 않으면서 탐색과정에서 부차적인 연산이 가능하게 하는 방법이다. Prolog의 규칙 내부에서 추가연산내용은 중괄호 { }로 명시적으로 표시하여 Prolog 인터프리터가 인식하도록 해야 한다. 예를 들어 (42)의 규칙이 의미하는 바는 s는 np와 vp로 이루어지는데, 입력된 문장이 이렇게 분석이 되면 화면에 "parsing succeed"라고 출력하라는 의미이다.

(42) s --> np, vp, {write('parsing succeed')}.

이와 같이 새로운 목표문을 중괄호 안에 넣어 추가해주면 이 부분은 Prolog에 의해 규칙의 구조에 영향을 미치지 않는 추가적 연산내용으로 해석된다. 이러한 방법을 이용하면 구조정보의 분석과정 역시 추가연산으로 처리할 수 있다. 여기에서는 Wenger(1996:29)에서 소개된 아이디어를 바탕으로 설명한다.

기본적인 아이디어는 추가논항기법과 크게 다르지 않다. 구조정보를 위한 논항은 유지하고, 다만 하위의 구조정보가 서로 통합되어 상위의 구조정보로 투사되는 연산과정을 통사범주의 구조정보에 직접 기입하지 않고 추가연산으로 처리하는 것이다. 이해를 돕기 위해 추가논항에 구조정보의 연산과정을 추가논항에 모두 입력한 방식과 추가연산을 통해 표현한 방식을 (43)과 같이 비교해보자.

(43)	extra argument:	s(s(NP, VP)) --> np(NP, Num), vp(VP, Num).
	extra test:	s(S) --> np(NP,Num),vp(VP,Num),{tree(S,s,NP,VP)}.

s술어의 구조정보를 위한 논항 s(NP, VP)가 S로 대체되었다. 추가논항기법에서 s(NP, VP)는 문장의 구조정보는 np의 구조정보 NP와 vp의 구조정보 VP의 통합을 통해서 생성된다는 의미이다. 이것이 추가연산기법에서는 중괄호 안의 "tree(S, s, NP, VP)"에 의해 표현되었다. 이것은 구조정보를 연산하기 위한 술어로서 아래와 같이 정의된다.

(44) a. tree(TreeInfo, Mother, Daughter1, Daughter2) :-
TreeInfo =.. [Mother, Daughter1, Daughter2].
b. tree(TreeInfo, Mother, Daughter) :-
TreeInfo =.. [Mother, Daughter].

(44a)는 명사구 또는 타동사구처럼 두 개의 하위 구성성분을 가지는 구조를 위한 술어이고, (44b)는 자동사구처럼 하나의 하위 구성성분을 가지는 구조를 위한 술어이다. (44a)에서 tree/4의 논항 가운데에서 TreeInfo는 해당 통사범주가 가지는 구조정보를 위한 논항이고, Mother는 상위노드의 통사범주, Daughter1과 Daughter2는 하위 구성성분의 구조정보를 위한 논항이다. 다음으로 몸체 부분의 TreeInfo에 대한 정의는 다음과 같이 이해할 수 있다. 술어 =../2는 "Term =.. List"와 같은 형식에서 List의 헤드가 Term의 함수이고, 나머지 원소들은 Term의 논항들이면 참이 되는 술어이다. 그렇다면 "TreeInfo =.. [Mother, Daughter1, Daughter2]"에서 TreeInfo는 함수가 Mother이고 논항이 Daughter1과 Daughter2인 2항 술어라는 것이다. tree(S, s, NP, VP)는 "S = s(NP, VP)"를 의미한다. 추가연산의 결과 S의 값 s(NP, VP)를 문장 s의 구조정보 S에 내입해보면 추가논항을 이용한 표기법과 동일한 결과를 얻게 된다. (45)가 추가연산방법을 이용하여 수정한 결과이다.

(45) %% DCG_04

```
s(S) --> np(NP, Num), vp(VP, Num), {tree(S, s, NP, VP)}.
np(NP, Num) --> det(Det, Num), n(N, Num), {tree(NP, np, Det, N)}.
vp(VP, Num) --> vt(VT, Num), np(NP, _), {tree(VP, vp, VT, NP)}.
vp(VP, Num) --> vi(VI, Num), {tree(VP, vp, VI)}.
det(Det, _) --> [the], {tree(Det, det, the)}.
det(Det, singular) --> [a], {tree(Det, det, a)}.
n(N, singular) --> [student], {tree(N, n, student)}.
n(N, plural) --> [students], {tree(N, n, students)}.
n(N, singular) --> [program], {tree(N, n, program)}.
n(N, plural) --> [programs], {tree(N, n, programs)}.
vt(VT, singular) --> [learns], {tree(VT, vt, learns)}.
vt(VT, plural) --> [learn], {tree(VT, vt, learn)}.
vi(VI, singular) --> [sleeps], {tree(VI, vi, sleeps)}.
vi(VI, plural) --> [sleep], {tree(VI, vi, sleep)}.

tree(TreeInfo, Mother, Daughter1, Daughter2) :-
                        TreeInfo =.. [Mother, Daughter1, Daughter2].
tree(TreeInfo, Mother, Daughter) :-
                        TreeInfo =.. [Mother, Daughter].
```

이러한 추가연산을 이용하는 방법은 결과는 동일하지만 추가연산에 다양한 목표문을 추가해 줌으로써 더 많은 문법현상을 처리할 수 있다는 장점이 있다.

2.8.3.4 어휘부

지금까지 우리는 DCG에서 통사규칙 내에 어휘항목을 위한 규칙도 모두 삽입하여 표현하였다. 이러한 방법은 새로운 어휘가 추가될 때마다 해당 어휘의 실현을 위한 통사규칙을 새로이 만들어 주어야 하기 때문에 불필요하게 통사부를 복잡하고 비대하게 만드는 문제점이 있다. 따라서 가능한 한 통사부는 핵심적인 규칙을 중심으로 간략하게 만들고 어휘항목에 대한 정보는 분리된 어휘부에 모두 표현함으로써 문법을 효율적으로 운영할 필요가 있다. 이제는 이러한 목표를 가지고 통사부와 어휘부를 분리하는 방법을 소개하도록 하겠다.

아이디어는 앞에서 논의한 추가연산기법을 활용하여 통사부와 어휘부를 연결해주는 인터페이스를 만드는 것이다. 우선 예를 살펴보자. (46a)는 이전의 표현법이고 (46b)는 추가연산기법을 이용해 만든 인터페이스이다.

(46) a. n(N, singular) --> [student], {tree(N, n, student)}.
     b. n(N, Num) --> [Word], {tree(N, n, Word), lex(Word, n, Num)}.

(46a)는 수정하기 이전의 어휘항목 student에 대한 규칙으로 트리구조에 대한 정보를 제외하면 비종단기호 n이 singular의 자질을 가지면 종단기호 student로 대치된다는 것을 의미할 뿐이다. 반면 (46b)는 비종단기호 n은 추가연산영역의 술어 lex(Word, n, Num)을 만족시키는 Word로 대치될 수 있다는 것을 말해준다. 이렇게 하면 통사부에서 명사에 대한 규칙은 이것 하나로 충분히 표현될 수 있다. Word에 올 수 있는 어휘들은 술어 lex(Word, n, Num)을 통해서 어휘부에서 추출해내면 되기 때문이다. 다음으로 어휘부에서 명사는 (47)과 같이 정의한다. lex/3의 첫 번째 논항은 어휘형태를, 두 번째 논항은 동사범주를, 세 번째 논항은 수에 관한 정보를 의미한다.

```
(47) lex(student, n, singular).
     lex(students, n, plural).
     lex(program, n, singular).
     lex(programs, n, plural).
```

위의 (46a)에서 추가연산이 이루어질 때 "lex(Word, n, Num)"은 함수와 두 번째 논항 "n"에 의하여 (47)의 어휘항목들과 일치되어 어휘형태와 수에 관한 정보들을 가져올 수 있는 것이다. 이와 같은 방법을 적용하여 DCG_04를 수정한 것이 아래의 DCG_05이다. 이와 같이 하면 어휘부와 통사부를 분리하여 통사부를 간소하게 할 수 있을 뿐만 아니라 어휘부를 손쉽게 확장할 수 있는 장점이 있다.

```
(48) %% DCG_05

     %% Syntactic Rules
     s(S) --> np(NP,Num), vp(VP,Num), {tree(S,s,NP,VP)}.
     np(NP,Num) --> det(Det,Num), n(N,Num), {tree(NP,np,Det,N)}.
     vp(VP,Num) --> vt(VT,Num), np(NP,_), {tree(VP,vp,VT,NP)}.
     vp(VP,Num) --> vi(VI,Num), {tree(VP,vp,VI)}.

     %% Interface to lexicon
     det(Det,Num) --> [Word], {tree(Det,det,Word), lex(Word,det,Num)}.
     n(N,Num) --> [Word], {tree(N,n,Word), lex(Word,n,Num)}.
     vt(V,Num) --> [Word], {tree(V,vt,Word), lex(Word,vt,Num)}.
     vi(V,Num) --> [Word], {tree(V,vi,Word), lex(Word,vi,Num)}.

     %% lexicon
     lex(a,det,singular).
```

```
lex(the,det,_).
lex(student,n,singular).
lex(students,n,plural).
lex(program,n,singular).
lex(programs,n,plural).
lex(learns,vt,singular).
lex(learn,vt,plural).
lex(sleeps,vi,singular).
lex(sleep,vi,plural).

%% rule for the tree information
tree(TreeInfo,Mother,Daughter1,Daughter2) :-
                    TreeInfo =.. [Mother, Daughter1, Daughter2].
tree(TreeInfo,Mother,Daughter) :-
                    TreeInfo =.. [Mother, Daughter].
```

2.8.4 연습문제

1 앞에서 작성한 DCG_05를 확장하여 아래와 같이 주격 및 목적격 인칭대명사를 포함하는 문장을 처리할 수 있도록 DCG_06을 만들어 보시오.

a. He learns a program.

b. She loves him.

c. *Him learns a program.

d. *She loves he.

〈힌트〉 위의 c나 d처럼 비문법적인 문장이 생성되지 않도록 격을 제한하는 방법에 대하여 생각해보시오. 어휘부에 동사 love

와 인칭대명사에 대한 항목을 새로이 추가하고 어휘의 격정보가 통사규칙에서 반영되도록 통사규칙을 수정하면 된다.

2 DCG_06을 확장하여 아래와 같이 형용사를 포함하는 명사구를 처리할 수 있도록 DCG_07을 만들어 보시오.

a. He loves the beautiful girl.

b. We learn the interesting program.

3 DCG_07을 확장하여 아래와 같은 전치사구를 처리할 수 있도록 DCG_08을 만들어 보시오.

We learn the program with our friends.

4 DCG_08을 확장하여 아래와 같은 관계문을 처리할 수 있도록 DCG_09를 만들어 보시오.

We learn the program that is interesting.

5 DCG_09를 확장하여 아래와 같은 복합문장을 처리할 수 있도록 DCG_10을 만들어 보시오.

We learn the program and it is interesting.

3장. 한국어 처리

3장. 한국어 처리

3.1 개요

기계번역이나 정보검색 등과 같은 시스템을 개발하기 위해서는 한국어, 영어, 독일어 등의 자연언어에 대한 전산적 처리를 전제로 한다. 자연언어처리는 처리방향에 따라 자연언어분석과정과 생성과정으로 구분될 수 있으며, 다음 그림에서 보는 바와 같은 하부 처리 모듈을 갖는다.

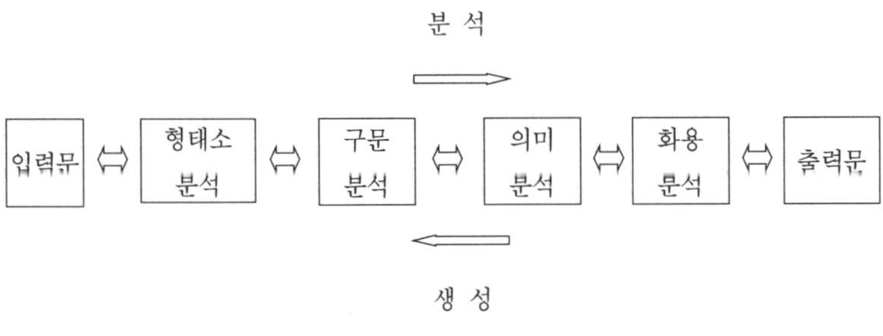

〈그림 1〉

일반적으로 자연언어처리의 과정은 언어학적 분석 과정을 따른다.

즉, 언어학의 하위 영역인 형태론, 통사론, 의미론, 화용론에 대응하는 모듈들이 존재하고, 각 모듈의 입력과 출력은 전후 모듈에 연결된다. 입력이 문장인 경우, 형태소 분석(morphological analysis) 단계에서는 이를 입력으로 받아 품사 정보가 부착된 형태소들을 출력으로 갖는다. 이 출력정보는 다음 구문 분석(syntactic analysis) 단계에서 입력으로 사용되어 문장구조를 출력해 준다. 이를 토대로 다음 의미 분석(semantic analysis) 단계에서는 문장의 의미 표현체를 얻게 된다. 끝으로 화용 분석(pragmatic analysis) 단계에서는 의미 표현체를 입력으로 하여 다양한 화용정보를 추가하여 출력해준다. 이를 Prolog 코드로 제시하면 다음과 같다(Wenger 1996).

```
(1) grammatical_analysis(Input, Representation) :-
            morphological_analysis(Input, Tagged_input),
            syntactic_analysis(Tagged_input, Syntactic_tree),
            semantic_analysis(Syntactic_tree, Semantic_representation),
            pragmatic_analysis(Semantic_representation, Representation).
```

본 장에서는 한국어를 예로 하여 분석과정을 제시하기로 한다. 특히 형태소 분석, 구문 분석, 의미 분석 과정 등에 집중하여 Prolog를 사용한 한국어 처리를 간단히 제시하고자 한다. 본 장에서 다루고 있는 한국어 현상들은 한국어의 문법서들(남기심·고영근 1993; 서정수 1996; 이익섭·임홍빈 1983)에서 다루고 있는 기본적인 현상들에 한정되어 있으므로, 이를 바탕으로 보다 복잡한 한국어 현상들을 처리하는 방법들에 대한 개발, 그리고 화용 분석 방법의 개발 등은 독자들에게 맡기기로 한다.

3.2 형태소 분석

한국어는 표음문자로서 초성, 중성, 종성 등의 자소 결합으로 한 음절을 형성하며, 풍부한 음운현상을 보인다. 또한 조사, 어미 등의 문법 형태소가 발달한 교착어(agglutinative language)로서, 어형의 변화로 문법적 관계를 나타내는 영어, 독일어 등의 굴절어나, 어순에 따라 문법적 관계가 결정되는 중국어 등의 고립어와도 차이가 난다. 따라서 한국어 분석에서는 그 성격상 통사론 층위의 구문 분석보다는 형태론 층위의 형태소 분석이 보다 큰 중요성을 지닌다고 할 수 있다.

본 절에서는 한국어 형태소 분석과정 전반에 대해 3.2.1절에서 간단히 살펴보고, 이를 기초로 하여 다음 3.2.2절에서 한국어 형태소 분석에 대한 Prolog 프로그램들을 소개하기로 한다.

3.2.1 형태소 분석과정

형태소 분석이란 단어를 형태소 단위로 분해하여, 각 단위에 관련된 정보를 연결시켜 출력해 주는 과정이다. 여기서 형태소란 '의미를 지닌 최소 단위'로 정의되며, 의미의 존재여부에 따라 '어휘 형태소' 와 '문법 형태소'로 구분된다. 전자는 구체적인 대상이나 동작, 상태와 같은 어휘적 의미를 표시하는 형태소이고(2a), 후자는 어휘 형태소에 부착되어 그 관계나 기능을 표시해주는 형태소이다(2b).

(2) a. 철수, 대통령, 놀-, 밝-, …
  b. -이, -을, -다, -었, …

한국어의 단어 (혹은 어절)는 다음 예들에서 보는 바와 같이 일반적으로 어휘 형태소와 문법 형태소로 구성되어 있다.

(3) 학생 - 부터 - 만 - 이
잡 - 히 - 시 - 었 - 다

어휘 형태소 문법 형태소

그러나 한국어 형태소는 영어 등의 굴절어와는 달리 단순히 표층 형태에서 포착되지 못하고 복원과정을 거치는 경우들도 있다. 예를 들어 단어 '나는'에 대하여 우리는 다음과 같이 세 가지 분석결과를 가질 수 있다.

(4) a. 나_대명사 + 는_조사
b. 나_동사 + 는_어미
c. 날_동사 + 는_어미

즉 (4a, b)와는 달리 (4c)에서는 어휘 형태소 '날-'이 복원과정을 거쳐 분석되었다. 이러한 한국어의 특성을 고려한 형태소 분석의 전반적인 과정은 다음과 같다(김영택 2001:74).

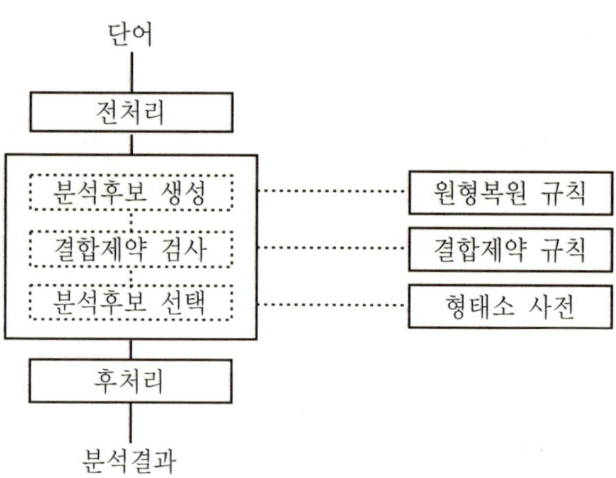

〈그림 2〉

먼저 전처리(preprocessing) 단계에서는 한글코드로 변환하고, 문장부호나 숫자 등을 분리하여 문자열을 추출한다. 다음 후보생성(candidate generation) 단계에서는 형태소를 분리하고, 변이형태소의 경우 원형을 복원한다. 그리고 후보들 중에서 사전을 검색하고, 결합제약 규칙 등을 적용하는 후보선택(candidate selection) 단계를 거친다. 다음 예는 후보생성 단계를 보여준다.

(5) a. 입력 어절: 사랑스러웠다
b. 어미 분리: 사랑스러우 + 었 + 다
c. 원형 복원: 사랑스럽 + 었 + 다
d. 접미사 분리: 사랑 + 스럽 + 었 + 다

3.2.2 구현

본 소절에서는 형태소 분석을 두 단계로 나누어 제시하기로 한다. 먼저 3.2.2.1절에서는 주어진 입력문장을 형태소 단위로 분해하는 형태소 분석기를 소개하기로 한다. 여기서는 설명의 편의상 어간과 어미를 분리하는 과정만을 다루기로 한다. 다음 3.2.2.2절에서는 개별 형태소에 해당 품사를 할당하는 태깅과정을 소개하기로 한다.

3.2.2.1 형태소 분석기

형태소 분석기는 다음과 같이 입력문이 주어지면, 형태소로 구분된 목록을 출력해주는 기능을 한다.

(6) ?- morphanalysis([철수가, 밥을, 먹었다], Output).
Output = [철수,가,밥,을,먹,었,다]

이러한 기능을 하기 위해서는 먼저 입력문의 머리요소부터 어간과 어미로 분석하고, 다음 꼬리요소들을 같은 방법으로 분석한다. 이를 위해 술어 morphanalyse/2를 다음과 같이 정의한다.

```
(7) morphanalysis([ ],[ ]).
    morphanalysis([H|T], T2) :- splitaffixes(H, H1, H2), !,
                                morphanalyse(T, T1),
                                append([H1], H2, H3),
                                append(H3, T1, T2).
```

개별 단어의 형태소 분석은 끝음절부터 시작하여 일차적으로 어간과 어미로 분석하고, 이 어간이 다시 분해될 수 있는지 체크하여 최종적으로 어간과 어미들의 목록을 결과로 제시한다. 이를 담당하는 술어 splitaffixes/3는 다음과 같이 정의된다.

```
(8) splitaffixes(Word, Stem, AffixList) :- splitaffix(Word, Stem1, AffixList1),
                                            splitaffixes(Stem1, Stem, AffixList2),
                                            append(AffixList2, [AffixList1], AffixList).
    splitaffixes (Word, Word, [ ]) :- not(splitaffix (Word,_,_)).
```

위 (8)에서 술어 splitaffix/3는 주어진 단어에서 일차적으로 한 어미를 분리해낸다. 즉 주어진 단어를 두 목록으로 분리하여 좌측 목록에 해당하는 단어가 형태소 사전에 들어있는지 체크한다. 사전내에 존재하는 경우 체크된 단어가 형태소이고, 나머지를 가지고 같은 작업을 반복한다. 이와 같이 작동하는 술어 splitaffix/3과 관련 술어 decompose/3은 다음과 같이 정의된다.[1)]

1) 술어 splitaffix/3에 나타나는 내장술어 atom_chars/2에 대한 정의는 2.2.2.4

```
(9) splitaffix(Word,Stem,Affixes) :- decompose(Word,W1,W2),
                                     atom_chars(Affixes,W2),
                                     (lex(Affixes,affix); lex(Affixes,case)),
                                     atom_chars(Stem,W1).
    decompose(X,Y,Z) :- atom_chars(X,L1),
                        append(Y,Z,L1), Y \= [ ], Z \= [ ].
```

일반적인 형태소 분석기는 그림 2에서 보는 바와 같이 일종의 형태소 사전을 요구한다. 즉 프로그램 일부 (9)에서 보면, 분해된 음절후보가 형태소 사전 내에 존재하는지 체크하여, 성립하면 이를 형태소로 간주한다. 한국어의 경우, 우리는 어휘 형태소를 제외한 문법 형태소만의 정보를 담고 있는 형태소 사전을 가정하기로 한다. 한국어의 문법 형태소는 주로 명사에 붙는 다양한 조사들과, 용언에 붙는 다양한 어미들로 구분될 수 있다. 예를 들어 형태소 사전을 다음과 같이 제시할 수 있다.[2)]

```
(10) lex('히', affix).
     lex('었', affix).
     lex('다', affix).

     lex('만', affix).
     lex('조차', affix).

     lex('이', case).
     lex('가', case).
     lex('을', case).
     lex('를', case).
```

절 참조.

2) 보다 자세한 형태소 분석은 3.3.5절과 3.3.8절에서 다루기로 한다.

다음은 이러한 프로그램의 실행결과를 보여주고 있다.

(11) a. ?- morphanalysis([범인이,잡히었다], Morph).
Morph = ['범인', '이', '잡', '히', '었', '다']

b. ?- morphanalysis([철수만이,밥을,먹었다], Morph).
Morph = ['철수', '만', '이', '밥', '을', '먹', '었', '다']

3.2.2.2 태깅

형태소 분석기를 통한 입력문장은 형태소별로 나누어진 목록을 출력으로 얻게 된다. 태깅과정에서는 이러한 출력문을 입력으로 받아 각 형태소에 해당 품사 혹은 POS(Part-Of-Speech)를 배당해 줌으로써 형태소 분석단계를 완료한다고 볼 수 있다. 우리는 형태소별로 다음과 같이 POS를 가정할 수 있다.

(12)

POS	태그	예
명사	n	학생, 철수, …
동사	v	자-, 먹-, …
부사	adv	빨리, …
조사	case	-가, -를, …
어미	affix	-었-, -다, …

다음은 간단한 태깅 프로그램을 설명하기로 한다. 이 프로그램은 입력으로서 형태소 목록을 받아 태그정보가 부착된 형태소 목록을 출력해준다. 이를 위해서 입력 목록의 첫 요소부터 사전 내의 존재 여부를 조사하고, 존재하면 태그정보를 가져와 출력 목록에 기입하는 과정을 밟는다. 다음은 이에 대한 Prolog 코드이다.[3)]

```
(13) tagging([ ],[ ]).
     tagging([Word|Words],[Lemma|Lemmas]) :- terminal(Word, Lemma),
                                              tagging(Words, Lemmas).

     terminal(W, n(W)) :- lex(W, n).
     terminal(W, v(W)) :- lex(W, v).
     terminal(W, affix(W)) :- lex(W, affix).
     terminal(W, case(W)) :- lex(W, case).
```

위 프로그램에서 술어 terminal/2는 첫 번째 논항으로 주어지는 형태소에 대한 품사정보를 사전탐색을 통하여 가져온다. 따라서 사전은 모든 형태소에 대해서 품사 정보들을 제공해주어야 한다. 이를 위해 기존의 문법 형태소 사전 (10) 외에도 우리는 어휘 형태소에 대한 정보를 담고 있는 사전을 필요로 한다. 어휘 형태소에 대한 정보를 갖고 있는 다음과 같은 형태소 사전을 추가하기로 한다.

```
(14) lex('먹', v).
     lex('잡', v).

     lex('철수', n).
     lex('밥', n).
     lex('범인', n).
```

끝으로 태깅 프로그램의 실행결과를 보면 다음과 같다.

3) 아래에 제시되는 태깅 코드는 Wenger(1996)에 제시된 프로그램을 한국어에 맞게 수정한 것이다.

(15) a. ?- morphanalysis([범인이,잡히었다], Morph), tagging(Morph, Tag).
Morph = ['범인', '이', '잡', '히', '었', '다'],
Tag = [n('범인'), case('이'), v('잡'), affix('히'), affix('었'), affix('다')]

b. ?- morphanalysis([철수만이,밥을,먹었다], Morph), tagging(Morph, Tag).
Morph = ['철수', '만', '이', '밥', '을', '먹', '었', '다'],
Tag = [n('철수'), affix('만'), case('이'), n('밥'), case('을'), v('먹'), affix('었'), affix('다')]

3.3 구문 분석

구문 분석은 앞서 그림 1에서 제시한 바와 같이 형태소 분석된 문장을 입력으로 하여 문장 구조를 출력해준다. 출력된 문장 구조는 채택하는 문장 구조 이론에 따라 각기 다른 모습을 보여줄 수 있다.[4] 본 절에서는 일반적인 구구조문법에 따라 한국어 문장의 구조를 분석하기로 한다. 그리고 구문 분석 방법에는 여러 가지 방법들이 있지만, 본 절에서는 Top-Down 방식에 따라 제시하기로 한다.[5]

3.3.1 기본어순

한국어는 동사가 문장 끝에 놓이는 XV 언어이다. 그러나 한국어에서 동사구 범주를 인정해야 하는가는 아직도 논란의 여지가 있다. 본서에서는 한국어를 게르만어처럼 동사구 범주를 인정하는 형상언어(configurational language)로 간주하여 처리하기로 한다.

한국어는 SOV 기본어순을 따르고, 이를 벗어난 어순은 비문이거나 특정 담화정보를 표현한 것으로 본다. 다음 예를 보자.

(16) a. 철수가 밥을 먹는다.
　　b. *철수가 먹는다 밥을.
　　c. 밥을 철수가 먹는다.

---

4) 자연언어처리에 많이 이용되는 통사이론으로서는 일반구구조문법(GPSG), 핵어중심구구조문법(HPSG), 어휘기능문법(LFG), 범주문법(CG) 등이 있다. 한국어 분석으로는 HPSG에 기반한 장석진(1995), 김종복(2004) 등이, 그리고 LFG에 기반한 신수송(1991) 등이 있다.

5) 구문 분석의 다양한 방법들(Top-Down 방식, Bottom-Up 방식, Chart 방식)에 대한 설명 및 Prolog 프로그램은 이민행(2005) 참조.

예문 (16a)는 기본어순을 표현하고 있다. 그러나 예문 (16b)는 동사 마지막 위치 조건을 어기므로 비문이고, 예문 (16c)는 동사 마지막 위치 조건은 만족시키지만 목적어가 주어보다 우선하므로 특정 담화정보가 표현된 유표적 문장으로 본다. 본 소절에서는 기본어순을 따르는 무표적인 경우만을 다루기로 한다.[6]

한국어 기본어순 문장들을 분석 또는 생성하기 위한 구구조규칙은 다음과 같이 주어질 수 있다.

(17) a. S → NP VP

b. VP → V NP

c. VP → V

d. NP → N C

위 규칙들 중 (17b)는 타동사가 나타나는 동사구를, 그리고 (17c)는 자동사가 나타나는 동사구를 처리한다. 그리고 규칙 (17d)는 명사와 조사로 구성되는 명사구를 포착한다. 이러한 구구조규칙을 이용하여 무표적 어순의 문장 (16a)의 구조를 다음과 같이 수형도로 나타낼 수 있다.

(18)

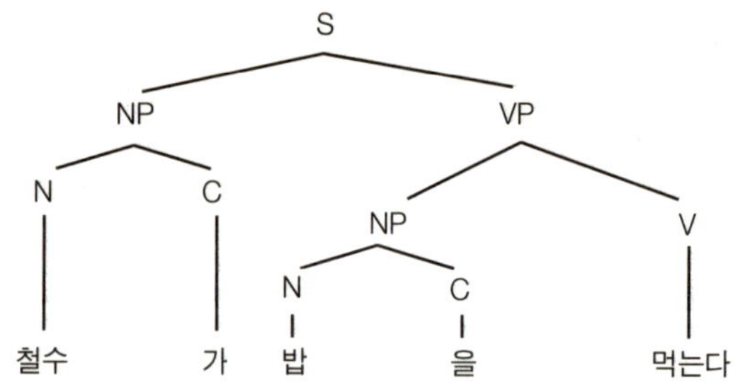

6) 예문 (16c)의 경우는 3.3.4 절에서 어순 뒤바꿈 현상으로 처리하기로 한다.

다음은 이상에서 살펴본 한국어 통사론에 기초하여 Prolog로 코딩하는 모습을 살펴보도록 한다. 우리는 앞서 제시한 한국어 구구조규칙 (17)을 DCG로 변환하면 다음 (19)와 같다. 수형도 출력을 위하여 이 규칙들에 관련 논항을 첨가한 DCG 규칙은 (20)과 같다. 앞으로 DCG 규칙의 제시에 있어서 편의상 수형도 출력과 관련된 논항은 생략하기로 한다. 그리고 각 절에 제시된 프로그램 테스트는 이 논항을 추가하여 얻은 결과이므로 연습시 (20)과 같이 관련 논항들을 추가하면 된다.

```
(19) s --> np, vp.
     vp --> np, vt.
     vp --> vi.
     np --> n, c.
```

```
(20) s(s(NP,VP)) --> np(NP), vp(VP).
     vp(vp(NP,V)) --> np(NP), vt(V).
     vp(vp(V)) --> vi(V).
     np(np(N,C)) --> n(N), c(C).
```

구구조규칙 (17)과는 달리 DCG 규칙 (19)에서는 동사가 자동사(vi)와 타동사(vt)로 구분되어 나타난다.[7] 그리고 완전한 문장 분석을 위해서 우리는 비종단범주의 규칙들 (20) 이외에도 종단범주의 규칙들과 어휘부의 정보가 필요하다. 다음 규칙 (21)은 종단범주에 연결된 어휘들과 해당 어휘부 정보 (22)를 연결해 준다.[8]

---

7) 이에 대한 수정은 3.3.3절 하위범주화에서 다루기로 한다.

8) 앞서 3.2 절의 형태소 분석에서 제시한 바와는 달리 본 절에서는 조사들을 편의상 'c'로 표기하도록 한다.

```
(21) c --> [Word], {lex(Word, c)}.
     n --> [Word], {lex(Word, n)}.
     vt --> [Word], {lex(Word, vt)}.
     vi --> [Word], {lex(Word, vi)}.
```

```
(22) lex('철수', n).
     lex('밥', n).
     lex('가', c).
     lex('이', c).
     lex('를', c).
     lex('을', c).
     lex('먹는다', vt).
     lex('잔다', vi).
```

이제 규칙들 (20), (21)과 어휘부 (22)를 가지고 우리는 한국어 기본어순의 문장들을 분석해 볼 수 있다. 다음은 위 프로그램의 테스트 결과를 보여준다.[9)]

```
(23) a. ?- s(Tree,[철수,가,잔다],[ ]), tree(Tree).

                  s
                 _|_
                /   \
              np     vp
             _|_     |
            /   \    |
           n     c   v
           |     |   |
           |     |   |
          철수   가  잔다
```

9) (23)에서 수형도를 출력해주는 술어 tree/1는 Lehner(1992)에서 가져왔으며, 부록에 제시되어 있다.

Tree = s(np(n('철수'), c('가')), vp(v('잔다')))

b. ?- s(Tree,[철수,가,밥,을,먹는다],[ ]), tree(Tree).

```
              s
          ____|____
         /         \
       np           vp
      _|_          _|__
     /   \        /    \
    n     c     np      v
    |     |     |       |
    |     |    / \      |
   철수   가   n   c   먹는다
               |   |
               |   |
              밥   을
```

Tree = s(np(n('철수'), c('가')), vp(np(n('밥'), c('을')), v('먹는다')))

c. ?- s(Tree,[철수,가,먹는다,밥,을],[ ]), tree(Tree).

No

위 테스트에서 우리는 DCG 규칙에 의해 한국어 기본어순의 문장들을 처리할 수 있음을 보았다. 그러나 위와 같은 규칙들만으로는 보다 복잡한 한국어 현상들을 올바르게 분석할 수 없다. 다음 소절들에서는 본 소절에서 제시한 규칙과 어휘부를 기반으로 하여 다양한 현상들을 분석가능하도록 수정, 확대된 DCG 규칙들과 어휘부를 제시하고자 한다.

3.3.2 일치현상

본 소절에서는 한국어에 나타나는 일치현상들 중, 술어와 명사구 간의 격 일치현상, 술어와 주어 간의 존대 일치현상을 다루고자 한다. 앞 소절에서 우리는 명사구를 명사와 조사로 구성되는 것으로 간단히 처리하였다. 그러나 조사는 주어, 목적어 등의 문법기능에 대한 정보를 지니고 있어서 적절한 술어와 결합해야 문법적인 문장이 된다. 다음 예들을 보자.

(24) a. 철수가 잔다.
     b. *철수를 잔다.

(25) a. 철수가 밥을 먹는다.
     b. *철수를 밥이 먹는다.

예문 (24)에서 자동사 '잔다'는 주어를 요구하며, 따라서 주어 정보를 지닌 격조사 '-이/가'를 포함한 명사구와만 결합할 수 있다. 또한 예문 (25)에서 타동사 '먹는다'는 목적어 정보를 지닌 격조사 '-을/를'을 포함한 명사구와 먼저 결합하여 동사구를 형성하고, 다음으로 주어정보를 지닌 격조사 '-이/가'를 포함한 명사구와 결합하여 문장을 완성한다. 그러나 앞 소절에서 제시한 DCG 규칙 (19)로는 다음에서 보는 바와 같이 비문법적인 문장들 (24b), (25b)를 문법적인 문장으로 잘못 분석해 준다.

(26) a.
```
?- s(Tree,[철수,를,잔다],[ ]).
Tree = s(np(n('철수'), c('를')), vp(v('잔다')))
```

b.
```
?- s(Tree,[철수,를,밥,이,먹는다],[ ]).
Tree = s(np(n('철수'), c('를')), vp(np(n('밥'), c('이')), v('먹는다')))
```

다음은 격 일치현상을 올바로 분석할 수 있도록 기존의 규칙 (19)를 수정하여 보자. 먼저 문장범주에 직접 관할되는 명사구가 주어로 기능한다는 점을 격정보로 표현하기로 한다. 마찬가지로 타동사의 자매로 나타나는 명사구는 격정보에 의해 목적어로 기능함을 표현한다. 한편 명사구의 격정보는 명사와는 무관하며, 전적으로 격조사에 의해 결정된다고 본다. 이 점은 동일한 변항을 사용해서 표현할 수 있다. 이상을 반영하여 기존의 규칙 (19)를 수정하면 다음과 같다.

```
(27) s --> np(nom), vp.
     np(CASE) --> n, c(CASE).
     vp --> np(acc), vt.
     vp --> vi.
```

첫 번째 문장범주 확장규칙에서는 딸범주 명사구에 격정보 'nom'을 표현함으로써 주격 명사구가 문장의 첫 부분에 출현하도록 제약을 가하고 있다. 그리고 두 번째의 명사구 확장규칙에서는 격조사가 지니는 격정보 논항이 명사구의 격정보 논항과 동일하게 표현되어 명사구의 격이 조사에 의해 결정됨을 반영하고 있다. 끝으로 세 번째의 동사구 확장규칙에는 딸범주 명사구에 격정보 'acc'가 표현되어 있어서 목적격 명사구만이 나타나도록 제약을 가하고 있다. 그리고 위 규칙에서 격조사는 격정보를 논항으로 취하고 있다. 따라서 이에 상응하게 어휘부 내의 격조사 정보도 다음과 같이 수정된다.

```
(28) c(CASE) --> [Word], {lex(Word, c, CASE)}.
     lex('가', c, nom)
     lex('이', c, nom).
     lex('를', c, acc).
     lex('을', c, acc).
```

이와 같이 수정된 DCG 규칙 (27)과 어휘부 (28)을 사용하면, 예문 (24)~(25)의 문법성에 대해 올바른 판단을 내릴 수 있다. 다음은 이에 대한 테스트 결과를 보여준다.

(29) ?- s([철수,가,잔다],[ ]).
Yes

?- s([철수,를,잔다],[ ]).
No

?- s([철수,가,밥,을,먹는다],[ ]).
Yes

?- s([철수,를,밥,을,먹는다],[ ]).
No

다음은 위와 비슷한 기법으로 포착할 수 있는 일치현상의 하나로서 한국어에 특히 두드러지게 나타나는 존대법을 다루기로 한다. 존대법은 주어와 화자간의 사회적 신분 차이로 인해 나타나며, 주어가 화자보다 그 지위가 높은 경우 술어가 특별한 형태로 표현되길 요구한다. 술어의 존대 표현은 일반적인 어간에 존칭어미를 첨가하거나 나름의 존칭 술어로 나타난다. 본 소절에서는 설명의 편의상 존칭 술어에 의해 나타나는 존대법의 일부만을 다루기로 한다. 먼저 다음 예문들을 보자.[10)]

(30) a. 철수가 과자를 먹는다.
b. *철수가 과자를 드신다.

10) 예문 (31b)에서 완전한 존대 표현의 문장으로는 '아버지께서 과자를 드신다'로서 격조사도 명사와의 존대일치 현상을 보인다. 설명을 간단히 하기 위해서 이러한 '명사-조사'간의 일치현상은 다루지 않기로 한다.

(31) a. *아버지가 과자를 먹는다.
b. 아버지가 과자를 드신다.

화자와 동등한 혹은 낮은 지위를 갖는 것으로 생각할 수 있는 '철수'가 주어로 등장하는 경우 (30)에서는, 술어로서 비존대 표현 '먹는다'만을 허용하는 반면에, 화자보다 그 지위가 높은 '아버지'가 주어로 등장할 경우 (31)에서는, 술어로서 존대 표현 '드신다'만을 허용한다.[11] 이러한 현상을 분석하기 위해 기존의 규칙 (27)을 다음과 같이 수정하여 제시할 수 있다.

```
(32) s --> np(nom, HON), vp(HON).
     np(CASE,HON) --> n(HON), c(CASE).
     vp(HON) --> np(acc, _), vt(HON).
     vp(HON) --> vi(HON).
```

위 DCG 규칙들에서 보면, 주어-술어 간 존대정보의 일치는 문장범주의 딸범주들인 명사구와 동사구 간에 동일한 변항을 사용하여 포착된다. 그리고 명사구의 존대정보는 명사로부터, 동사구의 존대정보는 동사로부터 상속받는다.

이러한 구조관련 규칙들 이외에도 우리는 이에 부합하도록 기존의 어휘부 (21), (22)를 수정해야 한다. 즉, 명사와 동사는 이제 존대정보를 추가 논항으로 포함한다. 이를 보면 다음과 같다.[12]

11) 목적어도 술어와 존대 일치현상을 보인다. 그러나 본 소절에서는 주어-술어간의 존대법만을 다루기로 한다.
12) 존대정보에 대해 중립적인 경우 '익명의 변수(anonymous variable)'에 의해 표현한다. (33)에서 '과사'의 어휘정보가 이에 해당한다.

```
(33) n(HON) --> [Word], {lex(Word, n, HON)}.
     lex('철수', n, minus).
     lex('아버지', n, plus).
     lex('과자', n, _).

     vt(HON) --> [Word], {lex(Word, vt, HON)}.
     lex('먹는다', vt, minus).
     lex('드신다', vt, plus).

     vi(HON) --> [Word], {lex(Word, vi, HON)}.
     lex('잔다', vi, minus).
     lex('주무신다', vi, plus).
```

이제 수정된 규칙 (32)와 어휘부관련 (33), (28)을 가지고 우리는 존대 일치현상을 올바로 포착할 수 있다. 다음은 이에 대한 테스트 결과이다.

```
(34) ?- s([철수,가,과자,를,먹는다],[ ]).
     Yes

     ?- s([철수,가,과자,를,드신다],[ ]).
     No

     ?- s([아버지,가,과자,를,드신다],[ ]).
     Yes

     ?- s([아버지,가,과자,를,먹는다],[ ]).
     No
```

3.3.3 하위범주화

동사, 형용사 등의 술어는 자신이 요구하는 논항들에 대해 그 수나 속성들에 대한 제약을 지닌다. 다음 예문들을 보자.

(35) a. 철수가 잔다.
  b. *철수가 밥을 잔다.

(36) a. 철수가 밥을 먹는다.
  b. *철수가 돼지에게 먹는다.

자동사 '자다'는 주어 논항 하나를, 그리고 타동사 '먹는다'는 주어 논항과 목적어 논항을 요구한다. 이러한 정보를 술어의 하위범주화 정보라고 하며, 이를 만족시켜야 문법적인 문장으로 판정된다.

우리는 앞 소절에서 이러한 술어의 요구사항들을 구구조규칙 내에 반영하였다. 즉 DCG 규칙 (27) 또는 (32)를 보면, 타동사(vt)의 경우 세 번째 규칙의 적용을 받아 목적어 명사구의 존재를 요구하게 된다. 그러나 이러한 방법은 술어의 종류에 비례하는 구구조규칙들을 요구하게 되어 통사부가 비대하게 될 위험이 있다. 또한 술어의 일반적인 속성을 포착해내는 일반화를 어렵게 만든다.

다른 대안으로서는 이런 정보들을 어휘부내에 기입하는 방법이 있으며, 통사부를 최대한 간소화히려는 최근의 언어 이론들에서는 이 방법을 택하고 있다.[13] 이 방법에 의하면, 동사가 자동사/타동사로 하위구분되지 않고 하나의 동사 범주로 처리되고, 그들간의 차이는 새로이 추가되는 하위범주화 정보에서 나타난다.[14]

---

13) 이런 이론으로서는 어휘부에 정보를 많이 남고 있는 HPSG(Pollard & Sag 1994), LFG(Bresnan 1982) 등을 들 수 있다.

14) 앞으로 제시하게 될 술어의 어휘부에서는 처리를 간단히 하기 위하여 앞

```
(37) v(Args) --> [Word], {lex(Word, v, Args)}.

     lex('먹는다', v, [acc, nom]).
     lex('잔다', v, [nom]).
```

이러한 어휘부 정보가 올바로 작동하기 위해서는 기존의 규칙 (27)도 다음과 같이 수정된다.

```
(38) s --> np(Arg), vp(Arg).
     np(CASE) --> n, c(CASE).
     vp(Arg2) --> np(Arg1), v([Arg1, Arg2]).
     vp(Arg) --> v([Arg]).
```

즉, 동사의 하위범주화 정보는 자매범주에 의해 충족되고 남은 정보를 동사구에 넘겨주고, 동사구의 이 정보는 문장 하위의 명사구가 지닌 정보와 일치하면 문법적 문장으로 판정된다. 그리고 명사구가 지니는 정보는 앞서 3.3.2절에서 살펴본 격 처리와 마찬가지로 조사로부터 넘겨받게 되는 정보이다. 이러한 수정된 어휘부 (37)과 DCG 규칙 (38)을 가지고 예문 (35)~(36)을 테스트해보면 올바른 결과를 얻을 수 있다. 다음은 이에 대한 테스트 결과이다.

```
(39) ?- s(T, [철수,가,잔다], [ ]).
     T = s(np(n('철수'), c('가')), vp(v('잔다')))
     Yes

     ?- s(T, [철수,가,밥,을,잔다], [ ]).
     No

     ?- s(T, [철수,가,밥,을,먹는다], [ ]).
```

소절에서 다루었던 존대정보를 생략하고 있다.

```
T = s(np(n('철수'), c('가')), vp(np(n('밥'), c('을')), v('먹는다')))
Yes

?- s(T, [철수,가,돼지,에게,먹는다], [ ]).
No
```

3.3.4 어순 뒤바꿈

우리는 지금까지 한국어의 기본어순인 SOV 문장만을 다루어왔다. 그러나 한국어는 동사의 끝자리가 보장되는 한, 논항들간의 자리바꿈이 자유로운 언어이다. 이 때문에 일부 학자들은 한국어를 비형상구조 언어로 간주하기도 한다. 그러나 우리는 한국어가 형상구조 언어라는 전제하에 자리바꿈 현상을 다루도록 한다. 먼저 다음 예문들을 보자.

(40) a. 철수가 밥을 먹는다.
  b. 밥을 철수가 먹는다.

문장 (40b)는 기본어순 문장 (40a)로부터 목적어 '밥을'이 주어 '철수가'가 앞으로 이동된 것으로 본다. 따라서 기본 문장 (40a)는 3.3.1절에서 제시된 (18)의 문장구조를 보이며, 어순이 뒤바뀐 문장 (40b)는 다음과 같은 구조를 갖는다.

(41)

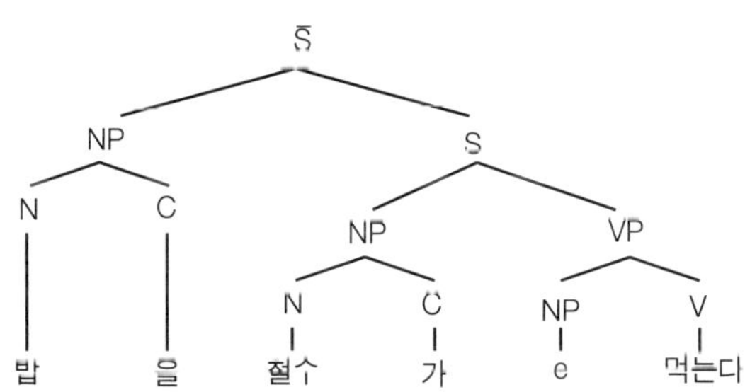

그러나 우리는 앞서 제시된 DCG 규칙들로는 어순이 뒤바뀐 이런 유형의 문장들을 처리할 수 없다. 즉, (38)에 제시된 DCG 규칙들은 위의 문장을 문법적인 문장으로 판정하지만, 다음과 같이 잘못된 구조를 출력해 준다.[15)]

```
(42) ?- s(T, [밥,을,철수,가,먹는다], [ ]).
     T = s(np(n('밥'), c('을')), vp(np(n('철수'), c('가')), v('먹는다')))
     Yes
```

즉 출력된 구조만을 가지고 보면, 우리는 '밥을'을 주어로 그리고 '철수가'를 목적어로 해석하게 된다. 규칙 (38)에 의하면 동사구와 결합하는 명사구가 주격정보를 지녀야 한다는 제약이 없다. 따라서 우리는 예문 (40)을 처리하기 위해서는 수정된 규칙들을 필요로 한다.

먼저 기본어순에서 벗어난 명사구를 포착하기 위하여, 명사구와 기본 문장 S로 구성되는 새로운 문장범주 $\overline{S}$를 설정하기로 한다. 이때 기본 문장범주 S는 충족될 논항정보를 지니고 있고, 이 정보가 명사구의 정보와 일치하면 문법적인 문장으로 판정하게 된다. 물론 기본어순의 문장 S는 충족될 논항정보로서 빈 목록을 갖게 되고, $\overline{S}$ 범주로 확장된다. 그리고 문장 범주의 경우, (42)와 같은 잘못된 분석을 막기 위해 문장 범주하에 직접 관할되는 명사구의 경우 주어만이 나타날 수 있다는 구조적 제약을 가해야 한다. 이를 DCG로 표현하면 다음과 같다.

15) DCG 규칙 (38)에 의해 예문 (40b)를 처리하기 위해서는 어휘부 (37)의 '먹는다' 동사에 [nom,acc] 하위범주화 정보를 첨가하는 수정이 필요하다.

(43) s_bar --> np(Arg), s([Arg]).
     s_bar --> s([ ]).

     s(Arg) --> np(nom), vp([nom|Arg]).

기본 문장 S를 구성하는 DCG 규칙들도 수정을 필요로 한다. 우리는 어순교체 문장을 생성문법이론에서처럼 일종의 이동으로 포착하고자 한다. 즉 타동사가 나타나는 어순교체 문장 (40b)의 경우 공범주로 나타나는 목적어 명사구와 일단 결합하여 동사구를 형성하는 것으로 본다. 이때 동사의 하위범주화 정보에서 충족될 논항은 동사구조의 하위범주화 목록의 맨 끝으로 자리이동하는 것으로 가정한다. 물론 기본어순 문장의 경우, 앞서 처리한 바와 같이 충족된 명사구를 제외한 하위범주화 정보가 동사구로 상속되며, 충족될 논항이 없는 경우, 동사의 하위범주화 정보가 그대로 동사구에 상속되는 것으로 본다.

(44) vp([Arg2, Arg1]) --> np(gap), v([Arg1, Arg2]).
     vp([Arg2]) --> np(Arg1), v([Arg1, Arg2]).
     vp(Args) --> v(Args).

이러한 DCG 규칙들 외에도 기존 규칙들에서 명사구에 관한 규칙들을 수정할 필요가 있다. 명사구의 경우, 우리는 공범주를 도입하는 새로운 명사구 범주를 추가해야 한다. 빈목록을 종단범주로 갖는 공범주의 명사구는 격정보로서 gap을 지닌다고 가정한다.

(45) np(CASE) --> n, c(CASE).
     np(gap) --> [ ].

이제 우리는 이상의 수정된 DCG 규칙들 (43)~(45)와 기존의 어휘부를 사용하여 어순이 뒤바뀐 문장들의 구조를 분석할 수 있다. 다음은 기본어순 문장과 이에 대응하는 어순교체된 문장의 분석결과들이다.

(46) (a)?- s_bar(T,[철수,가,밥,을,먹는다],[ ]), tree(T).

```
              s_bar
                |
                |
                s
           _____|___
          /         \
       np            vp
      __|_          __|_
     /    \        /    \
    n      c     np      v
    |      |     |       |
    |      |    / \      |
   철수    가   n  c    먹는다
                |  |
                |  |
               밥  을
```

T = s_bar(s(np(n('철수'), c('가')), vp(np(n('밥'), c('을')), v('먹는다'))))
Yes

(b) ?- s_bar(T,[밥,을,철수,가,먹는다],[ ]), tree(T).

```
             s_bar
         ____|____
        /         \
      np           s
     _|_        __|___
    /   \      /      \
   n     c    np       vp
   |     |   _|_      _|_
   |     |  /   \    /   \
  밥    을  n     c  np    v
            |     |  |     |
            |     |  |     |
           철수   가 [ ]  먹는다

T = s_bar(np(n('밥'), c('을')), s(np(n('철수'), c('가')),
      vp(np([ ]), v('먹는다'))))
Yes
```

3.3.5 문장 유형

우리는 지금까지 평서문에 기초하여 기본 현상들을 다루어 왔다. 그러나 우리는 텍스트나 대화 문맥에서 평서문 이외에도 다양한 문장 유형들을 접할 수 있다. 본 소절에서는 한국어의 이런 다양한 문장 유형들을 처리하는 방법을 살펴보기로 한다.

다양한 문장 유형들을 실현하는 방법은 언어유형론적 특성을 보인다. 어순 등의 통사적 수단에 의해 문장 유형들을 표현하는 인도-게르만어와는 달리, 한국어에서는 동사 내의 특정 형태소, 즉 어말어미에 의해 문장 유형들이 표현된다. 또한 한국어의 어말어미는 화용론적 요소에 의존하여 다양한 모습을 보인다. 한국어, 일본어 등은 화자/청자 간의 사회심리적 요인에 의해서 규제되는 대우표현, 즉 화계가 존재하며 이 화계에 따라 문장 유형을 표현하는 종결어미의 모습이 달라진다. 본 소절에서는 장석진(1995)에 따른 분류에서 평대(아-계)에 나타나는 어말어미들에 한정한다.

한국어의 문장들은 다음 예에서 보는 바와 같이 크게 네 가지 문장 유형, 즉 평서문, 의문문, 명령문, 청유문 등으로 구분된다.

(47) a. 철수가 밥을 먹었다.
 b. 철수가 밥을 먹었니?
 c. 밥을 먹어라!
 d. 밥을 먹자!

위 예들에서 보는 바와 같이 각 문장 유형들은 동사의 어말어미에 의해 결정된다. 즉 '-다'는 평서문을, '-느냐/니'는 의문문을, '-라'는 명령문을, 그리고 '-자'는 청유문을 표현해 준다. 따라서 어간과 어미들로 구성되는 동사/형용사의 어휘부는 문장 유형에 대한 정보를 지니고 있어야 한다.

단어로서 동사/형용사 등의 술어는 문장 유형을 알려주는 어말어미 이외에도 다양한 선어말어미들이 나타날 수 있으며, 각각의 선어말어미들은 나름의 정보를 담고 있다. 그리고 이 어미들은 다음과 같은 일정한 순서에 의해 동사 어근과 결합한다.

(48) V-root + (Pass/Caus) + (Hon) + (Tense) + Mood

잡	히	시	었	다

따라서 어휘부에서 술어는 문장 유형의 정보 이외에도 각 어미들이 나타내는 정보들을 가지고 있어야 한다. 우리는 어휘부의 술어정보를 앞서 제시한 (37)과는 달리 다음과 같이 확장하기로 한다.[16]

---

16) 여기서 우리는 설명을 간단히 하기 위하여 사동/피동, 존대 정보는 다루지 않기로 한다. 그리고 명령형과 청유형에서 시제정보의 경우 익명의 변수 '_'을 사용하여 중립적 정보로 표현하기로 한다.

```
(49) lex('먹었다', v, [acc, nom], past, decl).
     lex('먹었니', v, [acc, nom], past, inter).
     lex('먹어라', v, [acc, nom], _, imper).
     lex('먹자', v, [acc, nom], _, propo).
```

위 어휘부에서 보면, 이제 동사 어휘항목에는 기존의 어휘형태, 품사 정보, 하위범주화 정보 이외에도 각 어미들의 정보를 담을 수 있는 두 개의 슬롯이 추가되어 시제 정보와 문장유형 정보를 표현할 수 있다.

이제 (47)에서 보는 바와 같은 다양한 문장 유형들을 분석하기 위한 DCG 규칙들을 살펴보자. 평서문과 의문문은 기존의 규칙들로 포괄된다. 그러나 명령문과 청유문은 주어가 실현되지 않고 다만 동사구로서 문장이 형성된다. 이를 반영하기 위하여 문장범주를 확장하는 규칙을 추가하기로 한다. 그리고 문장이 갖는 시제, 유형 등에 관한 정보도 문장의 핵인 동사로부터 상속되도록 논항들을 추가하기로 한다. 이를 종합하여 제시하면 다음과 같다.

```
(50) s(Arg,Tens,Mood) --> np(nom), vp([nom|Arg],Tens,Mood).
     s([ ], _, Mood) --> vp([nom], _, Mood).

     vp([Arg2],Tens,Mood) --> np(Arg1), v([Arg1,Arg2],Tens,Mood).
     vp(Args,Tens,Mood) --> v(Args,Tens,Mood).
     v(Args,Tens,Mood) --> [Word], {lex(Word,v,Args,Tens,Mood)}
```

다음은 위와 같이 수정된 DCG 규칙과 어휘부를 가지고 예문 (47)의 의문문과 명령문을 구조분석한 결과이다.

(51) a. ?-s_bar(Tree,Tens,Mood,[철수,가,밥,을,먹었니],[ ]), tree(Tree).

```
            s_bar
              |
              |
              s
         _____|___
        /         \
      np           vp
     __|_        __|_
    /    \      /    \
   n      c   np      v
   |      |    |      |
   |      |   / \     |
  철수   가  n   c   먹었니
             |   |
             |   |
            밥  을
```

```
Tree = s_bar(s(np(n('철수'), c('가')), vp(np(n('밥'), c('을')), v('먹었니')))),
Tens = past,
Mood = inter ;
No
```

b. ?- s_bar(Tree,Tens,Mood,[밥,을,먹어라],[ ]), tree(Tree).

```
        s_bar
          |
          |
          s
          |
          |
         vp
       __|__
      /     \
    np       v
    _|_      |
   /   \     |
  n     c  먹어라
  |     |
  |     |
 밥    을
```

```
Tree = s_bar(s(vp(np(n('밥'), c('을')), v('먹어라')))),
Mood = imper ;
No
```

3.3.6 보문절 구문

우리는 앞 소절에서 주절에 나타나는 문장의 형태를 다루어 보았다. 본 소절에서는 부문장으로 나타나는 보문절을 살펴보자. 보문절은 다음 예들에서 보는 바와 같이 명사구와 마찬가지로 특정 동사들의 논항 역할을 한다고 볼 수 있으며, 평서문뿐만 아니라 다양한 문장 유형들로 나타날 수 있다(장석진 1995).

(52) a. 우리는 [철수가 잔다]고 믿는다.
 b. 우리는 철수에게 [자느냐]고 물었다.
 c. 우리는 철수에게 [자라]고 지시했다.
 d. 우리는 철수에게 [자자]고 제안했다.

논의를 평서문 유형 (52a)에 한정하여 살펴보자. 주절동사 '믿는다'는 주어와 문장을 논항으로 취하는 일종의 타동사 모습을 보인다. 그런데 이런 류의 몇몇 동사들은 다음 예들에서 보는 바와 같이 보문절의 주어를 자신의 목적어로 상승시킬 수 있다.

(53) a. 영희는 철수가/철수를 잔다고 믿는다.
 b. 영희는 철수가/철수를 똑똑하다고 생각한다.

이러한 상승구문의 처리를 위하여 우리는 '믿는다' 류의 동사들은 두 개의 하위범주화정보를 지니는 것으로 가정한다. 즉, (53)에서 '철수가'로 실현되는 경우를 위하여 주어와 문장을, 그리고 '철수를'로 실현되는 경우를 위하여 주어, 목적어, 동사구를 하위범주화하는 것으로 본다. 이때 하위범주화되는 문장이나 동사구에 나타나는 동사 형태는 일반 문장의 동사 형태와는 달리 종결어미에 특정 형태소 '-고'가 결합되어 나타나고 있다. 따라서 이에 대한 처리가 요구되며, 본 소절에서는 형태소 '-고'를 채희락(2005)에 따라 통사범주에 부착되는 일종의 접어(clitics)로 처리하기로 한다. 이를 반영한 주절동사 '믿는다'와 접어 '-고'의 어휘부 정보는 다음과 같이 제시된다.

(54) a. lex('믿는다', v, [acc, nom], pres, quot\decl).
        lex('믿는다', v, [_, acc, nom], pres, quot\decl).
     b. lex('고', c, quot).

접어 '-고'는 다른 접사들처럼 일종의 격정보로 볼 수 있는 인용정보(quotative)를 갖는다고 본다. 그리고 명사절을 논항으로 취하는 동사 '믿는다'는 요구하는 부문장 유형의 정보를 연산자 '\'를 사용하여 자신의 문장유형 정보와 함께 제시하기로 한다. 여기서 연산자 '\'에 대한 정의는 다음과 같다(Pereira & Shieber 2002).

(55) :- op(800,xfx,\).

이제 올바른 통사구조를 포착할 수 있는 DCG 규칙들을 살펴보자. 앞서 제시한 규칙들로는 예문 (53)을 처리할 수 없다. 내포문과 상승동사 '믿는다' 간의 결합, 그리고 명사구, 동사구, 상승동사 간의 결합 등을 다루는 동사구 규칙들이 필요하다. 이를 다음과 같이 제시하기로 한다.

(56) a. vp(Args,Tens,Mood) --> v_1(Args,Tens,Mood).
     b. vp([Arg2],Tens,Mood) --> np(Arg1),
                                  v_1([Arg1,Arg2],Tens,Mood).

```
c. vp([Arg2],Tens,Mood) --> np(Arg1),
                            v_1([nom], _, Require),
                            v_1([_,Arg1,Arg2],Tens, Require\Mood).
d. vp([Args],Tens,Mood) --> s([ ],_, Require),
                            v_1([_, Args],Tens, Require\Mood).
e. v_1(Args,Tens,Mood) --> v(Args,Tens, _), c(Mood).
f. v_1(Args,Tens,Mood) --> v(Args,Tens,Mood).
```

규칙 (56a), (56b)는 자동사, 타동사가 나타나는 문장을 위한 규칙들로서 기존 규칙들과 동일하며, 다만 동사 v가 중간범주의 동사 v_1로 확장되어 있다. 이 중간범주의 동사는 동사와 접어로 (56e), 혹은 동사 단독으로 (56f) 구성될 수 있다. 특히 규칙 (56c)에서 보면, 이 동사에 의해 만들어지는 문장의 유형정보는 동사의 Mood 값이 아니라 접어의 Mood 값으로 결정되고, 이 값은 연결되는 주절동사에 의해 통제된다. 규칙 (56d)는 문장을 논항으로 취하는 상승동사의 경우를, 그리고 규칙 (56c)는 상승된 목적어와 동사구를 논항으로 취하는 상승동사의 경우를 위해 설정되었다. 이 두 규칙들에서는 연산자 '\'가 사용되어 상승동사의 논항으로 나타나는 문장이나 동사구는 특정한 형태소를 지니길 요구한다. 즉, 상승동사는 자신의 어휘부 정보 (54a)에 의해 자매범주로 나타나는 문장 혹은 동사구가 특정한 Mood 값을 갖고 나타나길 요구한다. 그리고 동사 자신의 하위범주화 목록은 결합된 논항들이 제거되어 상위범주에 상속된다. 다음은 이에 의거하여 예문 (53a)를 분석한 결과이다.

(57) a.
```
?- s_bar(Tree,Tens,Mood,[영희,는,철수,가,잔다,고,믿는다],[ ]),tree(Tree).
```

```
                 s_bar
                   |
                   |
                   s
          _________|______
         /                \
       np                  vp
      __|_             ____|___
     /    \           /        \
    n      c         s          v_1
    |      |       __|__         |
    |      |      /     \        |
  영희    는     np      vp       v
                _|       |       |
               /  \      |       |
              n    c    v_1    믿는다
              |    |    _|
              |    |   /  \
            철수  가   v    c
                       |    |
                       |    |
                     잔다  고
```

```
Tree = s_bar(s(np(n('영희'), c('는')), vp(s(np(n('철수'), c('가')),
        vp(v_1(v('잔다'), c('고')))), v_1(v('믿는다')))))
Tens = pres
Mood = decl ;
No
```

b. ?- s_bar(Tree,Tens,Mood,[영희,는,철수,를,잔다,고,믿는다],[ ]),tree(Tree).

```
              s_bar
                |
                |
                s
          ______|______
         /             \
       np               vp
      __|_        ______|______
     /    \      /      |      \
    n      c    np     v_1     v_1
    |      |   _|_     _|_      |
    |      |  /   \   /   \     |
  영희    는 n     c  v     c   v
             |     |  |     |   |
             |     |  |     |   |
           철수    를잔다  고 믿는다
```

Tree = s_bar(s(np(n('영희'), c('는')), vp(np(n('철수'), c('를')),
        v_1(v('잔다'), c('고')), v_1(v('믿는다')))))

Tens = pres

Mood = decl ;

No

3.3.7 관계절 구문

우리가 지금까지 다룬 명사구는 '철수가', '밥을'처럼 명사와 조사의 결합만으로 이루어진 경우들이다. 그러나 명사구는 다양한 수식구가 부가될 수 있다. 다음 예들은 각기 명사가 형용사구의, 그리고 명사구의 수식을 받는 경우들을 보여준다.

(58) a. 철수가 아주 맛있는 빵을 먹었다.
     b. 철수의 아버지가 주무신다.

이렇게 확장된 명사구는 중간층위의 명사범주를 도입하여 그 구조를 표현할 수 있다. 다음은 (58a)의 구조를 나타낸 것이다.

```
(59)            np
               __|__
              /     \
           n_1       c
         ___|__      |
        /      \     |
      ap        n   을
     __|__      |
    /     \     |
  adv      a   빵
   |       |
   |       |
  아주   맛있는
```

명사구는 다음 예에서 보는 바와 같이 이런 형용사구나 명사구 이외에도 보문절 (60a), 관계절 (60b) 등 문장범주의 수식을 받을 수 있다. 본 소절에서는 관계절 구문을 다루고자 한다.

(60) a. [철수가 책을 읽었다는/읽은] 사실이 …
  b. [철수가 읽은] 책이 …

먼저 한국어 관계절은 게르만어와는 달리 관계대명사가 나타나지 않는다. 그 대신 용언의 특정 어미들이 그 역할을 넘겨받는다고 볼 수 있다.

(61) (a) [철수가 _ 읽은/읽던/읽을] 책이 …
  (b) *[철수가 _ 읽었다고/읽고서] 책이 …

그러므로 우리는 관계절 형성에 관여하는 어미 '-은, -던, -을' 등을 포함한 술어의 경우, 어휘부 내에 문장유형 정보로서 수식절임을 나타내는 값 'modify'을 갖는 것으로 설정하기로 한다. 따라서 다음과 같이 술어는 어휘부 내에 Mood 값으로서 문장유형 정보인 decl, inter 등이나 수식절 정보 modify를 갖는다.

(62) v(Subcat, Tens, Mood) --> [Word], {lex(Word, v, Subcat, Tens, Mood)}.

lex('읽는다', v, [acc, nom], pres, decl).
lex('읽은', v, [acc, nom], past, modify).
lex('읽던', v, [acc, nom], past, modify).
lex('읽을', v, [acc, nom], fut, modify).

다음은 관계절 구문의 통사적인 면을 살펴보자. 관계절은 보문절과는 다른 통사적 양상을 보인다. 보문절에서는 동사에 의해 요구되는 논항들이 모두 충족된 완전한 문장이 나타나는 반면에, 관계절에서는 동사에 의해 요구되는 논항들 중 특정 논항이 빠져있고, 수식받는 명사가 그 빠진 논항 역할을 수행한다.

(63) a. [철수가 _ 읽은] 책이 …
b. *[철수가 그 책을 읽은] 책이 …

(64) a. [_ 책을 읽은] 철수가 …
b. *[철수가 책을 읽은] 철수가 …

따라서 관계절은 충족되지 않은 논항을 하위범주화목록 내에 가지고 있고, 수식받는 명사와의 결합을 통해서 하위범주화 요구가 충족되는 것으로 본다. 그리고 3.3.4절에서 우리는 공범주를 설정하였는데, 관계절의 충족되지 않은 논항은 구조상 공범주로 실현된다고 본다.

이러한 관계절 구문의 통사적인 면을 반영하여 이를 처리할 수 있는 DCG 규칙들을 설정하여 보자. 먼저 관계절의 수식을 받는 명사구의 전체 구조는 (59)에 제시된 모습을 지닌다. 즉 중간층위의 명사범주를 도입하여 수식관계를 구조적으로 나타내기로 한다. 이를 반영하여 명사구 관련 규칙들을 종합하여 제시하면 다음과 같다.

```
(65) a. np(CASE, nogap) --> n_1(nogap), c(CASE).
     b. np(CASE, gap) --> n_1(gap), c(CASE).
     c. np(_, gap) --> [ ].
     d. n_1(nogap) --> n.
     e. n_1(gap) --> s([_], _, modify), n.
```

위 규칙 (65)에서 명사구는 처리과정에서 무한루프에 빠지는 것을 방지하기 위하여 관계절 수식을 받지 않는 경우(65a)와 받는 경우(65b)로 나뉘어 처리된다. 그리고 수식받는 명사가 원래 차지하는 위치를 위하여 공범주 명사구를 도입하기로 한다(65c). 규칙 (65d)는 수식받지 않는 명사구에 관련하며, 규칙 (65e)가 관계절과 명사간의 결합을 담당한다. 여기서 관계절에 해당하는 문장범주는 충족되지 않은 논항 목록과, 수식절임을 알려주는 자질 modify를 가지고 있어야 한다는 제약을 받음으로써 자연스럽게 일반적인 문장이 출현하는 경우를 배제한다.

다음은 그외 관계절 구문을 위해 필요한 DCG 규칙들을 살펴보자. 우선 관계절은 (63), (64)에서 보는 바와 같이 동사구 내의 한 요소, 혹은 주어가 빠진 문장형태로 나타날 수 있다. 그러므로 우리는 관계절을 다음 두 규칙들로 파악해야 된다.

```
(66) a. s(Arg, Tens, Mood) --> np(nom, nogap),
                               vp([nom|Arg], Tens, Mood).
     b. s(Arg, Tens, Mood) --> np(_, gap), vp(Arg, Tens, Mood).
```

규칙 (66a)는 주어 이외의 논항이 비어있는 절을 위한 것이고, 규칙 (66b)는 주어가 비어있는 절을 포착한다. 여기서 Mood 값은 동사구로부터 상속되는데, 이는 다시 아래 규칙들에서 보는 바와 같이 동사의 정보로부터 상속된다.

```
(67) vp([Arg2], Tens, Mood) --> np(Arg1, nogap), v([Arg1,Arg2], Tens, Mood).
     vp([Arg2, Arg1], Tens, Mood) --> np(_, gap),
                                       v([Arg1,Arg2], Tens, Mood).
     vp([Arg], Tens, Mood) --> v([Arg], Tens, Mood).
```

이제 우리는 이상에서 제시한 어휘부와 DCG 규칙들을 사용하여 관계절 구문을 분석할 수 있다. 다음은 위 DCG 규칙으로 목적어가 비어있는 관계절 (63)과, 주어가 비어있는 관계절 (64) 등에 대한 테스트 결과를 보여준다.

(68) a. ?- np(Tree, Case, _, [철수,가,읽은,책,이], [ ]), tree(Tree).

```
                  np
               ___|__
              /      \
           n_1        c
        ____|___      |
       /        \     |
      s          n    이
   ___|__        |
  /      \       |
 np       vp     책
 _|_      _|_
/   \    /   \
n_1  c  np    v
|    |   |    |
|    |   |    |
n    가 [ ]  읽은
|
|
철수
```

```
Tree = np(n_1(s(np(n_1(n('철수')), c('가')), vp(np([ ]), v('읽은'))),
         n('책')), c('이'))
Case = nom
b. ?- np(Tree, Case, _, [책,을,읽은,철수,가],[ ]), tree(Tree).
                    np
                ____|____
               /         \
            n_1           c
          ___|____        |
         /        \       |
        s          n     가
     ___|__        |
    /      \       |
  np       vp     철수
   |      _|___
   |     /     \
  [ ]   np      v
       _|_      |
      /   \     |
    n_1    c   읽은
     |     |
     |     |
     n    을
     |
     |
    책
Tree = np(n_1(s(np([ ]), vp(np(n_1(n('책')), c('을')), v('읽은'))),
         n('철수')), c('가'))
Case = nom
```

3.3.8 명사구 구조

본 소절에서는 하나의 명사에 여러 조사들이 중첩되어 나타나는 명사구를 처리하도록 한다. 명사에 따라 나오는 조사에 대해서는 논란이 분분하다. 어근 명사에 붙는 일종의 접사로 처리하려는 어휘론적 입장(Cho & Sells 1995)과, 명사에 붙는 독립적 통사적 단위로 취급하려는 통사적 입장(Chae & No 1998)이 있다. 본 소절에서는 후자를 따라 명사 뒤에 나타나는 다양한 조사들을 독립적인 통사적 단위로 처리하고자 한다.

조사는 그 기능과 형태에 따라 여러 종류로 구분된다. 3.2장 형태소 분석 편에서 우리는 조사들을 구분하지 않고 일률적으로 격조사로 간주하였다. 본 소절에서는 조사들을 Chae & No(1998)에 따라 다음과 같이 구분하고자 한다.[17)]

(69) a. 격조사: -은/는, -이/가, -을/를, -의

b. 후치사: -에게, -한테, -에서, -부터, -께서, …

c. 한정사: -만, -까지, -조차, -도, …

전통적인 격조사들(cases)은 문법적 기능을 표시해 준다. '-이/가'는 주어 기능을, '-을/를'은 목적어 기능을 부여한다. 그리고 '-은/는'은 화제 기능을 담당한다고 본다. 후치사들(postpositions)은 그 외의 의미론적 격을 부여한다고 본다. 끝으로 한정사들(delimiters)은 특정 담화기능을 부여한다고 볼 수 있다.

(70) <u>철수조차</u> <u>그것을</u> <u>돈으로</u> 살 수 없었다.

위 예에서 '철수조차'는 초점기능의 한정사가, '그것을'은 목적어기능의 격조사가, 그리고 '돈으로'는 수단격의 후치사가 나타나는 것으로 본다.

이러한 조사들은 하나의 명사에 여러 개가 수의적으로 나타날 수 있지만, 조사 별로 어느 정도 일정한 출현 순서를 보여준다.

(71) a. 선생님-이

17) 본 소절에서는 화제 표시 조사 '-은/는'을 Chae & No(1998)과는 달리 한정사가 아니라 격조사로 처리한다.

b. 선생님-만-이
c. 선생님-부터-만-이

(72) a. 선생님들-부터-만-을
b. *선생님들-부터-를-만

(73) a. 돈-만-으로-는
b. 돈-으로-만-은

즉 격조사들은 중간 위치에 등장하지 않고 가장 좌측에 나타나며, 후지사와 한정사는 서로 뒤바뀌어 나타날 수 있다. 이를 Chae & No(1998)에 따라 도식으로 제시하면 다음과 같다.

(74) a. Noun - Postposition - Delimiter - Case
b. Noun - Delimiter - Postposition - Case

다음은 이러한 명사와 조사들의 결합 가능성을 분석할 수 있도록 Prolog로 코딩하는 방법을 제시하기로 한다. 먼저 명사구를 확장시키는 규칙들을 살펴보자. 어근 명사와 조사가 결합하면 핵어 명사와 명사구 간의 중간 층위 명사범주를 생성하고, 이 중간 층위 명사범주와 격조사가 결합하여 최종적으로 명사구를 형성하는 것으로 본다. 그리고 (74)에서 제시한 바와 같이 조사들의 결합순서는 연산자 '\'를 도입하여 요구하는 조사를 표시하기로 한다. 이를 제시하면 다음과 같다.

(75) a. n_1(Form) --> n(Required), postp(Required\Form).
n_1(Form) --> n(Required), delim(Required\Form).
b. n_2(Form) --> n_1(Required), delim(Required\Form).

```
    n_2(Form) --> n_1(Required), postp(Required\Form).
 c. np(Form) --> n_2(Required), case(Required\Form).
```

즉, 어근 명사가 후치사나 한정사와 결합하는 경우는 (75a) 규칙들로, 그리고 (75a) 규칙들로 생성된 명사범주와 결합하는 경우는 (75b) 규칙들로, 그리고 최종적으로 (75b) 규칙들로 생성된 명사범주와 격조사가 결합하여 명사구를 생성하는 경우는 (75c) 규칙으로 포착된다.

그러나 (75)에 제시된 규칙들은 앞서 (71)에서 살펴본 조사의 수의적 출현 가능성을 포착해 주지는 못한다. 그러므로 우리는 이를 위해 다음과 같은 부가적 규칙들을 필요로 한다.

```
(76) a. n_1(postposition) --> n(_).
     b. n_1(delimiter) --> n(_).
     c. n_2(delimiter) --> n_1(_).
     d. n_2(postposition) --> n_1(_).
```

한편 어휘를 도입하는 규칙과, 어휘부 정보들도 이에 적합한 모습과 정보를 담고 있어야 한다. 이를 위해 우리는 다음과 같은 도입 규칙들과 어휘부를 설정하기로 한다.

```
(77) a. n(Form) --> [N], {n(N, Form)}.
        n('학생', root).
        n('돈', root).
        ...
     b. postp(Required\Form) --> [POST], {postp(POST, Required\Form)}.
        postp('한테', root\postposition).
        postp('한테', delimiter\postposition).
```

```
   postp('으로', root\postposition).
   postp('으로', delimiter\postposition).
   ...
c. delim(Required\Form) --> [DELIM], {delim(DELIM, Required\Form)}.
   delim('만', postposition\delimiter).
   delim('만', root\delimiter).
   ...
d. case(Required\Form) --> [CASE], {case(CASE, Required\Form)}.
   case('은', delimiter\topic).
   case('은', postposition\topic).
   case('는', delimiter\topic).
   case('는', postposition\topic).
   ...
```

이제 우리는 (74)에 제시된 다양한 결합형태의 명사구를 분석할 수 있다. 다음은 가능한 조사들이 모두 나타나는 경우들에 대한 테스트 결과이다.

(78) a. ?- np(Tree,Form,[돈,으로,만,은],[ ]), tree(Tree).

```
              np
            __|__
           /     \
         n_2     case
        __|_       |
       /    \      |
     n_1   delim  은
     _|      |
    /  \     |
   n  postp  만
   |    |
   |    |
  돈   으로
```

```
Tree = np(n_2(n_1(n('돈'), postp('으로')), delim('만')), case('은'))
Form = topic
```

b. ?- np(Tree,Form,[돈,만,으로,는],[ ]), tree(Tree).

```
            np
          __|__
         /     \
      n_2     case
      _|_       |
     /   \      |
  n_1  postp  는
  _|      |
 /  \     |
n delim 으로
|   |
|   |
돈  만
```

```
Tree = np(n_2(n_1(n('돈'), delim('만')), postp('으로')), case('는'))
Form = topic
```

c. ?- np(Tree,Form,[돈,은,만,으로],[ ]), tree(Tree).

No

d. ?- np(Tree,Form,[돈,으로,은,만],[ ]), tree(Tree).

No

그리고 조사들의 수의적 출현모습들도 올바로 분석할 수 있다. 다음은 이에 대한 테스트 결과이다.

(79) a. ?- np(Tree,Form,[돈,으로,는],[ ]), tree(Tree).

```
        np
      __|_
     /    \
   n_2   case
    |      |
    |      |
   n_1     는
   _|_
  /   \
 n    postp
 |      |
 |      |
 돈    으로
```

Tree = np(n_2(n_1(n('돈'), postp('으로'))), case('는'))

Form = topic

b. ?- np(Tree,Form,[돈,은],[ ]), tree(Tree).

```
        np
       _|_
      /   \
   n_2   case
    |      |
    |      |
   n_1     은
    |
    |
    n
    |
    |
    돈
```

Tree = np(n_2(n_1(n('돈'))), case('은'))

Form = topic

3.3.9 복합술어 구문

복합술어란 각각의 논항정보를 지니고 있는 본동사와 보조동사가 마치 하나의 구처럼 행동하는 경우이다.[18] 예를 들어 '먹고 싶다'는 본동사 '먹다'와 보조동사 '싶다'가 결합한 복합술어이다. 복합술어는 두 요소 간의 통사적 긴밀성을 보인다. 즉, 두 요소는 일정한 순서를 지키며 반드시 나타나야 한다. 그리고 두 요소 사이에 어떤 단어도 올 수 없으며, 한 요소만의 주제화를 허용하지 않는다.

(80) a. 철수가 밥을 먹고 싶다.
  b. *철수가 밥을 싶어 먹다.
  c. *철수가 밥을 _ 싶다.

(81) a. 철수가 밥을 정말 먹고 싶다.
  b. *철수가 밥을 먹고 정말 싶다.

(82) a. *먹고 철수가 밥을 싶다.
  b. *밥을 먹고 철수가 싶다.

이러한 통사적 긴밀성을 보이는 복합술어 구문에 대한 분석은 여러 방법들이 제시되어 있지만, 본 소절에서는 다음과 같이 통사적 층위에서 이루어지는 구조를 가정하기로 한다.[19]

---

18) 본 소절에서의 복합술어 일반에 대한 논의는 김종복(2004)에 기초하고 있다.

19) 채희락(p.c.)은 '먹고-는 싶다', '빨리 먹고 싶다' 등에서 보여주는 바와 같이 본동사는 조사 또는 부사에 의해 수식가능하므로 구로 간주하여 [$_{\bar{V}}$ VP V]의 구조를 제안하고 있다. 그러나 본 절에서 취하고 있는 Top-Down 구문 분석 방식에 의한 이 구조의 구현은 무한루프에 빠지게 되어 불가능하므로 (83)의 구조를 가정하기로 한다.

(83)

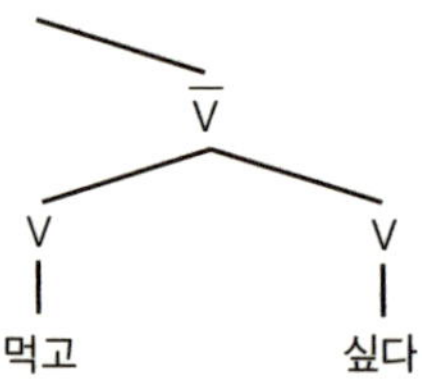

다음은 복합술어의 어휘적 속성들을 살펴보자. 첫째, 본동사와 보조동사 간의 결합은 자의적으로 이루어지는 것이 아니라, 보조동사에 따라 본동사의 특정 어말어미가 출현하는 제약을 받는다.

(84) a. '-고': 싶다, 있다, 말다, …
   b. '-어': 보다, 주다, 가다, 버리다, …
   c. '-지': 않다.

둘째, 복합술어의 하위범주화 정보는 본동사로부터 상속되고, 기타의 정보는 보조동사로부터 상속된다. 다음 예를 보자.

(85) a. 철수가 밥을 먹었다.
   b. 철수가 밥을 먹고 싶었다.

즉, 본동사 '먹다'가 주어와 목적어를 논항으로 요구하고, 보조동사 '싶다'는 주어와 동사구를 논항으로 요구한다고 볼 수 있다. 그러나 보조동사의 이런 하위범주화 정보는 본동사와 결합되었을 때 사라져 버리고, 그 대신 본동사의 정보를 복합술어의 하위범주화 정보로 갖는다. 그리고 존칭, 시제 등의 기타 정보들은 보조동사로부터 가져온다. 이러한 어휘적 속성들을 반영하여 본동사와 보조동사의 어휘부를 다음과 같이 제시할 수 있다.

```
(86) a. lex('먹고', v, [acc, nom], _, ko).
        lex('먹어', v, [acc, nom], _, eo).
        ...
     b. lex('싶다', v, [_, nom], pres, ko\decl).
        lex('보다', v, [_, nom], pres, eo\decl).
        ...
```

여기서 주의할 점은 보조동사와 결합되는 본동사는 그 Mood 값으로서 연결어미 형태가 나타난다. 그리고 보조동사의 Mood 값은 3.3.5절에서 살펴본 바와 같이 보문절을 취하는 상승동사처럼 연산자 '\'를 이용하여 자신이 요구하는 본동사의 어미형태에 관한 정보를 갖게 된다.

다음은 이러한 어휘부 정보와, 앞서 제시한 복합술어의 통사적 구조 (83) 등을 반영하여 복합술어를 분석할 수 있는 DCG 규칙들을 설정하도록 한다. 복합술어 구문은 주로 동사구 확장 규칙들과만 관련한다. 관련된 규칙들을 종합하여 제시하면 다음과 같다.

```
(87) a. vp([Arg2],Tens,Mood) --> np(Arg1),
                                 v1([Arg1,Arg2],Tens,Mood).
     b. vp(Args,Tens,Mood) --> v1(Args,Tens,Mood).
     c. v1(Args,Tens,Mood) --> v(Args,Tens,Mood).
     d. v1(Args,Tens,Mood) --> v(Args,_,Require),
                               aux_v(_,Tens,Require\Mood).
```

위 규칙들중 (87a~c)는 3.1.1절에서 보문절 구문을 분석하기 위해 도입했던 규칙들과 동일하다. 복합술어 구문을 분석하기 위하여 네 번째 규칙 (87d)만이 첨가되었다. 이 규칙에서 보조동사인 두 번째 동사의 네 번째 슬롯 일부에 본 동사인 첫 번째 동사의 네 번째 슬

롯에 위치하는 요소와 동일한 변항으로 표기되어 본동사의 어미형태에 대한 제약을 표현하고 있다. 그리고 상위의 동사범주에 대한 하위범주화 정보는 첫 번째 동사의 정보(Args)와 동일한 변항으로, 기타의 정보는 두 번째 동사의 정보들(Tens)과 동일한 변항으로 표현하여 상속과정을 반영한다.

이제 이러한 DCG 규칙들과 어휘부를 가지고서 우리는 복합술어 구문을 올바로 분석할 수 있다. 다음은 앞서 제시한 예문들 (80)에 대한 테스트 결과를 보여준다.

(88) a. ?- s_bar(Tree,[철수,가,밥,을,먹고,싶다],[ ]), tree(Tree).

```
                 s_bar
                   |
                   |
                   s
               ____|____
              /         \
           np            vp
          __|_         __|___
         /    \       /      \
        n      c    np        v1
        |      |    |         _|_
        |      |   / \       /   \
      철수    가   n  c     v   aux_v
                   |  |     |     |
                   |  |     |     |
                  밥  을  먹고  싶다
```

Tree = s_bar(s(np(n('철수'), c('가')), vp(np(n('밥'), c('을')), v1(v('먹고'), aux_v('싶다'))))) ;

No

b. ?- s_bar(Tree,[철수,가,밥,을,먹고,보다],[ ]), tree(Tree).

No

c. ?- s_bar(Tree,[철수,가,밥,을,보다],[ ]), tree(Tree).
No

d. ?- s_bar(Tree,[먹어,철수,가,밥,을,보다],[ ]), tree(Tree).
No

결과 (88)에서 (a)는 문법적인 복합술어 구문에 대한 분석을 보여주고 있다. 그리고 (b)는 보조동사에 대한 어미형태의 제약을 어기기 때문에, (c)는 본동사와의 결합을 통해서 문장생성·분석에 참여한다는 보조동사의 속성을 위반하므로, (d)는 본동사의 주세화를 허용하는 규칙이 존재하지 않으므로 모두 구문 분석이 실패로 끝난다.

3.4 의미 분석

3.1절에서 제시한 (1)에 따르면, 의미 분석과정에서는 통사분석 결과를 입력으로 받아 의미표현체를 출력해 준다. 본 절에서는 한국어의 기본 문장들에 대한 의미 분석 방법을 제시하기로 한다.

먼저 문장의 의미를 다루는 형식 의미론을 소개하기로 한다. 이 의미론의 근간인 술어논리 시스템에 대한 간단한 개괄을 하고, 의미 합성을 위한 람다 연산을 설명한다. 그리고 구체적으로 Prolog로 코딩하는 방법을 제시하고, 몇 개의 기본 문장들에 대한 의미 분석 결과를 제시하기로 한다.

3.4.1 형식 의미론

자연언어의 의미에 대한 연구는 '의미'를 바라보는 시각에 따라 다양한 이론들이 제안되어 왔다. 본 소절에서는 Frege 이래로 문장 의미론의 표준으로 자리잡고 있는 형식 의미론(formal semantics)에 근거하여 의미 분석과정을 제시하고자 한다.

형식 의미론은 Montague(1974)에 의해서 체계화된 의미 이론으로서 한 문장의 의미를 그 문장이 참이 되기 위한 필요충분조건들을 모아 놓은 집합으로 바라본다. 이때 참이 되는 경우는 그 문장이 표현하는 명제가 세계의 상황과 일치하는 경우를 말한다.[20] 이러한 형식 의미론에서의 전반적인 의미해석 과정은 다음과 같이 이루어진다.

---

20) 이러한 특성으로 인해 형식 의미론은 '진리조건적 의미론(truth-conditional semantics)'이라고도 한다. 그 외에도 형식 의미론의 다른 특성들로 인해 '모형 이론적 의미론(model-theoretic semantics)', '가능세계 의미론(possible world semantics)' 등으로 불리기도 한다. 형식 의미론에 대한 전반적인 설명을 제시하고 있는 한국어 책으로서는 이익환(1995), 이기용(1998) 등이 있다.

(89) Natural Language ⟹ Formal Language ⟹ Meaning
Translation   Interpretation

자연언어를 술어논리와 같은 형식언어로 번역하고, 이 형식언어를 다시 특정 모형에 비추어 해석함으로써 의미를 제시한다. 본 절에서는 위 과정에서 첫 단계인 번역과정에 초점을 두고서 자세히 살펴보도록 한다.

3.4.1.1 술어논리

술어논리(predicate logic)는 명제논리(statement logic)에 기초하여 확장된 시스템으로서 올바른 논리식 표현이 구성을 위한 통사부와 그 논리식 표현에 의미를 부여하는 의미부로 구성된다. 통사부에 한정하여 살펴보면, 통사부는 술어논리식에 사용되는 어휘들을 규정하고 있는 어휘부와, 어휘들간의 올바른 결합을 지시하는 형성규칙들로 이루어진다. 먼저 어휘부는 다음에서 보는 바와 같이 크게 세 요소들로 구분된다.

(90) a. 개체명사 상항: c, k, s, …
변항: x, y, z, …
b. 술어 1가 술어: S, M, …
2가 술어: L, K, …
c. 연산자 논리연산자: ~, ∧, ∨, →, ↔
양화사: ∀, ∃

개체를 표현하는 명사들은 지시체의 변화가능성에 따라 상항과 변항으로 구분된다. 고유명사는 그 지시체가 고정되어 있으므로 상항으로, 대명사는 문맥에 따라 지시체가 변하므로 변항으로 나타낸다.

술어의 경우, 술어가 취하는 논항의 수에 따라 1가 술어, 2가 술어 등으로 구분된다. 1가 술어에는 보통 자동사가 해당되며, 이외에도 보통명사, 형용사도 이에 해당된다. 2가 술어로는 타동사를 들 수 있다. 연산자로서는 명제논리에서 사용하는 기호들을 그대로 사용한다. 즉 부정은 ~로, 연접은 ∧로, 이접은 ∨로, 조건은 →로, 그리고 쌍조건은 ↔로 표현한다. 이외에도 두 종류의 양화사를 가정하고 있다. 전칭 양화사로 불리는 ∀는 한정사 '모든' 등에, 그리고 존재 양화사로 불리는 ∃는 한정사 '한', '몇몇' 등에 해당한다.

이와 같이 가정된 어휘들은 다음과 같은 형성규칙의 적용을 받아 올바른 술어논리식으로 표현된다.

(91) a. δ가 1가 술어이고 α가 개체명사이면, $\delta(\alpha)$는 적형식이다.
  b. δ가 2가 술어이고 α와 β가 개체명사이면, $\delta(\alpha, \beta)$는 적형식이다.
  c. φ와 ψ가 각각 적형식이면, 다음 표현도 각각 적형식이다.
    i. $\sim\varphi$ 또는 $\sim\psi$
    ii. $(\varphi \wedge \psi)$
    iii. $(\varphi \vee \psi)$
    iv. $(\varphi \rightarrow \psi)$
    v. $(\varphi \leftrightarrow \psi)$
  d. φ가 적형식이고 ν가 변항이면, $\forall \nu\varphi$는 적형식이다.
  e. φ가 적형식이고 ν가 변항이면, $\exists \nu\varphi$는 적형식이다.
  f. 위 규칙들에 의해서 형성된 표현만이 적형식이다.

다음 (92)는 이러한 규칙들에 의해 구성된 올바른 술어논리식들의 예들을 보여준다. 이 술어논리식들에 사용된 기호들에 대응하는 어휘표현들은 (93)에 제시되어 있다.

(92) a. $S(c)$; 철수가 잔다.
b. $L(k, s)$; 길수가 순희를 사랑한다.
c. $\sim S(c)$; 철수가 자지 않는다.
d. $S(c) \wedge L(k, s)$; 철수가 자고, 길수가 순희를 사랑한다.
e. $\sim L(k, s) \rightarrow \sim S(c)$; 길수가 순희를 사랑하지 않으면, 철수가 자지 않는다.
f. $\forall x\ (M(x) \rightarrow S(x))$; 모든 남자가 잔다.

(93) c ; 철수
k ; 길수
s ; 순희
S ; 자다
L ; 사랑하다
M ; 남자

술어논리식 (92a)는 1가 술어와 논항간의 결합을 지시하는 형성규칙 (91a)에 의해서, 술어논리식 (92b)는 2가 술어와 논항들간의 결합을 알려주는 형식규칙 (91b)에 의해서, 그리고 (92c, d)는 논리연산자와 적형의 술어논리식을 결합시키는 (91c)의 형성규칙들에 의해서 구성된다. 또한 술어논리식 (92e, f)의 구성에는 여러 형성규칙들이 관여한다. 예를 들어 양화사가 사용된 술어논리식 (92f)의 구성에 사용된 형성규칙들을 보면 다음과 같다.

(94) i. $M(x)$, $S(x)$; (91a)
ii. $M(x) \rightarrow S(x)$; (91c, ii)
iii. $\forall x\ (M(x) \rightarrow S(x))$; (91d)

우리는 지금까지 술어논리식의 모습을 살펴보았다. 앞서 형식의미론에서의 해석과정 (89)에서 제시한 바와 같이 한국어 문장의 의미해석을 위하여 먼저 적형의 술어논리식으로 번역하는 과정을 밟는다. 그러나 우리는 술어논리식 자체의 구성만을 살펴보았을 뿐, 그 번역과정은 다루지 않았다. 다음 소절에서는 문장을 구성하는 개별 단어들의 의미가 어떻게 문장의 술어논리식에 관여하는지를 살펴보도록 한다.

3.4.1.2 람다 연산

Frege의 합성성 원리(compositionality)에 따르면, 한 문장의 의미는 그 안에 들어있는 표현들의 의미와 그들간의 결합방식으로 얻어진다. 다음은 술어논리식으로 표현되는 문장의 의미가 합성성 원리에 따라 구성되는 모습을 보여준다.

(95)

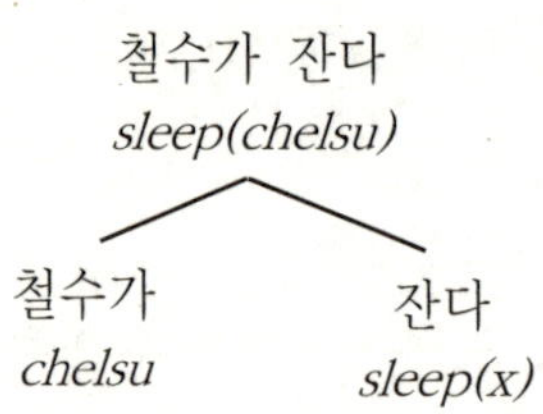

위와 같은 의미 합성과정이 일어나기 위해서는 앞서 살펴본 술어논리 시스템과는 다른 시스템을 필요로 한다. 본 소절에서는 이를 하나씩 살펴보도록 한다.

먼저 어휘들의 의미표현을 살펴보면, 술어논리에서 제시하고 있는 어휘형태와는 다른 표현방법이 요구된다. 예를 들어 술어논리식 sleep(x)는 '누군가 잔다'라는 명제를 그리고 chelsu는 개체를 표현하지만, 두 술어논리 표현이 결합할 장치가 없다. 이러한 장치로서 형식 의미론에서는 각 어휘들의 의미를 'λ-표현(λ-expression)'으로 나타낸다. 즉 변항을 포함한 술어논리식에서 변항을 추출하여 일반화된 표현으로 의미를 제시한다. 이러한 추출 연산자로서 λ(람다) 기호가 사용되고, 이러한 λ-표현은 다음에서 보는 바와 같이 다른 의미 표현들과의 결합을 가능케 해준다.

(96) a. (λx. x + 1) (3) = 3 + 1

b. (λx. sleep(x)) (chelsu) = sleep(chelsu)

따라서 이제 술어논리식에서의 변항을 포함한 표현들은 λ-표현으로 대치된다. 다음은 이에 대한 예들이다.[21)]

(97) sleep(x) ⇒ λx. sleep(x)

student(x) ⇒ λx. student(x)

love(y, x) ⇒ λx.λy. love(y, x)

$\forall$x (P(x) → Q(x)) ⇒ λP.λQ.$\forall$x (P(x) → Q(x))

…

다음은 위와 같이 λ-표현으로 제시되는 어휘 의미들이 결합하여 상위범주의 의미를 형성하는 과정을 보자. 이러한 의미 합성과정은 '함수적용(functional application)'과 'λ-전환(λ-conversion)'이라 불리는 장치를 통해 이루어진다. 함수적용은 결합될 두 의미표현들 간에 함수(functor)와 논항(argument)을 찾아 결합시켜주는 연산이다. 이미 우리는 λ-표현에 대한 설명에서 함수적용의 개념을 보았다. 즉 (96)에서 λ-표현인 λx.sleep(x)이 함수이고, 그외 표현 chelsu가 논항에 해당한다. 이러한 함수와 논항의 구별은 각 의미표현에 주어지는 의

21) λ-기호가 두 번 이상 나타나는 표현들의 경우, λ 추출이 순차적으로 일어난 것으로 보면 된다.

미범주를 통해서 자동적으로 인식될 수 있다.

형식 의미론에서는 통사범주처럼 λ-표현들은 일정한 의미범주들로 그룹지워진다. 의미범주는 '유형(type)'으로 불리며, 다음과 같이 순환적으로 정의된다.

(98) a. e와 t는 기본 유형이다.
  b. a와 b가 유형이면, ⟨a, b⟩도 유형이다.

유형 e에 속하는 표현은 개체를 가리키고, 유형 t에 속하는 표현은 명제의 의미인 참/거짓을 가리킨다. 이러한 기본 유형들로부터 유도된 유형 ⟨a, b⟩는 유형 a를 논항으로 취하여 값으로서 유형 b를 갖는 일종의 함수로 해석된다. 이러한 유형 정의에 λ-표현과 함수적용 등을 위해서 다음 사항들이 추가된다.

(99) a. x, y, z, … 등의 변항과 상항은 유형 e에 속하고, 변항 P는 유형 ⟨e, t⟩에 속한다.
  b. α가 유형 a의 변항이고 θ가 유형 t의 표현이면, $\lambda\alpha\theta$는 유형 ⟨a, t⟩의 표현이다.
  c. α가 유형 a에 그리고 β가 유형 ⟨a, t⟩에 속하는 표현이면, $\beta(\alpha)$는 유형 t의 표현이다.

다음은 λ-표현들을 포함한 어휘 의미들에 대한 유형들을 보여준다.[22)]

---

22) λ-기호들이 둘 이상 나타나는 표현들의 경우, (99b)가 순차적으로 적용되어 유형을 결정한다.

(100)		
	x :	e
	chelsu:	e
	sleep(x):	t
	λx. sleep(x):	⟨e, t⟩
	λx. student(x):	⟨e, t⟩
	λx.λy. love(y, x):	⟨e, ⟨e, t⟩⟩
	λP.λQ. $\forall$x (P(x) $\rightarrow$ Q(x)):	⟨⟨e, t⟩, ⟨⟨e, t⟩, t⟩⟩

이제 우리는 함수적용에 있어서 관련되는 어휘 의미표현들의 유형들에 의해 함수와 논항을 찾을 수 있고, 그 값에 대해서도 위 (99c)에 의해 그 유형을 할당할 수 있다. 다음은 이에 대한 예들을 보여준다.

(101)				
	(λx. sleep(x))	(chelsu)	=	sleep(chelsu)
	⟨e, t⟩	e		t
	(λx.λy. love(y, x))	(yenghi)	=	λy. love(y, yenghi)
	⟨e, ⟨e, t⟩	e		⟨e, t⟩
	functor	argument		value

끝으로 의미 합성과정에서 작용하는 λ-전환에 대해 살펴보도록 한다. λ-전환은 함수적용으로 주어진 식에서 그 결과를 얻어내는 과정에 작용한다. 이러한 연산에는 'β-전환(β-conversion)'과 'α-전환(α-conversion)'의 두 종류가 있다.[23] 전자는 함수 내의 변항을 논항으로 대치하는 과정이며, 후자는 변항의 이름을 달리 표현하는 과정이다. 이 연산들이 어떻게 작용하는지 예를 통해서 설명하기로 한다.

23) 문헌에 따라서는 α-전환을 '알파벳 변이(alphabetic variation)'라고도 한다.

먼저 한정사가 나타나는 문장 (102a)에 대해 우리는 유형에 따른 함수적용 과정을 (102b)와 같이 나타낼 수 있다.

(102) a. 모든 학생이 잔다.

b.

모든 학생이 잔다: t
$\forall x\ (student(x) \rightarrow sleep(x))$

모든 학생이: $\langle\langle e,t\rangle,t\rangle$
$\lambda Q. \forall x\ (student(x) \rightarrow Q(x))$

잔다: $\langle e,t\rangle$
$\lambda x.sleep(x)$

모든: $\langle\langle e,t\rangle,\langle\langle e,t\rangle,t\rangle\rangle$
$\lambda P.\lambda Q. \forall x\ (P(x) \rightarrow Q(x))$

학생: $\langle e,t\rangle$
$\lambda x.student(x)$

위 과정은 함수적용의 결과로 얻는 의미 표현만을 제시하고 있다. 함수적용의 구체적인 계산과정은 다음과 같다.

(103) a. [$_{NP}$ 모든 학생이]

i.	$\forall x\ (P(x) \rightarrow Q(x))\ +\ \lambda x.student(x)$	; 함수적용
ii.	$\lambda P.\lambda Q. \forall x\ (P(x) \rightarrow Q(x))\ (\lambda x.student(x))$	; α-전환
iii.	$\lambda P.\lambda Q. \forall x\ (P(x) \rightarrow Q(x))\ (\lambda y.student(y))$	; β-전환
iv.	$\lambda Q. \forall x\ (\lambda y.student(y)\ (x) \rightarrow Q(x))$	; β-전환
v.	$\lambda Q. \forall x\ (student(x) \rightarrow Q(x))$	

b. [$_{S}$ 모든 학생이 잔다]

i.	$\lambda Q. \forall x\ (student(x) \rightarrow Q(x))\ +\ \lambda x.sleep(x)$	; 함수적용
ii.	$\lambda Q. \forall x\ (student(x) \rightarrow Q(x))\ (\lambda x.sleep(x))$	; α-전환
iii.	$\lambda Q. \forall x\ (student(x) \rightarrow Q(x))\ (\lambda y.sleep(y))$	; β-전환
iv.	$\forall x\ (student(x) \rightarrow \lambda y.sleep(y)(x))$	; β-전환
v.	$\forall x\ (student(x) \rightarrow sleep(x))$	

먼저 (103a)에서 함수적용을 통하여 ii 단계의 식이 주어진다. 이 단계에서 소위 α-전환을 적용해야 한다. α-전환은 함수와 논항에 동일한 변항이 사용되어 β-전환시 오류가 발생하는 것을 방지하기 위하여 둘 중 하나를 다른 변항을 사용하여 다시 쓰는 과정이다. 이러한 α-전환을 통해 iii 단계에서 논항이 변항 y를 사용하여 다시 표현되었다. 이제 소위 β-전환이 이루어진다. 이 과정에서는 함수의 가장 좌측의 λ-연산자에 의해 지시되는 변항을 주어진 논항으로 대치하고, 사용된 λ-연산자와 변항을 삭제한다.[24] 여기서는 ⟨e, t⟩ 유형인 변항 P 자리에 ⟨e, t⟩유형의 논항 λy.sleep(y)이 대치된다. 다음 iv 단계에서도 여전히 β-전환이 적용될 환경이어서 다시 한번 전환이 이루어져 v 단계에서와 같은 명사구 '모든 학생이'의 의미를 얻게 된다. 이러한 두 종류의 λ-전환이 (103b)에서도 일어난다. 이에 대한 설명은 생략하기로 한다.

3.4.2 구현

본 소절에서는 앞 소절에서 설명한 형식 의미론을 Prolog로 코딩하는 방법을 살펴보도록 한다. 자연언어처리 내용을 다루고 있는 Prolog 교재들에서는 이러한 의미 분석에 대해 나름의 코딩 방법들을 제시하고 있다(Pereira & Shieber 2002; Wenger 1996; Blackburn & Bos 2005; 이민행 2005). 본 소절에서는 Blackburn & Bos(2005)의 방법에 따라 제시하기로 한다.

24) 보다 자세히 말하면, 먼저 대치될 변항의 유형과 논항의 유형이 일치하는지 검사하여 성공한 이후에 대치가 이루어진다.

3.4.2.1 어휘부

단어들의 의미를 어휘부 내에 표현하는 방법을 제시하기에 앞서, 먼저 술어논리식에 대한 Prolog 표기를 살펴보자. 다음은 이에 대한 예들이다.

```
(104) sleep(chel).                              % S(c)
      like(kil, sun).                           % L(k, s)
      like(kil, X).                             % L(k, x)
      not(sleep(chel)).                         % ~S(c)
      and(sleep(chel), like(kil, sun)).         % S(c) ∧ L(k, s)
      imp(like(kil, sun), ~sleep(chel)).        % L(k, s) → ~S(c)
```

위 Prolog 표기 예들을 보면, 상항과 술어는 소문자로 그리고 변항은 대문자로 표기된다. 그리고 연산자들은 일종의 술어로 처리된다. 양화사의 경우도 다음에 보는 것처럼 일종의 2가 술어로 처리된다.

```
(105) all(X, imp(man(X), student(X)))           % ∀x (M(x) → S(x))
      some(X, and(man(X), student(X)))          % ∃x (M(x) ∧ S(x))
```

이제 개별 어휘들의 의미를 표현하는 방법을 살펴보도록 한다. 우리는 앞서 개별 어휘들의 의미는 λ-연산자를 사용한 λ-표현으로 제시되는 것을 보았다. 또한 어떤 의미 표현들은 함수적용의 모습을 보이기도 한다. 이러한 의미표현을 Prolog 코드로 변환하기 위하여 우리는 Blackburn & Bos(2005)에 따라 다음과 같이 표현하기로 한다.

(106) a. λ 표현: $\lambda x.E$ → lam(X, E)

b. 함수적용: F(A) → app(F, A)

이러한 표현법에 따라 먼저 명사의 어휘부를 제시하도록 한다. 앞서 살펴본 바와 같이 형식 의미론에서는 일반적으로 고유명사(proper names)와 일반명사(common nouns)로 구분하여 상이한 유형을 배당한다.[25] 고유명사의 경우 그 의미표현에 대해서는 논란이 많다. 우리는 앞 소절에서는 e 유형의 개체로 표현하였지만, Montague(1974) 등에서는 특정 개체의 속성들 집합으로 표현하여 ⟨⟨e, t⟩, t⟩ 유형을 할당한다. 이와 같이 고유명사의 의미표현을 수정하여 보통명사와 함께 그 어휘부를 제시하면 다음과 같다.[26]

(107) a. lex('철수', pn, lam(P, app(P, chel))). % $\lambda P.P(chel)$
lex('영희', pn, lam(P, app(P, yeong))). % $\lambda P.P(yeong)$
b. lex('학생', cn, lam(X, student(X))). % $\lambda x.student(x)$
lex('과자', cn, lam(X, cookie(X))). % $\lambda x.cookie(x)$

다음은 술어의 의미표현을 포함한 어휘부의 모습이다.

(108) a. lex('잔다', vi, lam(X, sleep(X))). % $\lambda x.sleep(x)$
lex('달린다', vi, lam(X, run(X))). % $\lambda x.run(x)$
b. lex('먹는다', vt, lam(X, lam(Y, eat(Y, X)))). % $\lambda x.\lambda y.eat(y, x)$
lex('사랑한다', vt, lam(X, lam(Y, like(Y, X)))). % $\lambda x.\lambda y.like(y, x)$

1가 술어는 일반명사처럼 한 개의 논항이 λ-추출된 개체들의 집합으로 표현되는 반면에, 2가 술어는 두 논항이 λ-추출된 개체쌍의 집합

25) 본 절에서는 이러한 구분법에 따라 고유명사는 pn으로, 일반명사는 cn으로 표기하여 하위분류하도록 한다.
26) 이상에서 제시하고 있는 고유명사의 의미에 대한 어휘부 표현은 일정한 패턴으로 나타난다. 따라서 어휘부를 다음과 같이 간소화할 수도 있지만, 본 장에서는 편의상 개별 항목에 나타나는 것으로 본다.

pn(Form, lam(X, app(X, Mean))) --> [Form], {lex(Form, pn, Mean)}.

으로 표현된다. 끝으로 한정사의 어휘부는 다음과 같다.

```
(109) lex('한', det, lam(P, lam(Q, some(X, and(app(P, X), app(Q, X)))))).
                                          % λP.λQ. ∃x (P(x) ∧ Q(x))
      lex('모든', det, lam(P, lam(Q, all(X, imp(app(P, X), app(Q, X)))))).
                                          % λP.λQ. ∀x (P(x) → Q(x))
```

3.4.2.2 의미규칙

다음은 의미 합성과정을 Prolog로 표현하는 방법을 살펴보자. 앞 소절 3.4.1.2에서 살펴본 바와 같이 의미 합성과정은 함수적용과 λ-변환의 적용으로 이루어진다.

먼저 함수적용은 통사론의 구구조규칙에 기대어 표현할 수 있다.[27] 즉 상위 범주가 두 개의 딸범주로 확장될 때, 각 범주에 의미를 위한 논항 하나를 첨가하여 함께 의미를 계산한다. 여기서 상위 범주의 의미는 두 딸범주 의미들에 대해 함수적용의 값으로 나타난다. 다음은 함수적용을 받는 구구조규칙들의 Prolog 표기들이다.[28]

```
(110) s(app(NP, VP)) --> np(NP), vp(VP).
      vp(app(NP, V)) --> np(NP), vt(V).
      n1(app(DET, CN)) --> det(DET), cn(CN).
```

여기서 통사범주의 논항으로 나타나는 변항 NP, VP, V 등은 각 범주의 의미표현에 해당된다. 그리고 두 딸범주의 의미들에 대한 함수적용의 값으로 표현되는 상위범주의 의미표현에 있어서 앞서 설명

27) 형식 의미론에서는 단어 의미들의 결합을 위하여 '규칙 대 규칙 가설'에 따라 통사규칙에 대응하는 의미규칙들을 설정하고 있다.

28) 함수적용은 (106b)에 따라 표기되었다.

한 바와 같이 함수와 논항의 결정은 각 의미표현의 유형에 따라 결정된다. 그리고 하나의 딸범주 의미로부터 상위범주의 의미가 얻어지는 경우는 딸범주의 의미를 그대로 상속받고, 의미가 주어지지 않는 조사 등의 문법 형태소는 의미합성 과정에서 고려되지 않는다.[29)]

```
(111) np(N1) --> n1(N1), c.
      n1(PN) --> pn(PN).
      vp(V) --> vi(V).
```

이외에도 어휘부의 의미정보를 의미규칙들에 연결시켜주는 다음과 같은 규칙들이 추가로 필요하다.

```
(112) pn(SEM) --> [FORM], {lex(FORM,pn,SEM)}.
      cn(SEM) --> [FORM], {lex(FORM,cn,SEM)}.
      vi(SEM) --> [FORM], {lex(FORM,vi,SEM)}.
      vt(SEM) --> [FORM], {lex(FORM,vt,SEM)}.
```

다음으로 λ-변환에 대한 Prolog 코딩 프로그램은 Blackburn & Bos (2005)에서 자세히 설명되어 있으므로 생략하기로 하고, 부록에 제시하기로 한다.

끝으로 앞서 제시한 단어의 의미표현들과 의미규칙들을 사용하여 문장이 의미를 얻는 과정을 보자. 먼저 1기 술이기 니다니는 문장의 의미를 의미규칙만 사용하여 테스트하면 다음과 같은 결과를 얻는다.

29) 이와는 달리 이영헌(1999)에서는 한국어 격조사에 대해 의미표현 λP λx.P(x)를 부여한다.

```
(113) ?- s(Sem,[철수,가,잔다],[ ]).
      Sem = app(lam(_G390, app(_G390, chel)), lam(_G396, sleep(_G396)))
```

위 결과는 함수적용의 모습을 그대로 보여주고 있어서, 이로부터 문장의 의미를 읽어내는 데 어려움을 갖는다. 우리는 이에 λ-전환을 수행하여 올바른 술어논리식으로 변환해야 한다. 이를 위해 Blackburn & Bos(2005)에서 제시된 betaConvert/2 술어를 사용하기로 한다. 다음은 이 술어를 적용하여 얻은 결과이다.

```
(114) ?- s(Sem,[철수,가,잔다],[ ]), betaConvert(Sem,SemR).
      Sem = app(lam(_G561, app(_G561, chel)), lam(_G567, sleep(_G567))),
      SemR = sleep(chel)
      Yes
```

2가 술어가 나타나는 문장에 대해서도 의미규칙들을 적용하고, 여기에 β-전환을 수행하면 다음과 같이 올바른 술어논리식을 얻을 수 있다.

```
(115) ?- s(Sem,[철수,가,영희,를,사랑한다],[ ]), betaConvert(Sem,SemR).
      Sem = app(lam(_G615, app(_G615, chel)), app(lam(_G624, app(_G624,
            yeong)), lam(_G630, lam(_G633, like(_G633, _G630))))),
      SemR = like(chel, yeong)
      Yes
```

다음은 관사가 나타나는 문장의 의미계산을 보여준다. 앞서와 마찬가지로 의미규칙과 λ-전환 술어 betaConvert/2를 통하여 올바른 결과를 얻을 수 있다.[30)]

---

30) Blackburn & Bos(2005)에서 제시하고 있는 술어 betaConvert/2는 그 자

(116) ?- s(Sem,[모든,학생,이,잔다],[ ]), betaConvert(Sem,SemR).

```
Sem = app(app(lam(_G1505, lam(_G1508, all(_G1511, imp(app(_G1505,
        _G1511), app(_G1508, _G1511))))), lam(_G1523, student(_G1523))),
        lam(_G1528, sleep(_G1528))),
SemR = all(_G1820, imp(student(_G1820), sleep(_G1820)))
Yes
```

위 결과들에서 변항 SemR은 우리가 원하는 바의 의미를 술어논리식으로 정확히 출력해 주고 있다.

체에 α-전환 과정을 포함하고 있어 다시 α-전환 과정을 밟지 않아도 된다.

연습문제 풀이

2.1.4 연습문제

[2.1.4.1]

line 1부터 line 8까지는 사실에 대한 선언이고, line 9부터 line 10까지는 규칙에 대한 정의이다. line 9의 규칙에서 머리는 :-/2의 좌측에 있는 son(X, Y)이고, 우측에 있는 father(Y, X)와 male(X)는 규칙의 몸체를 구성하는 목표문들이다. line 10에서도 규칙의 머리는 daughter(X, Y)이고, 규칙의 몸체는 father(Y, X)와 female(X)이다.

[2.1.4.2]

```
?- has_played(Who, matrix).
Who = willy ;
Who = susan ;
No

?- has_played(susan, Which_film).
Which_film = titanic ;
Which_film = matrix ;
No

?- has_played(Who, Which_film).
Who = peter, Which_film = titanic ;
Who = peter, Which_film = hulk ;
Who = donald, Which_film = titanic ;
Who = willy, Which_film = matrix ;
Who = susan, Which_film = titanic ;
Who = susan, Which_film = matrix ;
Who = jane, Which_film = highnoon ;
No
```

[2.1.4.3]

```
?- has_played(Who, matrix), has_played(Who, titanic).
Who = susan ;
No
```

위 질의문의 두 목표문의 첫 번째 논항이 변수 Who로 동일하기 때문에 프롤로그는 두 술어를 동시에 만족시키는 Who의 값을 탐색하여 susan을 값으로 출력해준다.

[2.1.4.4]

A와 B가 동일한 영화에 출연했다면 has_played/2의 두 번째 논항을 동일한 변수로 설정하여 아래와 같이 규칙을 정의하면 된다.

```
played_in_the_same_film(X, Y) :- has_played(X, Z), has_played(Y, Z).
```

[2.1.4.5]

이 문제는 한 사람이 여러 영화에 출연한 경우를 묻는 것이므로 has_played/2의 첫 번째 논항을 동일하게 설정하여 규칙으로 정의하면 된다.

```
same_actor(X, Y) :- has_played(Z, X), has_played(Z, Y).
```

위와 같이 규칙을 작성한 경우에는 아래의 질의문도 참이 되는 문제가 있다.

```
?- same_actor(titanic, titanic).
Yes
```

이것은 X와 Y에 동일한 값이 할당되는 경우인데 두 변수의 값이 동일한 경우를 차단하고자 한다면 "X \= Y"와 같이 제한을 두면 된다. \=/2는 두 항이 서로 일치되지 않을 때 참이 되는 술어이다.

same_actor(X, Y) :- has_played(Z, X), has_played(Z, Y), X \= Y.

[2.1.4.6]

a. sleeps(tom).

b. loves(tom, jane).

c. eat(X, apple) :- animal(X).

d. loves(_, X) :- korean_food(X).

e. happy(X) :- parent(X, Y).

f. has_two_children(X) :- parent(X, Y), sister(Z, Y).

2.2.4 연습문제

[2.2.4.1]

a. 변수, b. 원자, c. 원자, d. 변수, e. 원자, f. 복합항, g. 숫자, h. 복합항의 함수는 원자이어야 한다. i. 복합항, j. Black이 변수이므로 복합항이 아니다.

[2.2.4.2]

vertical(line(point(X,Y), point(X,Z))).
horizontal(line(point(X,Y), point(Z,Y))).

[2.2.4.3]

triangle(line(point(X1,Y1), point(X3,Y2)), line(point(X3,Y2), point(X2,Y1)), line(point(X2,Y1), point(X1,Y1))).

rectangle(line(point(X1,Y1), point(X2,Y1)), line(point(X1,Y1), point(X1,Y2)), line(point(X1,Y2), point(X2,Y2)), line(point(X2,Y2), point(X2,Y1))).

2.3.4 연습문제

[2.3.4.1]

a. 일치: X=atom.

b. 불일치: 두 복합항의 함수는 동일하지만 애러티가 서로 다르다.

c. 불일치: plus(2, 2)는 복합항이지만 4는 숫자이므로 일치되지 않는다.

d. 일치: 두 복합항의 함수가 +로서 서로 동일하고, 애러티는 2로서 서로 동일하고, 변수 D에 2가 할당되고, 변수 E에 2가 할당되면 서로 동일한 항이 되므로 일치된다.

e. 불일치: 좌측 복합항의 함수 p는 f(X)와 g(b,Y)을 논항으로 취하는 2항 술어이지만, 우측의 함수 p는 f(g(c), g(X,a))을 논항으로 취하는 1항 술어이다. 함수의 이름은 동일하지만 애러티가 서로 다르므로 일치되지 않는다.

f. 불일치: "5 = 4 + 1"에서 "4+1"은 연산식으로서 복합항 +(4,1)과 동일한 표현이다. 숫자는 복합항과 항의 종류가 다르므로 서로 일치되지 않는다.

g. 불일치: 두 복합항의 함수명이 loves로 서로 일치하고 애러티가 2이지만, 동일한 변수 X에 한번은 cronus가 할당되고, 한번은 rhea가 할당되는 모순이 발생하므로 일치되지 않는다.

h. 일치: 동일한 두 원자는 항상 일치된다.

i. 일치: 두 복합항의 함수명과 애러티가 서로 동일하고, 변수 X와 Y에 변수 P와 동일한 값이 할당되면 두 복합항이 동일하므로 서로 일치된다.

[2.3.4.2]

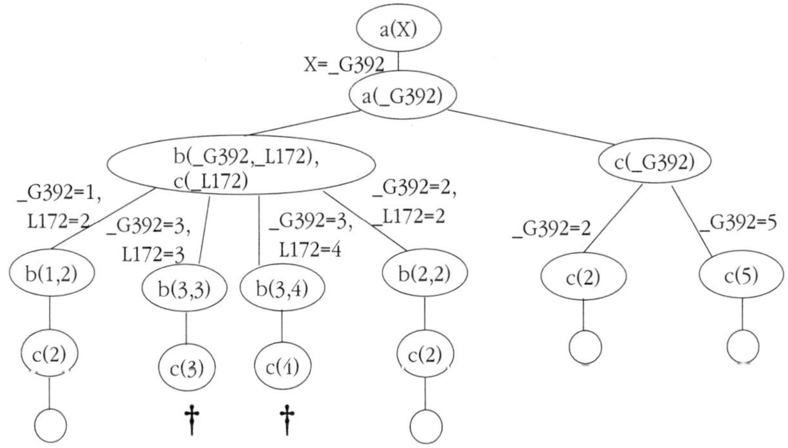

2.4.6 연습문제

[2.4.6.1]

a. 일치: X = [c], A = a, B = b

b. 일치

c. 불일치: 두 리스트의 길이가 서로 다르다.

d. 불일치: 하나의 변수 X에 동시에 서로 다른 값이 할당될 수 없다.

e. 일치: Head = [a, b], Tail = [[c, d]]

f. 불일치: 리스트의 원소 [X]가 a와 일치되지 않는다.

[2.4.6.2]

리스트의 각 원소를 한 라인에 하나씩 출력해주기 위해서는 리스트의 헤드부터 시작하여 마지막 원소까지 접근할 수 있어야 한다. 이 문제는 리스트에 대한 순환적 접근방식을 이용하면 쉽게 해결할 수 있다. 가장 먼저 기본규칙은 입력되는 리스트가 비어있을 경우로 설정한다. 이 경우에는 출력할 원소가 없으므로 규칙의 몸체부는 비워둔다. 리스트가 비어있지 않은 경우에는 입력리스트를 파이프라인을 이용하여 헤드와 테일로 분리하여 헤드를 출력한 후 nl/0을 이용하여 줄바꿈한다. 그리고 테일에 대하여 순환적으로 규칙을 적용하면 된다.

```
print_all_members([ ]).
print_all_members([Head|Tail]) :- write(Head), nl, print_all_members(Tail).
```

이 프로그램에서 기본규칙은 순환규칙의 적용결과 리스트가 비워졌을 때 순환을 멈추어 줄 스톱장치로서 기능한다.

[2.4.6.3]

입력된 단어가 a, e, i, o, u처럼 특정한 문자를 포함하고 있는지를 확인하기 위해서는 가장 먼저 단어를 개별 문자들의 리스트로 분해해야 한다. 그리고 이 리스트의 각 원소에 순환적으로 접근하여 a, e, i, o, u와 일치되는 문자가 있는지를 확인하면 된다. 입력된 단어를 문자들의 리스트로 변환할 때는 atom_chars/2를 이용한다. 이 술어가 출력해주는 리스트를 받아서 아래와 같이 deconstant/1에 적용하면 된다.

```
print_all_vowels(Word) :-
                atom_chars(Word, CharList),
                deconstant(CharList).
```

다음으로 deconstant/1은 입력받은 문자들의 리스트에 순환적으로 접근하여 특정한 문자를 출력해주는 술어이다. 기본규칙은 입력데이터가 빈 리스트인 경우로 설정한다. 순환규칙을 적용할 때는 입력데이터를 파이프라인을 이용하여 헤드와 테일로 분리한 후 헤드가 정의된 모음에 해당하는지를 확인하여 맞으면 출력하고 테일에 대해서도 순환규칙을 적용하면 된다. 헤드가 정의된 모음과 다른 경우에는 출력절차없이 헤드를 버리고 테일에 대해서 순환규칙을 적용하면 된다. 모음의 정의는 "vowel(a)"와 같은 형식으로 정의한다. 이상의 아이디어를 구현한 것이 아래의 소스이다.

```
deconstant([ ]).
deconstant([A|B]) :-
                    vowel(A),
                    write(A),
                    deconstant(B).
deconstant([A|B]) :-
                    deconstant(B).

vowel(a).
vowel(e).
vowel(i).
vowel(o).
vowel(u).
```

[2.4.6.4]

리스트의 각 원소에 접근하기 위해서는 앞의 연습문제에서처럼 규칙을 순환적으로 적용해야한다. 기본규칙은 입력리스트가 비어있는 경우로 설정한다. 순환규칙에서는 가장 먼저 단어들의 리스트를 헤드와 테일로 구분하여 헤드를 추출한 후, 헤드의 첫 번째 글자를 추출하고 테일에 대하여 순환규칙을 적용하면 된다.

```
print_every_first_characters([ ]).
print_every_first_characters([Head|Tail]) :-
                    atom_chars(Head, CharList),
                    nth1(1, CharList, Character),
                    write(Character),
                    print_every_first_characters(Tail).
```

[2.4.6.5]

회문(palindrome)은 좌측에서 우측으로 읽었을 때와 역방향으로 읽었을 때의 결과가 동일하므로, 입력데이터가 리스트 L1이라면 reverse/2를 이용하여 원소들의 순서를 역방향으로 정렬한 결과도 L1과 동일할 것이다. 입력된 데이터가 리스트라고 전제하고 구현한 것이 아래의 규칙이다.

```
palindrome(List) :- reverse(List, List).
```

그러나 문제에서는 입력데이터가 문자열이므로 문자열을 문자들의 리스트로 변환하는 한 단계의 과정이 더 필요하다.

```
palindrome_word_reverse(Word) :-
                                        atom_chars(Word, CharList),
                                        reverse(CharList, CharList).
```

[2.4.6.6]

append/3을 이용하여 회문을 정의하는 방법은, 리스트 L1이 회문이라면 L1의 헤드는 마지막 원소와 동일하다는 점에 착안한다. 가령 리스트 L1이 [a,b,c,b,a]일 때 L1은 아래와 같은 구조를 가진다.

```
L1 = [a|T1] + [a] = [a,b,c,b,a]
        T1 = [b|T2] + [b] = [b,c,b]
                T2 = [c] + [ ] = [c]
```

이러한 과정을 일반화하여 트리구조로 표현하면 아래와 같다.

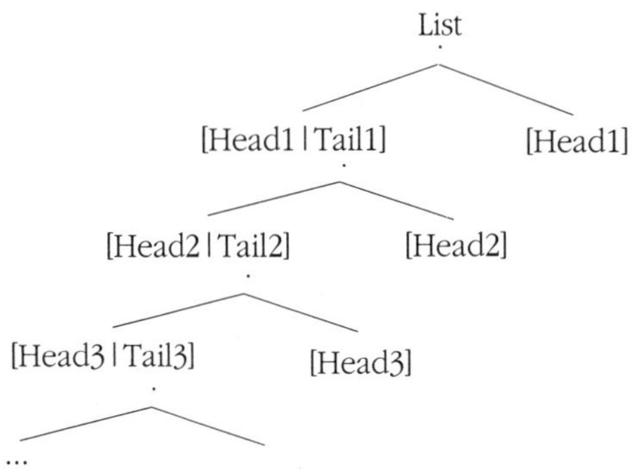

이 구조에서 List, Tail1, Tail2, Tail3, ... 의 생성과정은 append/3을 이용하여 아래와 같이 순환적으로 정의할 수 있다.

```
palindrome_append([ ]).
palindrome_append(List) :-
                        append([Head | Tail], [Head], List),
                        palindrome_append(Tail).
```

문제에서 요구하는 것은 입력 데이터가 리스트가 아닌 문자열인 경우이므로 입력된 문자열을 문자들의 리스트로 변환하는 과정이 필요하다.

```
palindrome_word_append(Word) :-
                        atom_chars(Word, CharList),
                        palindrome_append(CharList).
palindrome_append([ _ ]).
palindrome_append(CharList) :-
                        append([Head | Tail], [Head], CharList),
                        palindrome_append(Tail).
```

[2.4.6.7]

translate/2는 숫자들의 리스트를 입력받아 영어로 번역한 단어들의 리스트로 출력해주는 2항 술어이다. 아이디어는 "means(0, zero)."와 같은 형식의 번역장치를 만들어 translate/2로 하여금 참조하게 하는 것이다. 먼저 기본규칙은 입력 리스트가 비어 있는 경우로 설정한다. 이때는 출력 리스트 역시 비어있는 경우이다. 순환규칙은 먼저 입력 리스트 List1의 헤드와 출력 리스트 List2의 헤드 사이에 means의 관계가 성립되도록 설정한다. 그리고 이어서 두 리스트의 테일 사이에도 동일한 관계가 성립하도록 만들어 주면 된다. 각 숫자의 영어 번역은 means/2를 이용하여 지정한다.

```
translate([ ], [ ]).
translate([Head|Tail], [Head1|Tail1]) :-
                                        means(Head, Head1),
                                        translate(Tail, Tail1).


means(0, zero).
means(1, one).
means(2, two).
means(3, three).
means(4, four).
means(5, five).
means(6, six).
means(7, seven).
means(8, eight).
means(9, nine).
```

2.5.5 연습문제

[2.5.5.1]

문제에서 요구하고 있는 check_chars/2는 입력받은 문자열이 홀수개의 문자들로 구성되어 있는지 아니면 짝수개의 문자들로 구성되어 있는지를 확인해주는 2항 술어이다. 이 술어를 정의하기 위해서는 atom_chars/2를 이용하여 입력받은 문자열을 문자들의 리스트로 변환한 후, 변환받은 리스트의 길이가 짝수인지 아니면 홀수인지를 확인하면 된다.

리스트의 길이가 짝수인지 아니면 홀수인지의 여부는 상호 의존적으로 정의할 수 있다. 변환받은 리스트가 L이라고 하자. 가장 먼저 L이 빈 리스트인 경우는 L의 길이가 0이므로 짝수이다. L이 빈 리스트가 아닌 경우에는 L의 헤드를 제외한 테일의 길이가 홀수이면 L의 길이는 짝수이다. 그렇지 않고 L의 헤드를 제외한 테일의 길이가 짝수라면 L의 길이는 홀수가 된다. 이 아이디어에 기초하여 아래와 같이 evenlength/2와 oddlength/2를 상호의존적으로 정의할 수 있다.

```
evenlength([ ], even).
evenlength([_|Rest], even) :- oddlength(Rest, odd).
oddlength([_|Rest], odd) :- evenlength(Rest, even).
```

이제 위의 프로그램에 기초하여 check_chars/2를 아래와 같이 정의할 수 있다. 아이디어는 먼저 입력 문자열을 문자들의 리스트로 변환한 후, 변환된 리스트의 길이가 짝수인지 홀수인지를 확인하는 것이다.

```
check_chars(String, Result) :-
                atom_chars(String, CharList),
                evenlength(CharList, Result).
```

```
check_chars(String, Result) :-
                    atom_chars(String, CharList),
                    oddlength(CharList, Result).
```

[2.5.5.2]

sumlist/2는 입력 리스트의 원소들의 총합을 출력해주는 2항 술어이다. 입력 리스트 L이 빈 리스트라면 총합은 0이다. L이 빈 리스트가 아니라면 L의 원소들의 총합 Sum은 L의 헤드 Head를 제외한 테일 Tail의 모든 원소들의 합에 Head를 더한 것과 같다. 이 아이디어에 기초하여 sumlist/2를 구현하면 아래와 같다.

```
sumlist([ ], 0).
sumlist([Head|Tail], Sum) :-
                    sumlist(Tail, SumTail),
                    Sum is Head + SumTail.
```

[2.5.5.3]

누산기를 이용하여 숫자들의 리스트에서 가장 작은 숫자를 구하는 방법은 가장 먼저 리스트의 첫 번째 원소를 누산기에 저장하고, 리스트에서 원소를 하나씩 추출하여 누산기보다 작은 숫자가 나올 때마다 누산기에 저장하는 것이다. 그리고 리스트의 모든 원소를 조회했다면 현재 누산기에 저장되어 있는 숫자가 리스트에서 가장 작은 숫자가 될 것이다.

```
find_min([Head|Tail], Min) :- search_minimal(Tail, Head, Min).

search_minimal([ ], Acc, Acc).
search_minimal([Head|Tail], Acc, Min) :-
                    Head < Acc, !,
                    search_minimal(Tail, Head, Min).
```

```
search_minimal([Head|Tail], Acc, Min) :-
                    search_minimal(Tail, Acc, Min).
```

[2.5.5.4]

리스트의 각 원소에 3을 곱한 결과를 리스트로 출력해주는 2항 술어 triple/2를 정의하려면, 리스트의 원소에 순환적으로 접근하여 각 원소에 3을 곱한 후 그 값을 출력 리스트의 헤드에 저장해주면 된다.

```
triple([ ],[ ]).
triple([Head1|Tail1], [Head2|Tail2]) :-
                    Head2 is Head1 * 3,
                    triplc(Tail1, Tail2).
```

2.6.4 연습문제

[2.6.4.1]

X = b

[2.6.4.2]

No. 첫 번째 탐색과정에서 규칙의 첫 번째 목표문 g(X)가 X=a일 때 성립하는 것을 확인한 후 세 번째 목표문 h(a)이 실패하므로 백트랙킹을 해야하지만 컷에 의하여 차단되므로 구할 수 있는 답이 없다.

[2.6.4.3]

X = b

[2.6.4.4]

숫자들의 리스트를 0을 포함하는 양수 리스트와 음수 리스트로 구분하는 방법은 입력 리스트에서 추출한 원소가 0보다 크거나 같으면 양수 리스트에 저장하고, 그렇지 않으면 음수 리스트에 저장하는 것이다.

```
split([ ], [ ], [ ]).
split([X|L], [X|L1], L2) :-
                         X >= 0,
                         !,
                         split(L, L1, L2).
split([X|L], L1, [X|L2]) :-
                         split(L, L1, L2).
```

[2.6.4.5]

```
evaluate(Score, 'A') :- Score >= 90, !.
evaluate(Score, 'B') :- Score < 90, Score >= 80, !.
evaluate(Score, 'C') :- Score < 80, Score >= 70, !.
evaluate(Score, 'D') :- Score < 70, Score >= 60, !.
evaluate(Score, 'F') :- !.
```

[2.6.4.6]

```
likes(tom, X) :- car(X), black(X), !, fail.
likes(tom, X) :- car(X).
```

2.8.4 연습문제

[2.8.4.1]

주어진 예문을 처리하기 위해서는 어휘부에 각 인칭대명사에 대한 정보를 추가해야 한다. 인칭대명사는 격에 따라 형태가 다르므로 격정보도 명시적으로 표현한다.

```
lex(he,pn,singular,subject).
```

```
lex(she,pn,singular,subject).
lex(we,pn,plural,subject).
lex(him,pn,singular,object).
lex(her,pn,singular,object).
lex(us,pn,plural,object).
```

통사부에서는 문장의 주어 자리에 주격 명사구가, 목적어 자리에는 목적격 명사구가 놓인다는 제약을 두면 된다. 이 정보는 np에 새로운 논항 Case를 추가함으로써 표현한다. Case의 자리에는 subject 또는 object의 자질이 올 수 있다. 수정되는 통사규칙은 아래와 같다.

```
s(S) --> np(NP,Num,subject), vp(VP,Num), {tree(S,s,NP,VP)}.

np(NP,Num,_) --> det(Det,Num), n(N,Num), {tree(NP,np,Det,N)}.
np(NP,Num,Case) --> pn(PN,Num,Case), {tree(NP,np,PN,Case)}.

vp(VP,Num) --> vt(VT,Num), np(NP,_,object), {tree(VP,vp,VT,NP)}.
```

마지막으로 통사부와 어휘부의 인터페이스는 아래와 같이 작성한다.

```
pn(PN,Num,Case) --> [Word], {tree(PN,pn,Word), lex(Word,pn,Num)}.
```

[2.8.4.2]

형용사구를 처리하기 위해서는 np에 대한 통사규칙을 수정하여 아래와 같이 만들면 된다.

```
np(NP,Num,_) --> det(Det,Num), adj(ADJ), n(N,Num), {tree(NP,np,Det,ADJ,N)}.
```

위의 규칙에서 구조정보계산을 위해 tree술어에 논항을 하나 더 추가했으므로

tree/5를 아래와 같이 새로이 추가해준다.

```
tree(Var,Mother,Daughter1,Daughter2,Daughter3) :-
                    Var =.. [Mother,Daughter1,Daughter2,Daughter3].
```

어휘부의 형용사와 명사 정보는 아래와 같이 추가한다.

```
lex(interesting,adj).
lex(beautiful,adj).
lex(girl,n,singular).
lex(girls,n,plural).
```

통사규칙과 어휘부의 인터페이스는 아래와 같이 정의한다.

```
adj(ADJ) --> [Word], {tree(ADJ,adj,Word), lex(Word,adj)}.
```

[2.8.4.3]

예문에서 새로이 출현하는 어휘인 소유격 our, 명사 friends, 전치사 with에 대한 어휘정보는 아래와 같이 작성한다.

```
lex(with,prep).
lex(our,det).
lex(friends,n,plural).
```

다음으로 전치사구에 대한 통사규칙과 인터페이스는 아래와 같이 작성한다.

```
pp(PP) --> prep(P), np(NP,_,object), {tree(PP,pp,P,NP)}.
prep(P) --> [Word], {tree(P,prep,Word), lex(Word,prep)}.
```

마지막으로 문제에서 제시한 예문에서 전치사구는 명사에 대한 수식어가 아니라 동사에 대한 부사어로 사용되었으므로 아래와 같이 분석된다.

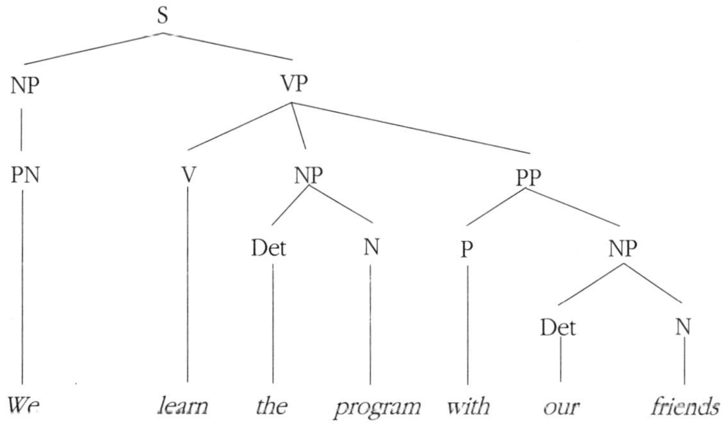

이에 기반하여 전치사구는 동사구 밑에 삽입하여 아래와 같이 처리한다.

vp(VP,Num) --> vt(VT,Num), np(NP,_,object), pp(PP), {tree(VP,vp,VT,NP,PP)}.

전치사구는 전치사와 명사구가 결합되어 생성되므로 아래와 같이 작성한다.

pp(PP) --> prep(P), np(NP,_,object), {tree(PP,pp,P,NP)}.

[2.8.4.4]

앞의 연습문제에서처럼 단층구조로 분석한다면 예문은 아래와 같은 구조를 가진다.

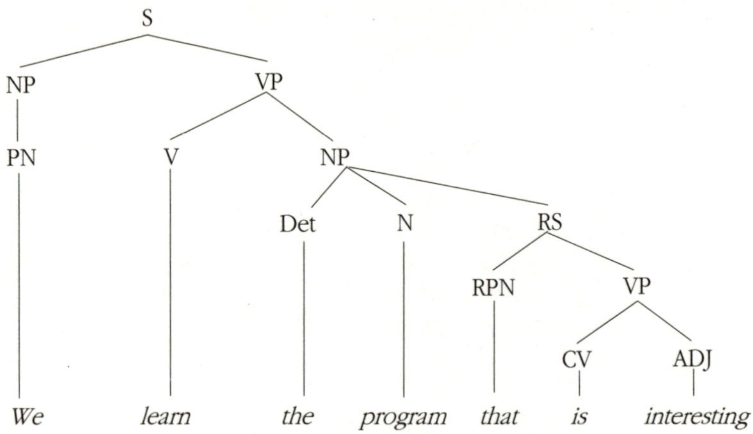

예문에 대하여 이러한 분석이 가능케 하기 위해 우선 어휘부에 아래와 같은 어휘정보를 입력한다. 새로이 입력하는 동사 is는 연결동사(copular verb)로 처리하고, 관계대명사 that은 단수, 주격의 자질을 가지는 것으로 한정한다.

```
lex(is,cv,singular).
lex(that,rpn,singular,subject).
```

다음으로 통사부에서 관계절은 명사 뒤에 출현하는 것으로 표현하고 구조정보 역시 np(Det,N,Rs)로 분석되도록 수정한다. 관계절은 항상 출현하는 것이 아니므로 출현하지 않는 경우는 빈 리스트로 처리한다. 그리고 연결동사와 형용사로 구성되는 동사구에 대한 정보를 새로이 추가한다.

```
np(NP,Num,_) --> det(Det,Num), n(N,Num), optrel(RS), {tree(NP,np,Det,N,RS)}.
optrel(RS) --> rpn(RPN,Num,subject), vp(VP,Num), {tree(RS,rs,RPN,VP)}.
optrel(RS) --> [ ].
vp(VP,Num) --> cv(V,Num), adj(ADJ), {tree(VP,vp,V,ADJ)}.
```

통사부와 어휘부 사이의 인터페이스는 아래와 같다.

```
cv(V,Num) --> [Word], {tree(V,cv,Word), lex(Word,cv,Num)}.
rpn(RPN,Num,Case) --> [Word], {tree(RPN,rpn,Word), lex(Word,rpn,Num,Case)}.
```

[2.8.4.5]

가장 먼저 문장을 연결하는 접속사 and와 대명사 it에 대한 어휘정보는 아래와 같이 작성한다. 문제의 예문을 위해서 it에 대한 어휘정보는 단수, 주격으로 제한한다.

```
lex(and,conj).
lex(it,pn,singular,subject).
```

접속사 and에 의한 복합문장의 구성은 아래와 같이 만들 수 있다.

```
s --> s, conj, s.
```

그러나 이 규칙은 소위 '좌측 순환 규칙(left-recursive rule)'이라고 불리는 것으로서 무한루프에 빠져들게 된다. 규칙의 몸체부에 있는 첫 번째 목표문 s에서 끊임없이 순환되기 때문이다. 이 문제를 해결하기 위해서는 순환이 몸체부의 좌측이 아닌 몸체부의 마지막에서 이루어지도록 해야 한다. 이 아이디어를 적용한 결과가 아래의 규칙과 인터페이스이다.

```
s(S) --> simple_S(S).
s(S) --> simple_S(S1), conj(CONJ), s(S2), {tree(S,s,S1,CONJ,S2)}.
simple_S(S) --> np(NP,Num,subject), vp(VP,Num), {tree(S,s,NP,VP)}.
conj(CONJ) --> [Word], {tree(CONJ,conj,Word), lex(Word,conj)}.
```

이상의 1번에서 5번까지의 연습문제를 통해 작성되는 프로그램 소스는 아래와 같다. 아래의 소스를 컨설트한 후 테스트할 경우에는 "test1."의 형식의 질의문을 사용하시오.

```
%% DCG_10

/*  Syntactic Rules */

s(S) --> simple_S(S).
s(S) --> simple_S(S1), conj(CONJ), s(S2), {tree(S,s,S1,CONJ,S2)}.
simple_S(S) --> np(NP,Num,subject), vp(VP,Num), {tree(S,s,NP,VP)}.

np(NP,Num,_) --> det(Det,Num), n(N,Num), optrel(RS), {tree(NP,np,Det,N,RS)}.
optrel(RS) --> rpn(RPN,Num,subject), vp(VP,Num), {tree(RS,rs,RPN,VP)}.
optrel(RS) --> [ ].
np(NP,Num,_) --> det(Det,Num), adj(ADJ), n(N,Num), {tree(NP,np,Det,ADJ,N)}.
np(NP,Num,Case) --> pn(PN,Num,Case), {tree(NP,np,PN)}.

vp(VP,Num) --> vt(VT,Num), np(NP,_,object), {tree(VP,vp,VT,NP)}.
vp(VP,Num) --> vt(VT,Num), np(NP,_,object), pp(PP), {tree(VP,vp,VT,NP,PP)}.
vp(VP,Num) --> vi(VI,Num), {tree(VP,vp,VI)}.
vp(VP,Num) --> cv(V,Num), np(NP,_,subject), {tree(VP,vp,V,NP)}.
vp(VP,Num) --> cv(V,Num), adj(ADJ), {tree(VP,vp,V,ADJ)}.

pp(PP) --> prep(P), np(NP,_,object), {tree(PP,pp,P,NP)}.

/* Interface to lexicon */

det(Det,Num) --> [Word], {tree(Det,det,Word), lex(Word,det,Num)}.
n(N,Num) --> [Word], {tree(N,n,Word), lex(Word,n,Num)}.
```

```
vt(V,Num) --> [Word], {tree(V,vt,Word), lex(Word,vt,Num)}.
vi(V,Num) --> [Word], {tree(V,vi,Word), lex(Word,vi,Num)}.
cv(V,Num) --> [Word], {tree(V,cv,Word), lex(Word,cv,Num)}.
adj(ADJ) --> [Word], {tree(ADJ,adj,Word), lex(Word,adj)}.
pn(PN,Num,Case) --> [Word], {tree(PN,pn,Word), lex(Word,pn,Num,Case)}.
prep(P) --> [Word], {tree(P,prep,Word), lex(Word,prep)}.
rpn(RPN,Num,Case) --> [Word], {tree(RPN,rpn,Word), lex(Word,rpn,Num,Case)}.
conj(CONJ) --> [Word], {tree(CONJ,conj,Word), lex(Word,conj)}.

/* lexicon */

/* pronoun */
lex(he,pn,singular,subject).
lex(she,pn,singular,subject).
lex(we,pn,plural,subject).
lex(him,pn,singular,object).
lex(her,pn,singular,object).
lex(us,pn,plural,object).
lex(it,pn,singular,subject).
lex(that,rpn,singular,subject).

/* adjective */
lex(interesting,adj).
lex(beautiful,adj).

/* determiner */
lex(a,det,singular).
lex(the,det,_).
```

```
/* noun */
lex(student,n,singular).
lex(students,n,plural).
lex(girl,n,singular).
lex(girls,n,plural).
lex(program,n,singular).
lex(programs,n,plural).
lex(friends,n,plural).

/* preposition */
lex(with,prep).
lex(our,det,_).

/* verb */
lex(learns,vt,singular).
lex(learn,vt,plural).
lex(sleeps,vi,singular).
lex(sleep,vi,plural).
lex(loves,vt,singular).
lex(is,cv,singular).

/* conjunction */
lex(and,conj).

/* Definition for tree/3, tree/4, tree/5 */
tree(Var,Mother,Daughter1,Daughter2,Daughter3) :-
                    Var =.. [Mother,Daughter1,Daughter2,Daughter3].
tree(Var,Mother,Daughter1,Daughter2) :-
                            Var =.. [Mother,Daughter1,Daughter2].
```

```
tree(Var,Mother,Daughter) :-
                                    Var =.. [Mother,Daughter].

/* Test */
test1 :- s(Tree, [he, learns, a, program], [ ]), write(Tree).
test2 :- s(Tree, [she, loves, him], [ ]), write(Tree).
test3 :- s(Tree, [him, learns, a, program], [ ]), write(Tree).
test4 :- s(Tree, [she, loves, he], [ ]), write(Tree).
test5 :- s(Tree, [he, loves, the, beautiful, girl], [ ]), write(Tree).
test6 :- s(Tree, [we, learn, the, interesting, program], [ ]), write(Tree).
test7 :- s(Tree, [we, learn, the, program, with, our, friends], [ ]), write(Tree).
test8 :- s(Tree, [we, learn, the, program, that, is, interesting], [ ]), write(Tree).
test9 :- s(Tree,[we,learn,the,program,and,it,is,interesting],[ ]), write(Tree).
```

부록

A. PROLOG 인터프리터 및 에디터

Prolog 인터프리터는 사용자가 작성한 Prolog 소스 프로그램을 해석하여 실행할 수 있는 프로그램을 말한다. 현재 Prolog 인터프리터는 C#Prolog, Poplog, Open Prolog, Ciao Prolog, Visual Prolog, Kernel Prolog, GNU Prolog, LPA Prolog, Strawberry Prolog Light Edition, SWI-Prolog, BProlog 등 수십여 종이 개발되어 있다. 이 책에서는 SWI-Prolog를 기반으로 작업한 결과를 예로 사용하였다.

SWI-Prolog는 http://www.swi-prolog.org/에서 무료로 다운로드 받아 사용할 수 있다. 홈페이지 화면 왼쪽 메뉴에서 'Download'를 선택한 후 오른 쪽 프레임에서 'Stable release'를 선택하면 현재 배포되고 있는 소스 파일의 목록을 볼 수 있다. 이 책에서는 윈도우즈 시스템에서 활용하는 것을 전제로 설명하므로 'SWI-Prolog/XPCE for MS-Windows' 항목을 선택하면 된다. 현재 윈도우즈 XP를 위해서는 5.6.43 버전이 배포되고 있다.

Prolog를 설치할 때 소스 프로그램의 확장자 이름을 지정하는 단계에서는 pro 또는 pl을 선택하면 된다. 만약 자신의 컴퓨터에 PERL 프로그램을 설치하여 사용하고 있다면 pro를 선택하여 두 프로그램 소스 파일이 혼동되지 않도록 해야 한다.

Prolog 프로그램은 일반 텍스트 편집기를 이용하여 작성하고 저장할 때 확장자 이름만 pro 또는 pl로 지정하면된다. Prolog를 위한 전용 프로그램으로는 SWI-Prolog-Editor가 있다. SWI-Prolog-Editor는 Prolog 학습자의 편의를 고려한 개발환경으로서 하나의 화면에서 코딩과 테스트를 모두 할 수 있다는 장점이 있다. 이 프로그램은 아래의 홈페이지에서 무료로 다운로드하여 사용할 수 있다.

http://lernen.bildung.hessen.de/informatik/swiprolog/

B. 소스 프로그램

B.1

```
/*****************************************************************************************
문장 입출력 프로그램(Clocksin & Mellish 2003)
*****************************************************************************************/

/* Read in a sentence */
  read_in([W|Ws]) :- get_char(C), readword(C, W, C1), restsent(W, C1, Ws).

/* Given a word and the character after it, read in the rest of the
   sentence */
  restsent(W, _, [ ]) :- lastword(W), !.
  restsent(W, C, [W1|Ws]) :- readword(C, W1, C1), restsent(W1, C1, Ws).

/* Read in a single word, given an initial character, and remembering
   which character came after the word */
  readword(C, C, C1) :- single_character(C), !, get_char(C1).
  readword(C, W, C2) :-
                          in_word(C, NewC),
                          !,
                          get_char(C1),
                          restword(C1, Cs, C2),
                          atom_chars(W, [NewC|Cs]).
  readword(C, W, C2) :- get_char(C1), readword(C1, W, C2).
  restword(C, [NewC|Cs], C2) :-
                                 in_word(C, NewC),
                                 !,
```

```
                              get_char(C1), restword(C1, Cs, C2).
 restword(C, [ ], C).

/* These characters can appear within a word. The second in_word clause
   converts letters to lower-case */
   in_word(C, C) :- letter(C, _).                        % a b...z
   in_word(C, L) :- letter(L, C).                        % A B...Z
   in_word(C, C) :- digit(C).                            % 1 2...9
   in_word(C, C) :- special_character(C).

/* Special character */
   special_character('-').      special_character('').

/* These characters form words on their own */
   single_character(',').   single_character(':').   single_character('.').
   single_character('?').   single_character(';').   single_character('!').

/* Upper and lower case letters */
   letter(a, 'A').          letter(b, 'B').          letter(c, 'C').
   letter(d, 'D').          letter(e, 'E').          letter(f, 'F').
   letter(g, 'G').          letter(h, 'H').          letter(i, 'I').
   letter(j, 'J').          letter(k, 'K').          letter(l, 'L').
   letter(m, 'M').          letter(n, 'N').          letter(o, 'O').
   letter(p, 'P').          letter(q, 'Q').          letter(r, 'R').
   letter(s, 'S').          letter(t, 'T').          letter(u, 'U').
   letter(v, 'V').          letter(w, 'W').          letter(x, 'X').
   letter(y, 'Y').          letter(z, 'Z').
```

```
/* Digits */
   digit('0').          digit('1').          digit('2').
   digit('3').          digit('4').          digit('5').
   digit('6').          digit('7').          digit('8').
   digit('9').

/* These words terminate a sentence */
   lastword('.').       lastword('!').       lastword('?').

/* Test */
   test1 :- read_in(Input), nl, write('Input: '), write(Input).
```

B.2

```
/*************************************************************************************
Tree-Representation of Constituent Structure(Lehner 1992)
*************************************************************************************/

tree(S) :- ana(S,L,0,R,0), dr_baum(L).

ana(Baum,[k(Baum,Pos)],L_aussen,R_aussen,Altes_max) :-
                    atomic_oder_var(Baum),
                    !,
                    atomic_length(Baum,N),
                    Rechtes_ende is L_aussen + N + 2,
                    max(Altes_max,Rechtes_ende,R_aussen),
                    Pos is (R_aussen + L_aussen + 2)//2 + N mod 2.

ana(Baum,[k(F,Pos),L],L_aussen,R_aussen,Altes_max) :-
          Baum =.. [F|Nachfolger],
          atomic_length(F,N),
          M is N + 2,
          max(Altes_max,M,Neues_max),
          ana_nachfolger(Nachfolger,L_aussen,R_aussen,L,Neues_max),
          erster_knoten(L,Pos1),
          letzter_knoten(L,Pos2),
          Pos is (Pos1 + Pos2)//2.

ana_nachfolger([Baum],L_aussen,R_aussen,L,Max) :-
```

```
                              ana(Baum,L,L_aussen,R_aussen,Max),
                              Pos is (L_aussen+R_aussen)//2.
ana_nachfolger([Baum|Rest],L_aussen,R_aussen,L,Max) :-
                              ana(Baum,L1,L_aussen,M,Max),
                              ana_nachfolger(Rest,M,R_aussen,L2,0),
                              append(L1,L2,L).

max(X,Y,X) :- X >= Y, !.
max(X,Y,Y).

tr_li(Parse) :- S =.. Parse, tree(S).

dr_baum(L) :-
           L = [_|_],
           drucke_knoten(L,0),
           nl,
           drucke_aeste(L,0),
           nl,
           drucke_zweige(L,L1,0),
           nl,
           dr_baum(L1).
dr_baum([ ]).

drucke_knoten([X,Y|R],Spalte1) :-
                                 Y \= [_|_],
                                 !,
                                 dr_kn(X,Spalte1,Spalte2),
```

```
                                   drucke_knoten([Y|R],Spalte2).
drucke_knoten([X,[_|_]|R],S1) :-
                                  dr_kn(X,S1,S2),
                                  drucke_knoten(R,S2).
drucke_knoten([X],S) :-
                        dr_kn(X,S,_).
drucke_knoten([ ],_).

dr_kn(k(X,Pos),S1,S2) :-
                         atomic_length(X,N), N2 is Pos - N//2 - S1,
                         tab(N2),
                         S2 is Pos + N//2 + (N mod 2),
                         write(X).

/* Blaetter */
drucke_aeste([X,Y|Rest],S) :-
                              Y \= [_|_],
                              !,
                              drucke_aeste([Y|Rest],S).
drucke_aeste([X],S) :-
                       !.

/* nicht-verzweigende, z.B. lexikalische Kategorien */
drucke_aeste([k(X,Pos),L|Rest],S1) :-
                                     knoten_zahl(L,1),
                                     !,
                                     tab(Pos-S1),
```

```
                                        write(|),
                                        S2 is Pos + 1 ,
                                        drucke_aeste(Rest,S2).

/* normale Kategorien */
drucke_aeste([X,[K|R]|Rest],S1) :-
                                      !,
                                      dr_ae(X,[K|R],S1,S2),
                                      drucke_aeste(Rest,S2).
drucke_aeste([ ],_).

/* dr_ae(Dominierender_Knoten,[Tochter_links,L1,Tochter_rechts,L2] */
dr_ae(k(X,Pos),L,S1,S2) :-
                                erster_knoten(L,Pos1),
                                letzter_knoten(L,Pos2),
                                tab(Pos1-S1+1),
                                n_mal(Pos-Pos1-1,'_'),
                                write(|),
                                n_mal(Pos2-Pos-2,'_'),
                                S2 is Pos2 - 1.
erster_knoten([k(_,Pos)|L],Pos).

/* einen letzten Knoten gibt es nur dann, wenn
   es einen ersten Knoten gibt */
letzter_knoten([_|R],Pos) :-
                                 letzter_knoten(R,Pos).
```

```
/* 1. Fall: Blatt */
letzter_knoten([k(_,Pos)],Pos) :- !.

/* 2. Fall: dominierender Knoten */
letzter_knoten([k(_,Pos),[_|_]],Pos).

/* Blaetter */
drucke_zweige([X,Y|Rest],Rest1,S1) :-
                              Y \= [_|_],
                              !,
                              drucke_zweige([Y|Rest], Rest1,S1).
drucke_zweige([X],[ ],S) :-
                       X \= [_|_],
                       !.

/* nicht-verzweigende, z.B. lexikalische Kategorien */
drucke_zweige([k(_,Pos),X|Rest],L,S1) :-
                                knoten_zahl(X,1),
                                !,
                                tab(Pos - S1),
                                write(|),
                                S2 is Pos + 1,
                                drucke_zweige(Rest,L1,S2),
                                append(X,L1,L).

/* normale Kategorien */
drucke_zweige([X,[K|R]|Rest],L,S1) :-
```

```
                                        !,
                                        dr_zw(X,[K|R],S1,S2),
                                        drucke_zweige(Rest,L1,S2),
                                        append([K|R],L1,L).
drucke_zweige([ ],[ ],_).

/* dr_zw(Dominierender_Knoten,[Tochter_links,L1,Tochter_rechts,L2] */
dr_zw(k(X,Pos),L,S1,S4) :-
                                erster_knoten(L,Pos1),
                                tab(Pos1 - S1),
                                write(/),
                                S2 is Pos1 + 1,
                                knoten_dazwischen(L,S2,S3),
                                letzter_knoten(L,Pos2),
                                tab(Pos2 - S3 - 1),
                                write(\),
                                S4 is Pos2 .
knoten_dazwischen([k(_,_)|R],S1,S2) :-
                                    drucke_zweige_fuer_knoten(R,S1,S2).

drucke_zweige_fuer_knoten([k(_,_)],S,S) :- !.
drucke_zweige_fuer_knoten([k(_,_),[Letzte|Nachfolger]],S,S) :- !.
drucke_zweige_fuer_knoten([k(_,Pos)|R],S1,S2) :-
                                    !,
                                    tab(Pos - S1),
                                    write(|),
                                    S3 is Pos + 1,
```

```
                                        drucke_zweige_fuer_knoten(R,S3,S2).
drucke_zweige_fuer_knoten([_|R],S1,S2) :-
                                        drucke_zweige_fuer_knoten(R,S1,S2).

knoten_zahl([k(_,_)|L],1) :- not(member_x(k(_,_),L)).

n_mal(Arith,A) :- X is Arith,
                  n_mal_x(X,A).

n_mal_x(N,A) :- N 〉 0,
                !,
                write(A),
                M is N - 1,
                n_mal(M,A).
n_mal_x(0,_).

member_x(X,L) :- member(X,L), !.
atomic_oder_var(X) :- var(X), !.
atomic_oder_var(X) :- atomic(X).

atomic_length(X,5) :- var(X), !
atomic_length(X,N) :-
                        name(X,L),
                        list_length(L,N).

list_length([ ],0).
list_length([K|R],N) :- list_length(R,M),
```

```
                    N is M + 1.

term_laenge(S,N) :- atomic(S),
                    !,
                    atomic_length(S,N).
term_laenge(S,N) :- S \= [_|_],
                    !,
                    S =..[F|A],
                    list_length(A,L),
                    atomic_length(F,X),
                    alle_args(A,Y),
                    N is X + Y + 2 + L - 1.
term_laenge(L,N) :- L = [_|_],
                    alle_args(L,X),
                    list_length(L,Y),
                    N is X + 2 + Y - 1.
alle_args([ ],0).
alle_args([K|R],N) :-
                    term_laenge(K,X),
                    alle_args(R,Y),
                    N is X + Y.
```

B.3

```
/*************************************************************************
betaConversion.pl(Blackburn & Bos 2005)
*************************************************************************/

:- module(betaConversion,[betaConvert/2]).
:- use_module(comsemPredicates,[compose/3]).
:- use_module(alphaConversion,[alphaConvert/2]).

/* Beta-Conversion (introducing stack)  */
betaConvert(X,Y) :- betaConvert(X,Y,[ ]).

/* Beta-Conversion (core stuff) */
betaConvert(X,Y,[ ]) :- var(X),
                        Y=X.

betaConvert(Expression,Result,Stack) :-
        nonvar(Expression),
Expression = app(Functor,Argument),
        nonvar(Functor), % to suppress alpha-conversion:
        alphaConvert(Functor,Converted), % comment-out this line
        % Functor=Converted, %  comment-in this line
        betaConvert(Converted,Result,[Argument|Stack]).

betaConvert(Expression,Result,[X|Stack]) :-
                                nonvar(Expression),
```

```
                                        Expression = lam(X,Formula),
                                        betaConvert(Formula,Result,Stack).

betaConvert(Formula,Result,[ ]) :-
                                   nonvar(Formula),
                                   \+ (Formula = app(X,_), nonvar(X)),
                                   compose(Formula,Functor,Formulas),
                                   betaConvertList(Formulas,ResultFormulas),
                                   compose(Result,Functor,ResultFormulas).

/* Beta-Convert a list */
betaConvertList([ ],[ ]).

betaConvertList([Formula|Others],[Result|ResultOthers]) :-
                                      betaConvert(Formula,Result),
                                      betaConvertList(Others,ResultOthers).


/****************************************************************************************
alphaConversion.pl(Blackburn & Bos 2005)
****************************************************************************************/

:- module(alphaConversion,[alphaConvert/2]).
:- use_module(comsemPredicates,[compose/3, memberList/2]).

/*   Alpha Conversion (introducing substitutions)     */
alphaConvert(F1,F2) :-
```

```
alphaConvert(F1,[ ],[ ]-_,F2).

/*   Alpha Conversion   */
alphaConvert(X,Sub,Free1-Free2,Y) :-
                    var(X),
                    (
                        memberList(sub(Z,Y),Sub),
                        X==Z, !,
                        Free2=Free1
                    ;
                        Y=X,
                        Free2=[X|Free1]
                    ).

alphaConvert(Expression,Sub,Free1-Free2,some(Y,F2)) :-
            nonvar(Expression),
            Expression = some(X,F1),
            alphaConvert(F1,[sub(X,Y)|Sub],Free1-Free2,F2).

alphaConvert(Expression,Sub,Free1-Free2,all(Y,F2)) :-
            nonvar(Expression),
            Expression = all(X,F1),
            alphaConvert(F1,[sub(X,Y)|Sub],Free1-Free2,F2).

alphaConvert(Expression,Sub,Free1-Free2,lam(Y,F2)) :-
            nonvar(Expression),
            Expression = lam(X,F1),
```

```
                    alphaConvert(F1,[sub(X,Y) | Sub],Free1-Free2,F2).

alphaConvert(Expression,Sub,Free1-Free3,que(Y,F3,F4)) :-
                    nonvar(Expression),
                    Expression = que(X,F1,F2),
                    alphaConvert(F1,[sub(X,Y) | Sub],Free1-Free2,F3),
                    alphaConvert(F2,[sub(X,Y) | Sub],Free2-Free3,F4).

alphaConvert(F1,Sub,Free1-Free2,F2) :-
                    nonvar(F1),
                    \+ F1 = some(_,_),
                    \+ F1 = all(_,_),
                    \+ F1 = lam(_,_),
                    \+ F1 = que(_,_,_),
                    compose(F1,Symbol,Args1),
                    alphaConvertList(Args1,Sub,Free1-Free2,Args2),
                    compose(F2,Symbol,Args2).

/*    Alpha Conversion (listwise)    */
alphaConvertList([ ],_,Free-Free,[ ]).

alphaConvertList([X | L1],Sub,Free1-Free3,[Y | L2]) :-
                         alphaConvert(X,Sub,Free1-Free2,Y),
                         alphaConvertList(L1,Sub,Free2-Free3,L2).
```

```
/*************************************************************************************
consemPredicates.pl(Blackburn & Bos 2005)
*************************************************************************************/

/* Compose predicate argument structure     */
compose(Term,Symbol,ArgList) :-
                                    Term =.. [Symbol|ArgList].

/* List membership     */
memberList(X,[X|_]).
memberList(X,[_|Tail]) :-
                                memberList(X,Tail).
```

참고문헌

김영택. 2001. 『자연언어처리』. 서울: 생능출판사.

김종복. 2004. 『한국어 구구조문법』. 서울: 한국문화사.

남기심·고영근. 1993. 『표준 국어문법론』. 서울: 탑출판사.

서정수. 1996. 『현대 국어문법론』. 서울: 한양대학교 출판원.

신수송. 1991. 『통합문법이론의 이해-어휘기능문법』. 서울: 한신문화사.

이기용. 1998. 『언어와 세계 - 형식 의미론』. 서울: 태학사.

이민행. 2005. 『전산 통사, 의미론』. 서울: 도서출판 역락.

이영헌. 1999. 통사-의미 접속 - 범주 문법을 중심으로. In: 강범모 외(편), 『형식 의미론과 한국어 기술』, 315-358. 서울: 한신문화사.

이익섭·임홍빈. 1983. 『국어문법론』. 서울: 학연사.

이익환. 1995. 『의미론 개론』. 서울: 한신문화사.

장석진. 1995. 『정보기반 한국어문법』. 서울: 한신문화사.

채희락. 2005. 한국어의 소단위어-동사류 소단위어를 중심으로. 어학연구 41.

Blackburn, P., Bos, J. and Striegnitz, K. 2006. *Learn Prolog Now!*. College Publications.

Blackburn, P. and Bos, J. 2005. *Representation and Inference for Natural Language - A First Course in Computational Semantics*, Stanford: CSLI.

Bratko, I. 2001. *Prolog. Programming for Artificial Intelligence*. Third

Edition. Pearson Education Limited.

Bresnan, J. 1992. *The Mental Representation of Grammatical Relations.* Cambridge, MA: MIT Press.

Chae, Hee-Rhak and No, Yongkyon. 1998. A Survey of Morphological Issues in Korean. *Korean Linguistics* 9:65-109.

Cho, Young-Mee Yu and Sells, P. 1995. A lexical account of inflectional suffixes in Korean. *Journal of East Asian Linguistics* 4:119-174.

Clocksin, W. F. and Mellish, C. S. 2003. *Programming in Prolog.* Fifth Edition. Springer.

Dodd, T. 1990. *Prolog. A logical approach.* Oxford University Press.

Lehner, C. 1992. *Prolog und Linguistik.* Oldenbourg, Muenchen, Wien.

Montague, R. 1974. *Formal Philosophy. Selected Papers.* New Haven: Yale University Press.

Nugues, P. M. 2006. *An Introduction to Language Processing with Perl and Prolog.* Springer.

Pereira, F. C. N. and Warren, D. H. D. 1980. Definite Clause Grammars for Language Analysis - A Survey of the Formalism and a Comparison with Augmented Transition Networks. *Journal of Artificial Intelligence* 13: 231-278.

Pereira, F. C. N. and Shieber, S. M. 2002. *Prolog and Natural Language Analysis.* Digital Edition.

Pollard, C. and Ivan S. 1994. *Head-driven Phrase Structure Grammar.* Chicago: Univ. of Chicago Press.

Sterling, L. and Shapiro, E. 1994. *The Art of Prolog. Advanced Programming Techniques.* Second Edition. MIT Press.

Wenger, K. 1996. *Einführung in die Computerlinguistik.* München. Manuscript.

색인

U

V

기호

언어정보처리를 위한 PROLOG

초판 인쇄 2008년 2월 20일
초판 발행 2008년 2월 28일

지은이 ▪ 권민재 · 이해윤
펴낸이 ▪ 박 철
펴낸곳 ▪ 한국외국어대학교 출판부
130-791 서울특별시 동대문구 이문동 270
전화: 02)2173-2494, 2495
FAX: 02)2173-3363
홈페이지: http://press.hufs.ac.kr
전자우편: press@hufs.ac.kr
출판등록 ▪ 제6-6호(1969. 4. 30)
편 집 ▪ (주)이환D&B 02)2254-4301
제 작 ▪ (주)동화인쇄공사 02)719-7181

ISBN 978-89-7464-479-6 13560 정가 13,000원

* 잘못된 책은 교환하여 드립니다.